[illegible]

文化企业
资产评估研究

王家新　刘萍　等著

中国财政经济出版社

图书在版编目（CIP）数据

文化企业资产评估研究 / 王家新等著．—北京：中国财政经济出版社，2013.6
ISBN 978－7－5095－4597－3

Ⅰ．①文…　Ⅱ．①王…　Ⅲ．①文化产业－资产评估－研究　Ⅳ．①G114

中国版本图书馆 CIP 数据核字（2013）第 141347 号

责任编辑：杨钧珺　孙　琛　　　　责任校对：胡永丽
封面设计：汪俊宇

中国财政经济出版社 出版

URL：http：//www.cfeph.cn
E－mail：cfeph@cfeph.cn

社址：北京市海淀区阜成路甲 28 号　邮政编码：100142
营销中心电话：88190406　北京财经书店电话：64033436　84041336
北京中兴印刷有限公司印刷　各地新华书店经销
787×1092 毫米　16 开　19.75 印张　331 000 字
2013 年 9 月第 1 版　2013 年 9 月北京第 1 次印刷
定价：46.00 元
ISBN 978－7－5095－4597－3/F·3726
（图书出现印装问题，本社负责调换）
本社质量投诉电话：88190744
反盗版举报热线：88190492、88190446

文化企业资产评估研究

课题组

组　长： 王家新　刘　萍

副组长： 胡　帆　韩立英　高显莉　刘伍堂

成　员： 李卫华　李挺伟　陈明海　刘　宇

杜元钰　李　曼　卢　威　袁　煌

唐章奇　阮咏华　肖霖之　贾　楠

余远方　陈　巍　陈冠群

前 言

党的十八大报告站在全面建成小康社会的战略高度，提出健全国有文化资产管理体制，加快文化产业发展，大力推进社会主义文化强国的战略目标。发展文化产业，不仅是构建国家基本文化形态的重要手段，也是推进我国经济结构调整、加快转变经济发展方式的重要途径。

经过多年努力，我国文化产业发展取得了长足进步，规模和实力不断增强，市场主体日益壮大，市场体系逐渐形成，成为了国民经济和社会发展的新亮点。文化产业的振兴依托于文化企业的发展。随着大量国有经营性文化单位转制为企业，以公有制为主体的、多种所有制文化企业在市场中谋创新、求发展，迸发出全新活力。文化企业国有资产规模不断壮大，有的文化企业通过资产的有效运营，盘活了存量，优化了增量，提升了价值，形成了品牌，构筑了核心竞争力；有的文化企业通过联合、兼并、重组等多种方式壮大规模，增强主营业务，扩展产业链条，形成了专业化、规模化、集约化的发展优势；有的文化企业通过改制上市，促进金融资本、社会资本和文化资源的对接，提高了其在市场中的抗风险能力，形成了一定的竞争优势。但也要看到，目前文化企业发展面临赢利模式不清晰、无形资产价值难以衡量、中小企业融资难等难题，需要通过深入分析文化企业所面临的宏观经济环境、中观产业发展和微观资产特点，探索适应文化企业发展的赢利模式，建立符合文化企业特点的价值管理体系来予以破解，从而进一步增强文化资产管理与运营能力，实现文化资产与金融资本的有效对接，提高文化企业的经济效益。

文化企业的改革和发展，离不开科学、客观和公允的价值评估。资产评估既是文化企业国有资产监管的价值标尺，更是文化企业健康发展的专业支撑，有利于充分发掘文化企业著作权等无形资产价值，完成从价值发现到价值实现的转变。特别是经过二十多年的发展，中国资产评估行业已经成长为服务社会经济发展的一支不可或缺的专业力量，在开展大量的文化企业资产评估工作中，积累了比较丰富的文化企业资产评估经验，为文化企业资产评估研究奠定了扎实的基础。着眼于更好服务文化产业发展，特别是文化企业融资，资产评估行业则需要进一步研究、完善其相关的评估理论、方法和准则规范，以应对经济发展中的新挑战。

本书以问题为先导，以实践为依据，以理论为指引，以应用为目标，在结构上从现阶段文化企业资产评估存在的主要问题出发，从文化企业当前所面临的融资问题入手，集中探讨文化企业资产评估的理论问题、文化企业著作权资产评估的重点和难点问题以及文化企业抵（质）押、文化企业上市并购重组等经济活动中发生的资产评估业务，力图形成一些阶段性成果。

本书共包括七章，按照基础理论论述、特定经济行为分析、具体实例评述、形成结论建议这一思路展开。各章主要内容概括如下：

第一章对国内外文化产业发展及融资模式进行了概述，介绍了国际文化产业的概念、范围和发展特点，分析了美国的电影产业、日本的动漫产业、韩国的网络游戏产业和德国的出版产业等国际典型文化产业发展的商业模式，总结出国外文化产业发展的可借鉴成果；对我国文化产业的发展历程、发展特点及发展状况进行了较详细地介绍；对美、日、韩三国及我国文化产业发展的融资模式进行了比较分析。

第二章对文化企业的价值评估进行了研究，首先分析了文化资产的价值属性，并由文化资产延伸到文化企业资产的特点，进而分析了文化企业的赢利模式，确定企业赢利的实现途径；最后，分析了一般情形下文化企业价值的影响因素以及不同评估方法应用于文化企业价值时的适用性，为开展文化企业资产评估工作提供了理论基础。

第三章对文化企业的著作权资产评估进行了研究，在分析文化企业著作权类型及其特点的基础上，对文化企业著作权资产评估的相关重点和难点问题进行了研究，详细论述了不同类型作品著作权资产的价值影响因素及其如何量化的问题，还全面介绍了著作权资产评估的各种方法、参数及其适用性，结合实践经验提出了文化企业著作权资产评估实务操作的重点。

第四章对文化企业抵（质）押中的价值评估进行了研究，主要研究了文化企业抵（质）押贷款中的运作模式、风险管理、资产评估等几个方面的问题，重点分析和论述了文化企业抵（质）押贷款业务中已有的可行性条件及存在的瓶颈问题、现有的抵（质）押运作模式的适用性分析、文化企业抵（质）押业务中的风险特性及管理措施、资产评估的价值类型选取策略及不同类型文化资产进行抵（质）押评估时应重点关注的价值影响因素等。

第五章对文化企业上市、并购重组中的资产评估进行研究。按照《文化及相关产业分类（2012）》，对A股市场文化产业上市公司进行了全面梳理，并从地域分布、上市日期、上市方式等多维度揭示了文化产业上市公司的特点，对文化企业的上市评估情况进行了汇总分析；从资产评估的角度分析了文化企业改制重组需要关注的无形资产、收益法适用性等事项；对沪深两市的文化上市公司并购重组与资产评估情况进行了全景式地统计和分类别梳理，以实证论述的方式对并购重组中涉及的资产评估事项进行概要式归纳和系统性分析，解剖现状，展示成果，总结问题，提出建议。

第六章介绍了文化企业资产评估的典型实例。针对文化企业资产评估的特点，结合文化企业无形资产的构成、企业改制和股权交易等关注热点，选取了文化企业资产评估和文化企业整体价值评估实例进行了分析。如采用收益法对电影放映权和院线价值评估的实例；采用市场法对动漫电视剧著作权价值评估的实例；采用资产基础法对出版企业改制全部权益价值评估的实例等。本章通过实例分析，反映了文化企业评估的实践和创新。

第七章总结本书研究成果并提出政策建议，主要对本书的研究结论进行归纳、汇总，对文化资产评估的未来研究方向进行了展望，并且从加强文化企业资产价值管理、提高文化企业内部资产管理水平、促进资产评估行业开展文化企业评估工作三个方面有针对性地提出了政策建议。

2013年9月

目 录

第一章　国内外文化产业的发展和融资模式

近年来，文化产业成为现代经济中最活跃、增长最快的产业。在全球范围内，文化产业在经济领域的份额以每年10%以上的速度增长，已经成为经济发展的支柱产业之一。科技、文化和创意相结合带来的财富，远远超越传统产业。文化产业的发展水平已成为衡量一个国家或地区综合竞争力的重要标志之一。

第一节　国际文化产业的发展和典型商业模式

一、国际文化产业的概念和范围

（一）文化产业的概念

文化产业一词产生于20世纪中叶，最初出现在霍克海默和阿多诺合著的《启蒙辩证法》一书之中，它的英语名称为Culture Industry。各国学者从不同的角度对文化产业的概念进行了界定，表达了文化产业的一些核心内涵，如文化产业的内容要素、商业价值、产业属性等，形成了对文化产业的基本认识。国际上对文化产业的定义主要是指为社会提供文化产品和服务活动的集合，强调创意、知识产权等因素的作用。

国际经济学界对文化产业的界定，以经济与文化研究的前沿人物大卫·索斯比（David Throsby）在其所著的《经济与文化》一书中的定义为代表。该书首先定义了文化产品与服务，再以其为核心界定了若干层次的文化产业。文化产业可以被认为是以创意内容为核心构筑的同心圆行业体系：核心层，即原创艺术创作业，它主要是指传统艺术概念所涵盖的艺术创造及与之相关的行为，如音乐、舞蹈、戏剧、文学、视觉艺术、工艺等以及与之直接相关的销售、展示和接受活动——如艺术场馆、博物馆、展览馆，艺术拍卖和各种形式的文化娱乐、演出、教育活动；外围层，即文化制作与传播业。与核心层不同，外围层的生产对象不仅包括文化产品，而且包括非文化产品——特别是借助现代媒介的复制与传播，它主要包括电影、电视、广播、报刊和书籍等；相关层，即与传播文化内容和意义具有相关性的产品，这些产业虽然不是与文化内容直接相关，但是它们的产品中具有文化的内容，如建筑、广告、观光等。

联合国教科文组织在2000年出版的《文化，贸易和全球化：问题与答案》一书中把文化产业界定为创造、生产和销售内容的产业。就其所提供产品的性质而言，文化产业可以被理解为向消费者提供精神产品或服务的行业；就其经济过程的性质而言，文化产业被定义为按照工业标准生产、再生产、储存以及分配文化产品和服务的一系列活动。文化产业是生产和经营文化产品的特殊企业群。

（二）部分国家文化产业的内容和范围

世界各国对文化产业的界定有所不同：美国、澳大利亚、加拿大称为“版权产业（Copyright Industries）”；英国、新西兰、新加坡等国称为“创意产业（Creative Industries）”；日本、韩国称为“内容产业（Content Industry）”或“文化内容产业（Culture Content Industry）”；德国称为“文化经济（Cultural Economy）”；而我国称为“文化产业（Cultural Industry）”。有些国家在如何界定和划分文化产业的范围上有所保留，因此界定的范围也相对较窄，主要包括为展现传统文化服务的文化基础设施建设、文化设施的管理、图书出版、电影、旅游业等几个方面。而体育健身、广告咨询等文化产业的边缘产业以及信息传播和信息服务等文化产业与信息产业的交叉行业，一般不在政府文化政策所强调的范围内。

1. 美国：以知识产权为核心的版权产业。1990年美国国际知识产权联盟（IIPA）开始用“版权产业”概念来计算文化创意产业对美国整体经济的贡献。版权产业被美国政府和学界广泛地使用，可以认为版权产业集中代表了美国对文化产业的理解。所谓版权产业，是指与知识密切相关的行业，主要包括出版、商业软件、音像录制、电影及电影发行等方面。为了与国际标准相一致，IIPA采用世界知识产权组织（WIPO）界定的四种版权产业分类法：（1）“核心版权产业”，主要包括广播影视业、录音录像业、图书、报刊出版业、戏剧创作业、广告业、计算机软件和数据处理业等。其基本特征是研制、生产和传播享有版权的作品或受版权保护的产品。（2）“部分版权产业”，产业内的部分物品享有版权保护，较典型的如纺织、玩具制造和建筑业等。（3）“发行类版权产业”，主要是以批发和零售方式向消费者传输和发行有版权的作品，如书店、音像制品连锁店、图书馆、电影院线和相关的运输服务业等。（4）“版权关联产业”，其生产和发行的产品完全或主要与版权物品配合使用，如计算机、收音机、电视机、录像机、游戏机和音响设备等产业。

2. 澳大利亚：以传媒为中心的版权产业。按照“澳大利亚与新西兰标准产业分类”（简称 ANZSIC）体系，“版权产业”分为三小类：核心版权产业、部分版权产业和版权分销产业。其中，“核心版权产业”是指那些将版权作品的创作作为其原始产品的产业；“部分版权产业”是指那些只有部分活动与版权作品的创作相关的产业，包括印刷、计算机咨询服务、测量服务、广告服务等 8 个产业；“版权分销产业”是指那些与版权产品的分销相关的产业，包括摄影设备批发、书籍杂志批发、报纸书籍文具零售、图书馆、博物馆等在内的 18 个产业。

3. 加拿大：以国家主体意识和多元文化精神为核心的版权产业。加拿大文化遗产部（Department of Canadian Heritage）是加拿大最主要的文化政策制定与执行单位，是加拿大管理与支持出版产业的核心机构。加拿大文化遗产部在其职能框架中对文化产业定义为：文化产业包括以国家社会、经济及文化为主题的出版、广播、电影、电视、图书、杂志、音像等在内的印刷、生产、制作、广告及发行，包括表演艺术、视觉艺术、博物馆、图书馆、档案馆、书店、文具用品商店等在内的服务及信息网络、多媒体等内容。加拿大在发展文化产业中所遵守的原则是国家主体意识和多元文化精神。采取的措施是政府推动和民间发展相结合。

4. 英国：创意产业。英国 20 世纪 80 年代曾使用文化产业的概念，但在 1997 年后，英国政府又提出发展创意产业，而取代文化产业的概念。英国文体部和创意产业特别工作组定义创意产业为：源于个体创意、技巧及才干，通过知识产权的生成与利用，有潜力创造财富和就业机会的产业。范围包括出版、电视和广播、电影和录像、互动休闲软件、时尚设计、软件和计算机服务、设计、音乐、广告、建筑、表演艺术、艺术和古玩、工艺 13 个行业。这一概念及定义后来被许多国家和地区使用。

5. 日本：内容产业。20 世纪 80 年代，日本学者日下公人按照经济学理论对文化产业做出定义和阐释："文化产业的目的就是创造一种文化符号，然后销售这种文化和文化符号"。[①] 这个定义既体现了文化与经济的结合，也体现了哲学、心理学与经济学的结合。日本文化产业范围包括四大类，出版产业（图书、报纸、绘画和教材等）、影像产业（电影、电视和动画等）、音乐产业、游戏产业等。

6. 韩国：文化内容产业。文化内容产业由与内容有关的经济活动（如创意、生产、制作、流通等）组成，这些活动的内容源于任何类型的知识、信息及与之相关的文化资源，包括：游戏、动漫、电影、音乐、电子图书、移动/互联网内容、娱乐内容、广播电视等。内容文化产业以创意为动力，以数字技术为载体，将各种"文化资源"与最新数字技术相结合，融汇重铸，建立了新的生产和消费方式，产生了新的产业群落，培育出新的消费人群，并以高端技术带动传统产业实现数字化更新换代，创造出巨大的经济社会价值。韩国政府认为文化内容产业都是具有高附加值和高成长潜力的行业。韩国统计厅的文化产业统计指标包括：出版印刷、音像、游戏、电影、广播、演出及其他文化产业（建筑、摄影、创意性设计、广告、新闻、图书馆、博物馆、工艺品及民族服装、艺术文化教育等）。

7. 德国：文化经济。文化经济主要指图书、电影、音乐及其他视听产品、艺术品市场、私营戏院以及与上述相关的网络信息系统。德国的文化产业结构中重点是出版业和会展业。

从国际上文化产业分类的内容和范围来看，文化产业相对于传统产业，能够实现低能耗、高产出，以智力消耗来创造价值。同时，国际上的文化产业大国，也是新兴业态发展的领先国家，将文化与科技、创意相结合，并向着网络化、数字化等方面发展。

二、国际文化产业的发展与特点[②]

（一）文化产业已经成为一些国家的支柱产业，在促进经济增长、提高就业、提升生活水平等方面做出了重大贡献

有数据显示，2012 年，美国的文化产业占到 GDP 的 24%，日本的文化产业

① 日下公人（日）著，范作申译："新文化产业论"，东方出版社 1989 年版。

② "2013 国际文化产业发展报告及资讯发布"，中国经济网，2013 年 09 月 10 日。

占 GDP 超过 10%，韩国的文化产业占 GDP 超过 7%。2012 年，美国的文化产业解决了近 510 万美国人的就业，为雇员提供的薪酬高于其他产业平均值 27 个百分点。在文化商品贸易领域，2012 年，美、德、英、法、日五国家共占据了世界 65% 的市场份额。其中，美国最高，占 23%，德国占 15%、英国占 14%、法国占 7%、日本占 6%。在文化服务贸易领域，2012 年发达国家在文化服务贸易方面均表现为高额顺差，其中美国最高，达 811 亿美元，英国 165 亿美元，日本 76 亿美元，法国 37 亿美元，德国 14 亿美元。

（二）在全球化竞争中，跨国文化产业集团开始成为影响国际文化产业布局的重要力量

国际间，众多文化产业集团正在不断打破行业和地区的限制，通过跨国投资、兼并收购等，集中资金、技术、管理经验，推进文化产业整合。在这种全球化风潮中，文化产业发展正呈现出两种密切相关的新趋势：一是产业整合趋势，文化产业的产业内部及与其他产业之间的并购重组十分频繁，开始形成了传媒业、娱乐业、旅游业、电信业、出版业等相互融合的新局面，出现了一大批大型的新型文化产业集团；二是空间上的聚集趋势，文化产业正在一些中心城市集聚，形成更加完整的文化产业链，成为推动城市发展的新动力。

（三）科技成果异彩纷呈，技术的研发创新推动了新兴业态成长、集聚、提升和发展

国际上，从各种智能移动设备到谷歌眼镜，从云技术到 3D 打印机，人们的生活方式、企业的生产方式越来越智能和高效。新媒体的变革与创新改变了传统格局，文化产品的数字化正在加强。移动新媒体异军突起，类似谷歌眼镜这样的多样化的智能终端，将衍生出表现力与互动性更丰富的媒介产品及媒介服务，必将引领新一轮的媒体变革。云计算催生出了大数据，大数据对网上海量信息数据进行采集、分析、加工和利用，将促进个性化服务发展，降低信息处理的成本，也将改变文化创意的平台基础。3D 打印前景发展越来越明朗，3D 打印技术将设计和制造从此简化，设计师可以按照自己的本来设计，制造出勾画好的形象，而不在担心设计出来而无法制造，文化产品从构思到成型将变得更加简单，文化产品的制作流程将发生变革。

三、国际文化产业的典型商业模式分析

美国好莱坞电影从 20 世纪 30 年代空前的经济大萧条中发展起来，已经成为

美国的支柱产业，占据了全球电影市场的主要份额，成为美国文化输出的重要手段；韩国的游戏产业从1997年到1998年亚洲金融危机中转型，已经成为全球游戏产业领袖；日本的动漫产业从20世纪90年代的经济低迷中振兴，带动了国家整体经济的复苏；德国的出版产业仅次于美国，形成了具有国际影响力的出版集团，占据了国际图书市场的很大份额。

（一）美国电影产业的发展和商业模式

1895年，电影诞生于法国。但是，电影产业最为发达的是美国好莱坞电影业，使电影成为一个产业而大规模地运营并产生巨额利润和巨大影响。好莱坞电影占据了世界电影市场份额的92.3%。其中，50%以上的收入来自海外市场，在欧洲电视播放的电影中，美国电影占70%以上。① 20世纪初，以纽约为中心，美国电影开始在东部兴起。经过多年的发展，美国形成了完整的电影产业链，并形成了制片人中心制度，有效解决了剧本挑选、可行性策划报告、确定导演和演员、设立制片管理班子等一系列问题，此外还形成了完整的资金流通、法律顾问、保险购买、商业定位、宣传策划等中后期市场运作体系，使得美国在电影工业化道路上长期处于全球领先地位。好莱坞电影按照电影市场的特点和需求建立了成熟、高效的市场化运作模式，包括高效的生产制作机制、多层次的放映体系和成熟的后电影产品开发体系。

1. 高效的生产制作机制

好莱坞电影制作环节是以不断提高电影产品的数量和质量为目的，即不断地生产出更多和更具有商业价值的影片。好莱坞完全按照市场化机制发展，逐渐形成了一套以流水线式的制片模式为主的高效的电影生产制作机制。

电影属于以精神娱乐为主的文化产品，好莱坞的电影生产与制作按照工业生产过程实现了“流水线化”生产，具备了分工精细、高效高质的特点。好莱坞电影在每一个制片厂内部，一部影片从编剧开始到拍摄完成分为若干个工序，每个工序由具体部门负责，包括编剧、导演、演员、摄影、录音、道具、服装等部门。每个部门又精细地分为若干工作环节，如编剧部门有创意、主体结构与情节、具体内容与对话、特定目的编写等各个专门部分，并由各种专家主持其事；导演部门有主要导演、专门负责各种类型场面的助理导演和导演服务部分；演员

① 郑雄伟：“全球文化产业发展报告”，2012。

部门有演员联络和服务部门，演员也分为不同的类型；其他部门也都分工精细，并聘用各种专家各司其职。精细的分工，可以使各个环节专业化、系统化，提高制作效率从而保证了各个环节由专家专门负责，责任明确，提高了制作质量，使得影片制作的每个细部，如布景设计、场面表现、人物对话等，都做得非常优秀而精致。这种“流水线式”的制作机制，为好莱坞出产大批量、高质量的电影提供了保证。

2. 多层次的放映体系

美国电影的发行放映体系是以院线制为主，大院线占据了美国80%以上的发行放映收入。经过一段较长时间的竞争和兼并、强强联合之后，美国的发行放映业逐渐出现了大型的院线公司，如Rega、AMC（被万达并购）、Cinemark等，控制着地点和设施较好的影院。这种电影院连锁经营的发行放映体制被称为院线制，也逐渐成为多数国家发行放映电影的典型模式。

在美国，还存在很多单独经营的小型影院。它们大多是单厅单银幕或是所处地点偏僻，在供片和设施环境上都竞争不过院线。这些影院另辟蹊径，或是走放映艺术影片的路子，或是二轮、三轮放映，更好地填补了院线在放映市场无暇顾及的空缺。因此，大院线和小型影院共同构成了美国电影多层次的放映体系。

3. 成熟的后电影产品开发方式①

电影作为一种大生态系统，产业链中每一个组成元素都有单独成为商品的可能，电影投资者追求通过多渠道把每一个元素都尽可能挖掘出商业价值，由此带来产业链的规模效应。在好莱坞，后电影产业的收益回报占到整个电影业的七成以上。好莱坞的后电影市场的开发手段丰富多样，已经形成完备的产品开发体系。以007系列电影为例，米高梅公司作为投资商与游戏公司合作，根据剧情开发电子游戏；与出版商合作，开发根据电影改编的漫画读本；与品牌商合作，开发新的服饰品牌；与汽车商合作，开发出新的“神奇汽车”；与玩具制造商合作，开发大量的仿真玩具等。

好莱坞电影的形象产品开发已经被认为是电影附属权利中最有开发价值的。例如，20世纪福克斯公司的影片《星球大战》开发了240多种玩具，衍生产品销售额估计超过45亿美元。导演乔治·卢卡斯获得的特许权收入，就超过了10

① 章淑君：“我国电影产业链问题与对策研究”，厦门大学硕士论文，2007。

亿美元。拥有众多卡通人物形象的迪士尼公司无疑成为好莱坞最大的形象产品开发工厂，其在玩具和主题公园上每年获得的收益，已经远远大于其在电影本身的收入。

电影主题公园号称是好莱坞在电影票房之外另一个印钞厂，所以好莱坞对此十分重视。主题公园是指以一部或多部成功电影的故事题材或视觉形象为主题，运用高科技手段，以互动性的游戏为载体而兴建的大型游乐园，也是后电影开发过程中与娱乐业紧密结合的一个典型例子。世界上最早也最成功的主题公园——迪士尼乐园，就是在迪士尼动画片基础上建立的。环球电影公司以电影《侏罗纪公园》为主题，在加利福尼亚的环球片厂建成的该影片主题公园，同样吸引了影片的忠实观众以及大量游客。

综上，美国电影商业模式分为两个部分，一部分是以电影为直接产品的制片、发行和放映模式；另一部分是后电影产品的开发、设计和主题公园延伸的产业链条模式，这一模式带来了巨大的经济利益。

（二）韩国网络游戏产业的发展和商业模式

目前，网络游戏产业发展的第一方阵应是美国、韩国和日本。韩国是紧随美国之后的全球网络游戏第二大国，是亚洲网游的第一大国。韩国的游戏产业在全球占有很高的市场份额，据其官方发布的《2011年韩国游戏白皮书（报告书）》中数据显示，2010年韩国游戏市场的规模为67亿美元，比上年增长12.9%。其中，网络游戏的市场规模为42.9亿美元，占整个游戏市场的64.2%。2010年，韩国游戏的对外出口额为16亿美元，比上年增长29.4%，进口额为2.4亿美元，比上年减少27%。2010年，韩国游戏市场以49.5亿美元，占世界游戏市场（848.2亿美元）的5.8%，比上年增长2.7%，曾经一度占居着亚洲在线游戏90%以上的市场份额。[①] 游戏产业出口成为韩国文化产业输出的主要组成部分。韩国网络游戏产业的迅速发展与韩国政府的大力扶持是分不开的，无论从战略规划的制定到资金、人才的支持都离不开政府的作用。经过近十年的发展，韩国网络游戏产业链的价值超过了他们曾经引以为傲的汽车制造业，成为国民经济的支柱产业之一。2013年，韩国政府提出了未来国际化“五大核心产业”的战略，排名第一的就是游戏产业。

① 郑雄伟：“全球文化产业发展报告”，2012。

1. 韩国网络游戏产业链

韩国网络游戏产业链主要由开发商、代理商、运营商、网吧组成，形成了专业化、系统化的价值链系统。同时，根据网络游戏的特点和市场的需求，韩国网络游戏业不断创新采用了多种形式的收益方式和高效的销售策略。

2. 主要游戏类型与虚拟收益方式

韩国网络游戏市场主要分为大型多人在线游戏和游戏服务门户两大类。

MMORPG 是多人在线角色扮演游戏，占据了韩国大型多人在线游戏的绝大部分。游戏用户可以通过移情效应把现实社会化属性自然地平移到游戏的虚拟社会中，以期得到现实社会中难以满足的各种社会化需求的虚拟实现，因此也乐于为这种特有的娱乐体验付费。

游戏服务门户不同于传统的游戏门户，满足了用户更丰富的需求，同时具有更清晰和可持续发展的赢利模式。Avatar 服务是韩国游戏服务门户的主要形式。所谓 Avatar 是一种虚拟化形象，包括虚拟角色的造型、表情、服饰以及道具、场景等任何可数字化表现的产品，可以伴随用户出现于游戏、社区、聊天室等任何虚拟活动中，用户一般需要付费购买才能体验这种服务。Avatar 服务一经推出，不仅满足了用户自我表现需求，而且增强了在线娱乐的趣味性，在韩国迅速形成一种网络时尚。游戏服务门户模式逐渐成为韩国网络游戏市场的发展主流。据韩国国内统计，大型多人在线游戏总体销售额在持续减少，而游戏服务门户的盈利及市场份额保持高速增加，已经超越传统的大型网络游戏开发及运营企业。

3. 国内收益模式

韩国网络游戏市场优势的根源并非家庭的高宽带普及率，而是遍布其国内几万家网吧。网吧的蓬勃发展除了得益于国内居民对网络使用的需求之外，更主要得益于网络游戏产业运营模式给网吧带来的利益。与在家里舒适地玩网络游戏不同，网吧营造了浓烈的集体游戏氛围。韩国游戏厂商正是看中了这点，提出了“集体授权”模式，用最快的速度与网吧划分自己的利润。授权收入、服务费收入、电信分成等几块组合成为游戏厂商的收入。在产业链条最上端的韩国网络游戏企业正是依靠这个循环系统快速壮大起来。

4. 国外销售模式

韩国游戏进军国外市场做到了多管齐下，即“政府搭台、协会导演、企业唱戏”。

为配合在国外网络游戏市场的拓展工作，韩国自 2001 年开始运作了世界电子竞技大赛，成功实现了韩国网络游戏向国外推广的商业战略目的。在市场进入过程中，行业协会充当先锋角色，积极建立海外市场服务中心，已在硅谷、波士顿、北京、上海、东京、大阪、伦敦、新加坡成立了海外 IT 支援中心，积极利用网络、外国代理商、开发直销、合作经销等多种手段。韩国网络游戏企业还积极参加各种国际游戏展览和游戏交易会，为韩国网络游戏产品走向世界开辟途径。

基于文化的趋同性，中国和日本是韩国网络游戏业发展的主要目标市场。资料显示，韩国游戏产品的出口中，中国长期占其出口总量的 30% 以上，位居第一。这是因为韩国游戏厂商一直将中国现实与潜在的游戏用户看做重要的目标客户群体，作为产品研发、推广的重点。

（三）日本动漫产业的发展和商业模式

20 世纪 80 年代，日本面对长时间的经济低迷，借鉴美国文化产业成功的经验，积极调整产业发展中心，把动漫产业作为重点发展的文化产业，使其逐步成为其文化产品出口的主力军。目前，有“动漫王国”之称的日本是世界上最大的动漫制作和输出国，全球播放的动漫作品中有 60% 以上出自日本。在欧洲，日本动漫占有比例超过 80%。根据日本动画协会发布的《日本动画业界及动画市场动向（2011 年版）》中的数据显示，日本 2010 年实际上映的电视动画片总数为 195 部，电视动画总制作时长为 89586 分钟。2010 年上映的动画电影数量为 55 部，总票房收入为 41390 万美元。影像制品（DVD、BD、UMD、录像带）的总销售额为 93414 万美元，年度总票房连续 3 年都保持在 3.69 亿美元左右，这也显示了日本动画电影市场的稳定性，动漫产业已经成为日本的第三大产业。[①]

日本动漫产业的发展，首先得力于日本具有良好的漫画消费基础，在此基础上形成了完整的动漫产业链。电视在很大程度上也给了动漫产业巨大的发展机会。

漫画是日本最具代表性的大众文化类型，日本国民有着深厚的漫画情结。漫画市场由漫画家、读者、出版社以及图书交易公司、书店构成。动漫产业的发展为日本带来的商机很多，并为其国内经济的发展带来了巨大的财富和强劲的推动力。日本一年的出版物大约有 60 亿册，其中漫画期刊和单行本就占到 21 亿多册，超过 30%，如果仅计算销售出去的份额，则占到总数的 50% 以上。

① 郑雄伟：“全球文化产业发展报告”，2012。

动漫产业链是跨媒体的产业形态，跨越了出版、电视、电影和衍生品等多个领域，包括了创作、发行、播出、授权和衍生产品开发等产业环节，涉及数量众多的漫画和动画工作室、各种版权代理事务所、图书出版发行企业、电视台、杂志社、玩偶与电玩等衍生品生产和销售企业。动漫产业光靠播出动画片根本无法得到相应的资金回报，必须开发衍生产品才能赢利，这是多个动漫产业成功案例的共同特征。因此，日本形成了“杂志——动漫——动画——衍生品”的动漫产业链。日本漫画产业的规模为6000亿日元（约合420亿元人民币），而围绕漫画产业形成的，是比漫画产业大20倍的规模总值为12万亿日元（约合1.75万亿元人民币）的产业（2002年数据）。①

（四）德国出版产业的发展和商业模式

德国是仅次于美国的世界第二出版大国，出版业在德国文化产业中占据重要地位。德国出版社数量众多，每年出版图书超过8万种，数量在欧共体国家中占绝对优势。德国也是一个报刊大国，有欧洲大陆“报刊王国”之称，目前每天发行2520多万份日报，市场上各种期刊达18000种之多。德国每年图书的销售额近百亿美元，约占世界市场份额的12%。其图书报刊已出口到世界上164个国家和地区，2010年，出口总额超过42.44亿美元。②

德国出版产业商业模式特点分析③：

1. 大型出版集团收入多样化

德国的大型出版集团不但出书、办报、办期刊、出版音像读物，有的还涉足新闻传媒的其他领域，甚至还经营房地产，借以增加收入，扩大影响，增强竞争实力。例如：阿克塞尔·施普林格出版集团每年出书约1500种，办有各种报纸期刊约280种，其中《图片报》占德国报纸市场1/5的销售额，《周末世界报》和《周末图片报》居同类报纸销售额之首。

2. 注重推广发行

德国出版业形成了符合自己国情的合理格局和一套规范的出版企业管理体制，实行社长（经理）负责制，并建立了一套面向市场、灵活推销、编辑与

① http://www.ccnt.gov.cn/sjzz/whcys/dmyxzt/201108/t20110812_129644.html，中华人民共和国文化部。

② 郑雄伟：“全球文化产业发展报告”，2012。

③ 韩晗：“经验借鉴、共同问题与危机处理——比较视野下的中德出版业考察”，《出版广角》，2012年第4期。

发行并重的运行机制。德国的出版社注重发行工作，不仅发行推销人员的人数比重较大（占出版社的1/3以上），而且广告宣传形式多样，经营推销灵活机动。

书店仍然是图书销售的主要渠道（占55.8%），其中塔利亚和DBH两大图书零售巨头共“分摊”了20%的份额。较多的出版社开办书店、经营图书或文化用品，经营书店既可盈利，又是出版社的信息源。

出版社直销图书是第二大销售渠道（占17.7%）。10%的市场份额来自书报摊和非图书专卖店（药店、卖书区、超市、玩具店、宠物店等）销售。德国只有10至15家专门书店销售专业书籍。

据德国出版商协会的数据显示，2007年，德国出版商通过网络零售商实现的销售额比上年增长了21%。德国出版业也由此走出了连续3年的低谷期，销售额首次实现增长，增幅为3.4%。其中，网络图书销售额达到8.53亿欧元，占整个图书零售市场份额的8.9%。

另外，各出版商还通过举办学术讲座、读书俱乐部和参加各种类型的图书博览会售书，同时还进行版权贸易。

3. 注重国际化策略①

德国出版业很愿意将各种语言的图书翻译成德文，即使在经济困难的时候也是如此。国际化是德国出版业依赖的生存条件，如贝塔斯曼集团在世界各地都很活跃，占国际出版市场的重要部分。

4. 规模与特色并存

德国的独立出版社可以分为两种，一种是精品型，规模小但通常格调很高的专业出版社；另一种是规模相对较大，必须和大型公司的营销手法竞争的出版社。在德国3000多家出版社中，除了贝塔斯曼、霍茨布林克和施普林格三大出版集团外，多为中小型出版社。

德国最重要的10家出版社之中，只有两家是独立的出版社。但很多小出版社并不想成为兰登书屋那样大的出版公司。因为大出版社通常难以适应产业环境的快速转变，也无法预期这些改变。大公司里的行政系统就像是恐龙，当大出版社还在考虑是否要购买版权时，小出版社已经拿到了版权。大出版社也许可以给

① 万丽慧：“德国出版产业概况”，《出版参考》，2006年6月上旬刊。

作者更高的报酬，但小出版社可以给作者特别的待遇，不仅照顾他的书，也帮作家作事业规划。小出版社有鲜明的个性，并不像大出版社的书目全面。小出版社的作者和出版计划明确界定出自己的品牌与质量，这也是何以德国的图书可以不断赢得“最美丽的书”的美誉之因。很多作者、经纪人或是外国的出版社也愿意和小出版社合作，因为他们喜欢和信任某些小出版社，并认为它们的出版质量可以让自己的图书在德国市场获得较多的机会，取得较好成绩。质量是关键所在，小出版社的形式得以存在是因为它保持了对文学的独到见解和其创造性。此外，必要的灵敏和警觉性也让小出版社可以预测未来的发展趋势，并得以朝着正确的方向快速前进。

第二节　我国文化产业的发展

一、我国文化产业的定义和分类

（一）文化产业的定义

我国文化产业的概念，是在2000年10月党的十五届五中全会上通过的《中共中央关于制定国民经济和社会发展第十个五年计划的建议》正式提出的。2003年9月，文化部制定下发的《关于支持和促进文化产业发展的若干意见》，将文化产业界定为：“从事文化产品生产和提供文化服务的经营性行业。文化产业是与文化事业相对应的概念，两者都是社会主义文化建设的重要组成部分。文化产业是社会生产力发展的必然产物，是随着我国社会主义市场经济的逐步完善和现代生产方式的不断进步而发展起来的新兴产业。”

2012年，国家统计局发布的《文化及相关产业分类（2012）》中，对文化产业的定义为：为社会公众提供文化产品和文化相关产品的生产活动的集合。根据这一定义，文化及相关产业包括了四个方面的内容，即文化产品的生产活动、文化产品生产的辅助生产活动、文化用品的生产活动和文化专用设备的生产活动。其中文化产品的生产活动构成文化及相关产业的主体，其他三个方面是文化及相关产业的补充。

通过上述对文化产业概念的分析，它具有三个鲜明特点：第一，与生产和经营对象为物质产品的一般产业不同，文化产业的生产和经营对象为文化产品，具有精神属性。第二，文化产业像其他产业部门一样具有经济属性，以营利为目标。这一特点，也使文化产业与以社会效益为最高目标的公益性文化事业形成鲜明对照。第三，文化产业像其他一般产业一样，与工业化和社会化大生产相联系，可以进行批量生产并产生规模经济效益。

总之，现代文化产业是一个产业群，其基础是大规模复制和快速、经济地传播技术。文化产业适用于那些“以无形、文化为本质内容，经过创造、生产与商品化结合的产业。”这些内容受到著作权保护，并可以采用产品或服务的形式来表现。

（二）文化产业的分类

2012 年，国家统计局依据新颁布的《国民经济行业分类》(GB/T 4754—2011)，参考联合国教科文组织《文化统计框架—2009》，结合文化新业态的情况，修订并发布了《文化及相关产业分类（2012)》，具体内容如下：

1. 界定了我国文化及相关产业的范围：以文化为核心内容，为直接满足人们的精神需要而进行的创作、制造、传播、展示等文化产品（包括货物和服务）的生产活动；为实现文化产品生产所必需的辅助生产活动；作为文化产品实物载体或制作（使用、传播、展示）工具的文化用品的生产活动（包括制造和销售)；为实现文化产品生产所需专用设备的生产活动（包括制造和销售)。

在国民经济行业分类中，一个行业（或产业）是指从事相同性质的经济活动的所有单位的集合。在统计分类中，行业与产业在英语中都称为“industry”。对国际上的有关分类我国一般翻译为“产业”，而我国相对应的分类叫“行业”。目前，在我国使用“产业”一词往往更强调其经营性或经营规模。本次分类中，统计上所称的“文化及相关产业”指本分类所覆盖的全部单位。“文化产业”仅指经营性文化单位的集合，“文化事业”仅指公益性文化单位的集合。

2. 2012 年新分类遵循的原则：以《国民经济行业分类》(GB/T 4754—2011)为基础，根据文化及相关单位生产活动的特点，将行业分类中相关的类别重新组合，是《国民经济行业分类》的派生分类；根据我国文化体制改革和发展的实际，本分类在考虑文化生产活动特点的同时，兼顾政府部门管理的需要，立足于现行的统计制度和方法，充分考虑分类的可操作性；与国际分类标准相衔接，借鉴了联合国教科文组织的《文化统计框架——2009》的分类方法，在定义和覆盖范围上可与其衔接。

3. 具体分类方法：分为文化产品的生产和文化相关产品的生产两大部分，并对延伸层文化生产活动内容予以明确。其中，文化产品的生产分为：新闻出版发行服务、广播电视电影服务、文化艺术服务、文化信息传输服务、文化创意和设计服务、文化休闲娱乐服务、工艺美术品的生产等7大类。文化相关产品的生产分为：文化产品生产的辅助生产、文化用品的生产和文化专用设备的生产3大类及其25个子类。

4. 本次分类对于新生的文化业态和与文化及相关产业定义较为符合的生产活动已纳入分类，对于争议较大或目前尚把握不准的生产活动暂不纳入（如手机和微型家用计算机的制造），对于虽有部分活动与文化有关但已形成自身完整体系的生产活动不予纳入，凡属于农业、采矿、建筑施工、行政管理、体育、自然科学研究、国民教育、餐饮、金融、修理等生产活动和宗教活动均不纳入分类。

二、我国文化产业的发展历程

1978～1985年，我国文化事业在改革中出现了复苏，其经济属性和产业属性逐步显现出来。国家逐渐出台少数政策，放松了对文化外围行业的限制，国有文化事业单位也开始进行一些经营活动，“双轨制”逐渐出现。

1985～1992年，文化事业单位改革逐步加强，许多文化部门开始在实践中寻求改革“大锅饭”分配模式的途径。随着居民生活水平的大幅度提高和对文化需求的日益增长，公众的文化消费特征越来越朝着娱乐型、多样化、可参与性的方向发展。顺应这种需求，文化产品则逐步市场化。

1992～2000年，随着我国文化体制改革的进一步深入和文化市场的逐步繁荣，文化发展市场化的程度越来越高。2000～2006年，文化发展在“市场驱动”的基础上，开始了“产业驱动”。2000年10月，党的第十五届五中全会通过的《中共中央关于制定国民经济和社会发展第十个五年计划的建议》，第一次提出了“文化产业”和“文化产业政策”的概念，并要求完善文化产业政策，加强文化市场建设和管理，推动文化产业的发展。2000 年 12 月，国务院出台了《关于支持文化事业发展若干经济政策的通知》，比较系统地制定了鼓励我国文化产业发展的财政、税收和金融政策，调动了文化产业发展的积极性。

自 2003 年文化体制改革启动以来，国有文化企业管理体制改革主要经历了以下几个阶段：①

第一个阶段：授权经营。国有资产授权经营是国有企业改革早期实行的政策，2003 年文化体制改革开始试点时，借用了这一政策，并通过文化体制改革配套政策予以确认（国办发［2003］105 号）。当时之所以借用这一政策，一是因为列入改革试点的经营性文化单位基本上属于地方性的，中央经营性文化单位数量很少，经营性文化单位转制为企业后，其国有资产由地方政府授权经营，在操作上简便易行；二是因为列入改革试点的文化单位，有些在改革前已经成立事业性质的集团（如出版集团、报业集团、广电集团等），改革试点前已获准进行国有资产授权经营，在政策上具有连续性。按照这一政策，中国出版集团公司和中国对外文化集团公司由国务院授权，享受国有资产授权经营政策。但同样是改革试点单位，人民邮电出版社未能获得国务院授权，不得不以人民邮电出版社作为出资人注册成立了集团公司。事实上，延续"国有资产授权经营"的思路和政策，并没有触及国有文化企业管理体制的深层次问题，甚至强调授权经营试点企业原有行政管理和党的领导关系不变。在文化体制改革试点期间，上海、重庆、沈阳等试点地区，结合本地实际，在国有文化资产管理体制上进行了大胆尝试，创造了多种模式。

第二个阶段：财政监管。在认真总结部分地区试点经验的基础上，为规范国有文化资产管理体制，理顺国有文化企业管理体制，2007 年 9 月，财政部、中宣部、文化部、广电总局和新闻出版总署联合下发了《关于在文化体制改革中加强国有文化资产管理的通知》（财教［2007］213 号），明确由财政部门履行国有文化资产的监管职责，党委宣传部门负责国有文化资产重大变动事项的审查把关。2008 年 9 月，财政部、中宣部和新闻出版总署发布《关于中央出版单位转制和改制中国有资产管理的通知》（财教［2008］256 号），对中央出版单位国有资产

① 引自《国有文化企业发展报告（2012）》，经济科学出版社 2012 年版。

管理政策进一步具体化。上述政策在国办发［2008］114号文件中得以充分体现和完善，用于指导、规范国有文化资产管理体制。

第三个阶段：明确出资人。2009年，随着中央经营性文化事业单位改革，尤其是中央各部门出版社体制改革的全面展开，理顺中央文化企业国有资产管理体制提上了议事日程。经报请中央批准，国务院授权财政部履行中央文化企业国有资产出资人职责。2010年，中央文化体制改革工作领导小组发布《关于完善中央文化企业国有资产监管工作机制的通知》（文改发［2010］4号），明确成立中央文化企业国有资产监督管理领导小组，领导小组下设办公室。经中编办批准，中央文化企业国有资产监督管理领导小组办公室正式设立，挂靠财政部，具体负责中央文化企业国有资产监管的日常工作。这标志着中央文化企业国有资产管理体制向前迈出一大步。

2011年，党的十七届六中全会提出"完善管人管事管资产管导向相结合的国有文化资产管理体制"。各地认真贯彻落实六中全会精神，积极探索设立专门的文化企业国有资产监管机构。

三、我国文化产业发展的特点

2011年我国文化产业法人单位增加值达13479亿元，文化产业法人单位增加值占GDP比重从2004年的1.94%增至2011年的2.85%，年平均增长23.35%。文化产业发展的主要特点[①]：

（一）文化体制改革全面提速

2011年各项改革事业均加速前进。在演艺院团和报刊出版领域，要在2012年全面完成文艺院团体制改革和非时政报刊出版单位转企改制。截至2011年末，581家图书出版单位中，除少数拟保留公益性和军队系统的出版单位外，中央各部门各单位、地方、高校出版社都已转企改制；全国10多万家国有印刷复制单位、3000多家国有新华书店全部转企改制；组建了100多家报刊集团和出版传媒集团。

（二）主要门类增长迅速，规模扩大

2011年，我国主要文化产业门类除电子出版物外，都实现了增长。增长速

① 张晓明、王家新、章建刚：转变发展方式 迎接新的发展周期［M］，《中国文化产业发展报告(2012－2013)》，社会科学文献出版社。

度除了期刊为8%以外，其他全部以两位数的速度高速增长。从市场规模来看，图书营收664.4亿元，报纸营收818.9亿元，期刊营收162.6亿元，电影票房131.15亿元，演艺营收233亿元。

（三）数字内容产业发展迅猛，数字出版保持强劲增长

2011年是我国数字内容产业继续迅猛发展的一年，数字出版市场规模（营收）达到1377.9亿元，年度增长速度为31%，其中手机出版和网络游戏的市场规模（营收）分别为367.34亿元和468.5亿元。

四、我国文化产业主要行业发展状况（见表1.1）

表1.1　　我国文化产业主要行业发展状况表

产业分类	主要行业	宏观环境	发展状况	发展特点
新闻出版发行服务	新闻出版	法规政策出台，规范化发展；布局发行网点，构建公共服务；进一步加强自身建设。	2011年，全国出版、印刷和发行服务实现营收14568.6亿元，增长17.7%，占同期GDP的0.9%，利润总额1128亿元，增长4.8%；	以非时报类报刊为代表进行体制改革；
			其中，共出版图书369523种，实现营收664.4亿元，增长19.8%，利润总额增长22.2%；	组织主题出版，打造精品力作，引发红色阅读热潮；
			期刊营收162.6亿元，增长8%，利润增长23.8%，报纸营收818.9亿元，增长12.3%，利润降低；	国家资金支持力度加大，新闻出版业集群化，数字出版基地纷纷落成；
			数字出版营收1377.9亿元，增长31%，利润增长19.1%。	数字出版大势所趋，出版企业加快战略转型；
				网络书店价格战，实体书店遭重创，传统书业生态陷入困境。

续表

产业分类	主要行业	宏观环境	发展状况	发展特点
广播电视电影服务	电影	《电影产业促进法（征求意见稿）》公布； 《广电总局电影局关于促进制片发行放映协调发展指导意见》出台。	票房再创新高； 投融资仍以龙头企业为主要对象； 生产故事片558部，领军机构继续担当主力； 发行主体仍集中在行业领头企业中； 院线终端发展达历史新高，网络与电影频道成为新的渠道。	投融资呈多元化，全产业链投资意识明显； 投资成本梯度清晰，盈利难度较高，微电影成为重要新形态； 网络平台成为重要渠道； 分账矛盾凸显，院线建设趋于理性。
	广播电视	政府出台政策较多，有促进性的，也有规范甚至限制性的。	“一个市场，三个梯队”的大格局形成； 基础建设与内容制作稳步上升； “三网融合”继续向前推进。	主要受政策因素与媒体大环境（特别是新媒体的冲击）的推动。
文化信息传输服务	网络新媒体	互联网电视牌照推出； “云计算”打通互联网产业链； 社交网络媒体改变舆论生态格局。	门户网站依然集中在四大家； 电子商务规模继续快速增长，市场细分明显； 搜索引擎百度继续一枝独秀； 垂直门户中，旅游、招聘发展显著； 网络视频市场增长迅猛； 网络游戏在不景气中继续稳步发展； 移动互联网快速发展，无线音乐成为音乐产业的主要渠道。	互联网进入全面开放时期，平台竞争将重塑行业格局； 视频网站竞争进入白热化； 开放平台和移动社交成为SNS网站发展趋势； 移动互联网继续高速发展； 电子商务的发展开始回归理性。

续表

产业分类	主要行业	宏观环境	发展状况	发展特点
文化艺术服务	演出	国有文艺院团改制进入倒计时； 演出市场管理中政府角色转变。	演出市场继续升温，演唱会尤为突出； 演出品牌开始凸显重要性； 演出市场化进程推进，交易量增长明显； 演艺资源进一步整合。	各重点城市形成不同的演出风格； 互联网售票正在拉近与观众的营销机会。
文化创意和设计服务	会展节庆	宏观政策支撑会展健康发展； 地方性会展节庆政策，以“扶持”政策为主，给予充沛资金支持。	会展业稳步发展，增长速度放缓； 形成多区域、多层次的会展业聚集区； 强大的经济拉动作用； 国内会展发展趋向国际化。	区域性与行业联盟促进会展发展； 人才专业化； 会展节庆新兴城市崛起。
	广告	经济形势稳中求进； 消费者信心高位运行； 企业信心审慎乐观。	广告产业平稳增长； 广告产业定位明确； 媒体格局持续演变。	市场由一线城市向二三线城市发展； 广告业受法规政策影响较大； 新媒体继续改变传统媒体格局； 资本运作与技术运用； 数字营销正在改变传统的营销方式。
	设计	《关于促进工业设计发展的若干指导意见》发布；《关于加快推进信息化与工业化融合的若干意见》发布； 《工业转型升级规划（2011－2015）》发布。	设计规模不断扩大，设计产业在经济社会中的地位越来越突出； 门类齐全的设计体系已经形成。	跨界合作、多形式合作正在呈现； 建立新型增益模式、完善自主产业链迫在眉睫；

续表

产业分类	主要行业	宏观环境	发展状况	发展特点
文化创意和设计服务	设计		从业人数增长较快，但设计企业竞争优势并不明显； 产业资源分散，分布不均衡，产业链还不成熟，赢利模式有待进一步发掘； 政策扶持力度不断加大，知识产权保护日趋受重视。	设计企业自身的品牌意识正在加强。
	动漫游戏	政策环境大力支持；	动画电影总票房收入同比翻番；	原创意识不断增强，产品趋于精良化；
		动漫行业得到更多金融支持，而游戏行业受到全球资本市场低迷的影响；	动漫衍生品市场规模达到播出内容10倍以上；	保护无形资产意识增强；
		宽带网络接入速度有待提升。	动画产业集群带形成；	加快“走出去”步伐。
			客户端游戏依然占据市场主力位置； 网页游戏异军突起； 手机网络游戏继续保持增长； PC单机游戏因多种游戏大作推出而得到突飞猛进的增长率。	
工艺美术品的生产	艺术品经营	欧债危机影响艺术品市场；	资本规模正在影响画廊市场；	拍卖市场更加趋于理性；
		“文化强国”的主旋律形成艺术品市场较完整的格局；	艺术品拍卖市场基本维持近年来的增长，但受经济总体环境影响，规模与格局正在逐步进入自我确立与调整的过程中；	投资总量增大；
		政策法规要求艺术品市场规范化。	艺术博览会继续繁荣；	艺术品市场趋于健康发展；
			艺术品金融化的产品繁多，各有发展。	艺术金融化创新业务增多。

五、我国文化产业发展的主要问题

1. 产业快速持续发展，规模不断扩大，文化企业和文化产品数量剧增，但质量差别很大。以电视剧的生产为例，2012 年全国生产完成并获得《国产电视剧发行许可证》的剧目共计 506 部、17703 集，由于电视剧产量过剩，质量差异也很大，不少电视剧拍完后因找不到播出平台而被束之高阁。目前电视剧中只有约两成赚钱、一成持平、七成左右不同程度亏损。

2. 产业政策密集出台，法规执行滞后。党的十七大提出了将文化产业发展成为国民经济支柱产业的目标，支持产业发展的相关政策密集出台，各地方也纷纷制定金融税收等产业扶持政策，但产业发展的宏观环境，对于著作权等知识产权的保护法规执行滞后，制约了相关产业的发展，

3. “集群化”的发展趋势，组织结构不断变革，但市场化速度较慢。各地产业园区不断形成，包含文化产业链的上下游的产业组织体系不断聚集，转企改制不断深化，但市场化速度依旧缓慢。

4. 文化产业投融资形式多样化，急需金融资本支持。当文化企业发展到一定规模后，资本制约着文化产业发展的速度。从政策层面，政府鼓励和引导文化企业面向资本市场融资，促进金融资本、社会资本和文化资源有机对接。对于依然处于转型期的中国文化产业来说，要想在未来几年实现倍增目标，金融资本的支持至关重要。目前文化企业主要从政府投资、银行贷款、上市融资、风险投资、行业外投资等方面解决资金问题。

5. 文化企业发展缺少科学的商业模式和赢利模式。独特的商业模式是企业竞争的法宝。像美国的好莱坞、迪士尼，都拥有难以复制的商业模式而造就了其强大的品牌价值和赢利能力。由于我国文化领域的特殊性，一些文化企业市场化意识和商业模式创新不够，赢利模式不清晰。一些中小型文化企业，体量小、竞争无序、缺乏品牌意识，导致跟风严重、内容同质化泛滥。缺乏科学的商业模式和赢利模式，使文化企业的赢利能力和成长空间受到了限制。

六、我国文化产业发展所面临的主要变化[①]

（一）文化市场已经从总体“短缺”转向“短缺”与“过剩”并存的“结构性短缺”，将迎来大规模洗牌和兼并重组浪潮

我国文化产业是一个“战略性短缺”行业。近年来，在改革引发的体制性释放和政策性推动作用之下，大量公共和私人资金投入文化领域，文化产业的产能快速提升，大量文化产品被企事业单位快速生产出来；由于移动互联网和宽带技术的发展，越来越多的普通文化消费者也参与到内容生产中来，供给短缺的局面极大缓解，进入了短缺与过剩并存的新时期。可以说，经过前一个十年的高速发展，我国文化产业发展的动力将从投资转向消费，发展方式将从数量规模型走向质量效益型，大规模洗牌和兼并重组不可避免。

（二）文化产业已经从“分业发展”走向融合发展，文化产品内各个行业主管部门主导的发展，将越来越为跨行业的融合发展取代，甚至为文化经济普遍融合发展所取代

本轮全球性文化产业发展兴起于20世纪90年代以后，以知识经济为背景，以数字化信息技术为基础，最突出的特点就是“传媒汇流”、“混业经营”和“融合发展”。近年来我国文化产业始终强调要实现“跨行业”、“跨地区”、“跨媒体”、“跨所有制”的融合发展，但是由于原体制“行业主管主办”格局难以突破，进展艰难。随着“事转企”改革的完成，国有文化企业与主管部门逐步脱钩，成为独立的市场主体，必将在文化市场推动大规模的混业经营和跨界发展。今后一段时间将是文化产业实现融合发展的高峰期。

综上，文化市场的兼并重组和文化产业的融合发展，都会涉及大量国有文化企业产权的流转，需要专业的资产评估机构提供专业服务，更需要独立、公允的价值参考。

---

① 张晓明、王家新、章建刚：“转变发展方式 迎接新的发展周期”，《中国文化产业发展报告（2012－2013）》，社会科学文献出版社出版。

第三节 国际文化产业的融资模式分析

文化产业已经成为世界发达国家主要的支柱产业，每个国家对于文化产业的发展根据各自国家的特点采用了不同的发展模式和促进机制。其中，美国、韩国和日本三国采用的融资模式比较有代表性。①

一、美国文化产业的市场主导融资模式

（一）整体情况

美国是文化产业大国，其文化产业十分发达，产值占 GDP 的 20% 左右，总体竞争力位居世界首位。早在 20 世纪 60 年代，美国在进行产业结构调整时就将发展高科技文化产业作为经济发展的方向之一，并采取了一系列包括经济、法律、行政等措施加以扶持。美国文化产业的快速发展得益于政府为文化产业发展所创造的良好的外部环境和市场机制，其完善的融资体制、多样化的融资方式、多元化的融资渠道更是为美国文化产业发展提供了重要的保障。

基于相对成熟的文化市场体系，美国政府采取了自由市场的机制模式，要求文化产业发展服从于市场，这在文化产业融资层面表现得尤为突出。美国的文化产业在市场运行过程中自发地形成了由融资、评估、完工保证、风险管理、产权交易等职能构成的科学体系。其融资模式以市场化的民间金融机构为主要融资来源，政府并没有发展文化产业的项目融资计划，只是由美国中小企业管理局（SBA）为中小文化企业提供保证，但民间成立的中小企业投资公司则对此类企业直接投资。同时，通过创新金融产品，文化企业可以通过贷款、发行股票和债券等多种融资方式吸引私募基金、养老资金和保险资金等社会资本进入文化产业，建立方式多样、渠道多元的融资体系。

此外，美国政府对于外资进入限制不多，文化产业依靠开放的市场和较高的投资回报率吸引了为数众多的外资进入，加拿大、英国、日本等国家都有大笔资

① 高凌霁：“文化产业投融资模式研究”，中南大学硕士论文，2010。

金投资美国文化产业的跨国公司。

（二）美国电影产业典型融资模式分析

完善的市场体系是美国文化产业发展的基础，创新的融资模式是文化产业的动力源泉。美国政府和企业家们通过在金融市场的不断创新，建立了完善的市场化融资体系，推动了美国文化产业的蓬勃发展，也为其他类型文化产业融资问题的解决方案提供借鉴。从1993～2003年，在英国放映的电影中，美国电影平均占其放映电影总数的57%以上。①②

1. 创新的金融市场

在20世纪90年代，金融自由化的发展和新金融技术与理念的诞生，有力地促进了美国电影产业的大发展。1995年，投资组合理论开始运用到电影行业，有效降低了投资风险。与此同时，各种不同背景的资金如保险资金、退休资金等也蜂拥进入电影市场。

2004年，电影投资基金的出现，标志着华尔街的私募基金加入到电影投资的行列。在美国，电影投资基金的募集通常是由私募基金以高收益债、低收益债和优先股等不同品种的金融产品吸引风险承受能力不同的投资者，主要通过股权融资、夹层融资、优先级债务贷款和发行AAA级债券的方式来实现，具体如下：

（1）股权融资：融资时间通常在5～7年之间，片商一般会和投资方协议在特定的时期内回购融资方的股份，既保全影片版权的完整，又保证投资方良好的退出通道。

（2）夹层融资：一般采取次级贷款的形式，也可采取可转换票据或优先股的形式。夹层次级贷款期限较短，一般为几个月。投资方要求制片商找一个权威性的销售代理商，评估未完工影片可能的未来收入，核定贷款额度，同时有专门的保险公司承保，为银行提供完工保证，制作公司将制作费的2%～6%支付给保险公司。

（3）优先级债务贷款：制片商把地区发行权卖给指定地区发行商时得到“保底发行金”，这相当于发行商的预支。优先贷款实际上是以预售发行权合约

① Paul Mcdonald, Janet Wasko, *The Contemporary Hollywood Film Industry*, *Blackwell Publishing*, 2008, P77.

② 初明雪：“美国电影产业融资模式分析及对我国的启示”，《电影评介》，2011（15）。

为担保，以保底发行金为还款来源。

（4）发行 AAA 级债券：一般由投资银行以影片的 DVD 销售收入和票房收入为基础资产，向投资者发行证券化产品。

2. 完善的保险制度

保险制度贯穿美国电影的方方面面和各个环节。在好莱坞电影世界里，从导演、演员、编剧再到美术指导等的身价和票房号召力都有完备的市场数据库可供查询。常见的保险项目有一般责任险、演员保险、财产损坏保险等。一个剧组在正式开机拍摄前，都会根据法律和投资者的要求购买各种保险。保险公司会根据剧组相关人员的市场身价和相关资料给电影项目评估确定一个票房指数，然后给予剧组相应的保险额度。

3. 完片保证人制度

完片保证合约在形式上类似保险合约但并不是保险，它对一部影片所提供的保证是该部影片将会依照指定的条件，按时、按预算大致不偏离剧本地被制作出来。若有超出预算部分，则由完片保证公司支付。如果制片公司未按保证合约之规定制作，则完片保证公司有权接管。完片保证制度是文化企业取得银行贷款的必要条件，为文化企业与金融机构之间搭起了一座桥梁。

4. 融资风险辅助措施

金融机构向企业提供贷款，一般都需要资金借贷者提供一定的资产作为抵押，即以资产抵押作为贷款的条件，提供混合性质的贷款，这符合银行的一般做法。同时为了进一步控制风险，加强对企业资金使用的控制，银行也会需要制片公司自筹一部分资金，规定必须在自有资金使用完成之后才可动用银行贷款，并且贷款的使用受到严格的跟踪监控。

除了资产抵押与自有资金以外，预售协议抵押作为融资风险辅助措施也发挥着重要的作用。在美国电影产业中大制片厂往往具有发行电影的良好渠道，许多独立制作的影片选择大制片厂作为发行商，而这种与大制片厂签订的发行权利预售的协议，往往有利于增强投资者的投资信心。对于很多投资者来说，与某大制片厂签订的一份发行协议，已经成为投资者明确要求的投资前提。电影公司以预售合约向银行或被借款方申请融资时，由于预售协议中会记载影片完成时发行商需付给电影公司的最低保证金，因此，银行或被借款方会依据该发行商的信誉，核发贷款数额给电影公司。

二、韩国文化产业的政府主导融资模式

（一）整体情况

韩国文化产业发展采用政府主导模式。韩国面积狭小，文化消费市场规模也较小，其本土文化产品往往要到海外市场发展才能充分实现其价值。在产业初期，信用体系尚未完全建立，必须由信用基础好的机构承担一定的信用风险。因此，韩国政府在文化产业发展过程中扮演了重要角色。

韩国由政府主导建立扶持文化产业发展的机构，完成包括融资、资产评估、完工保证、技术评价和其他相关服务。韩国政府为发展新兴产业，以非市场的政府资源设立各种融资机构，直接投资或间接融资于高科技产业和文化产业。同时，具有无形资产的文化企业所发行的公司债券已逐渐为市场所接受。韩国的科技信用担保基金（KOTEC）也对以知识产权做抵押而发行的抵押债权证券提供信用保证。

（二）韩国网络游戏产业典型融资模式分析

韩国国内文化市场较小，文化企业在建立初期多为小中型企业，缺乏竞争能力，因此韩国建立了以政府为主体的融资体系，并在网络游戏产业发挥了重要推动作用。为了帮助游戏产业快速进入全球竞争的轨道，韩国政府加大对网络游戏产业的预算投入，每年对游戏产业投入的资金多达500亿韩元（约合人民币3.5亿元）。1998年，韩国成立了韩国软件振兴院（KIPA），并给予其可观的预算。KIPA是一家半政府性质的机构，不以盈利为目的，旨在借助政府的先导资金推动韩国IT产业，特别是游戏产业的发展。首先，KIPA会在众多公司的提案中筛选出具有市场潜力的项目，然后，为这些指定项目的游戏企业担保，为其引入各类投资；游戏项目完成后，还帮助企业将游戏推出海外。如果项目获得成功，KIPA把担保金放入该机构的事业发展基金，用于支持其他新兴项目。KIPA是韩国游戏业成功的关键，该机构协助政府在技术及资金方面为上万家韩国企业提供了在国内外的发展机会。

另外，韩国文化观光部于1999年成立游戏促销中心及其属下游戏研发和促销协会（KGDPI），旨在为网络游戏产业提供必要的核心支持。KGDPI启动了游戏开发公司的孵化项目，即孵化那些有潜力，但是却缺乏必要资本的公司，为其提供办公场所和设备。这些公司只需支付公司的运营成本，就能以非常低的费用使用设备。这就使具有创造性的游戏开发者进入游戏的门槛大大降低。另外，KGDPI与游戏投资协会合

作，通过社会资金为主，以官民共同融资的方式投资经考察认定的具有潜力的公司。

除了直接投资之外，韩国政府还努力完善网络游戏产业投资金融体系，进行投资策略项目培训，对游戏投资进行帮助和刺激。韩国成立游戏投资联盟，向游戏公司提供长期低息贷款；设立为游戏产业服务的信息化基金和文化产业基金；给予税收优惠，降低乃至免除制作游戏公司的税项；重点扶持中小型游戏企业发展；建设游戏产业基地。韩国政府甚至直接出资购买游戏开发引擎，再低价出租给网络游戏开发企业使用，从而大大节约了游戏开发时间，降低了游戏开发成本。

三、日本文化产业的政府与市场相结合的融资模式

（一）整体情况

日本的做法则介于美、韩两国之间，日本政府重视文化产业，但不“包办”，而是采取在政府推动的基础上，由政府和民间金融机构共同介入到文化产业融资中。

日本政府在技术开发的“行政指导”方面。在信贷、财政补贴、税收优惠等方面给予文化企业等创新企业更多的政策倾斜和扶持，以促进“创新企业”的建立和发展。例如，创新企业可获低息贷款，而且如果企业研发失败则可以免除利息。日本政府开展了“e. Japan 计划”，该计划旨在资助具有发展前景的创新企业，推动经费高达 2 兆亿日元（约合 1700 亿美元）。[①] 日本政府鼓励国有股份银行和其他政府体系的金融机构对包括文化企业在内的创新企业进行投资或特别贷款。

在日本政府的积极引导下，民间资本投资文化企业的热情不断升温，已经成为文化产业主要的融资渠道。日本文化产业的迅速发展不仅因为得到了政府财政政策的大力扶持，更重要的是得益于多元化、顺畅的投融资模式和渠道。它解决了政府财政资金有限的问题，能够根据各行业的实际情况进行及时的支持和援助。日本民间金融界开始发展以无形资产做担保的融资，并将无形资产在资本市场进行资产证券化，为无形资产开发从业者筹集资金。

（二）日本动漫产业典型的融资模式分析

日本动漫产业的成功在很大程度上取决于产品开发的投资联盟体系。一部动画作品往往是由产业链中的多家公司共同投资，包括动漫作品原创工作室或出版商、

---

① 黄亮：“论日本信息化的发展”，东北财经大学，2005。

负责上市包装的广告公司、负责播映的电视台或电影公司、衍生产品生产商、玩具商或游戏软件公司等。各方共同投资推出一部动漫作品，不仅分散了新产品开发的风险，而且拓宽了资金的筹集渠道，保证了产品开发的资金来源，同时又调动了参与各方的积极性。如吉卜力工作室的代表作《千与千寻》就是产品开发的投资联盟体系成功运作的案例之一。《千与千寻》是由 Tokuma Shoten 出版社、Nippon 电视网、Dentsu 广告公司、Tohokushinsha 电影公司和其他一些机构共同投资制作的。投资方根据各自的投资比例分担风险，获取收益。最终，作品以高业绩回报了各投资机构。[①]

另外，日本政府对动漫产业有相当完善的支持机制，其中包括信托法与税制的调整、个人投资及投资方式的环境改善、动画公司完成作品的信用保证以及对于动漫制作者的鼓励与资金支持等。日本政府实行知识产权证券化模式，即建立一组能够产生未来现金流的资产组合，再以资产池中的未来预期现金流为支持发行证券，解决了动漫企业的融资问题。日本的电影业和动漫产业多采用信托版权的方式融资。日本最大的文化产业投融资创新企业——日本数字内容信托公司（JDC）曾与网络券商联合推出公募基金形式的“新人明星写真基金”。日本的大型银行，如东京三菱银行，MNISTSUHO 银行等，可以接受以动画版权作为担保提供融资，对动漫企业的资金筹措提供了保证。2013 年，日本政府决定出资 400 亿日元并募集民间资金，设立专项基金以推进日本文化产业的发展。基金将向出口动漫产品的文化企业进行投资。

四、美韩日三国文化产业融资模式对比分析

美国、韩国、日本三国文化产业主要融资模式对比分析如表 1. 2 所示。

表 1. 2　　美韩日三国文化产业主要融资模式分析表

	美国	韩国	日本
融资模式	市场主导模式	政府主导模式	政府与市场结合模式
体系特点	完全市场化	政府直接投资	政府和企业共同介入
背景条件	完全市场化的经济体制和完善的文化市场体系。	韩国本国市场狭小，文化产业发展依赖于海外市场，文化企业必须借助于政府支持做大做强。	文化立国战略与实力雄厚的民间财团。

① 张彬，晏丹：“中日文化产业投融资模式比较”，《商业时代》，2012（4）。

续表

	美国	韩国	日本
政府与基金会投资	美国联邦政府主要通过美国艺术基金会①、国家人文基金会和博物馆学会对文化艺术团体给予资助；另外，美国政府对于文化艺术的资助一般不会超过文化组织所得的20%，其余部分则必须由申请者从政府机构以外筹集，也可看做是另一种形式的政府投入。	韩国政府设立文艺振兴基金、文化产业振兴基金、信息化促进基金、广播发展基金、电影振兴基金、出版基金等若干促进相关文化产业发展的专项基金。在2000－2001年还分别投入大量资金建立各类文化产业园区。 政府制定了大量促进产业发展的文化法规和经济政策，尤其是完善有关文化经济政策，如利用税收、信贷等经济杠杆实行的多种产业优惠。	日本文化艺术振兴委员会设立日本文化艺术振兴基金。其资金来源包括政府出资和民间出资，民间出资主要由有意向的企业或个人寄付到基金。政府主导的基金还包括与文化产业相关的政府联合发起成立的基金，只是其募集的资金有限，在投融资体制中不占主导地位。 日本政府通过信贷、财政补贴、税收优惠等经济手段，促进创新和文化企业的建立和发展。
商业投资	美国文化产业还得益于财团的资助。"二战"后美国形成的十大财团中有不少财团都与文化产业有着密切的联系。 另外，美国文化产业较高的利润回报率，吸引大量国际投资进入美国文化产业。	韩国由政府引导，设立以动员社会资金为主，官民共同投融资的文化产业专门投资组合方式，包括多渠道筹措文化产业发展资金，按照"集中与选择"的原则，有目的、有重点地实施资金支持。	日本主要是依靠企业作为文化产业主要融资来源。日本的文化产业不是由政府"包办"的，文化产业项目都进入市场操作。有了民间企业的大力投入以及日本政府在文化产业上投资政策的扶持，日本的文化产业得以迅速发展。
金融市场	美国文化产业通过创新的金融产品在金融市场获得大量资金。	韩国文化产业采用金融市场融资比较少，只有部分无形资产开发从业者所发行的公司债券。	日本券商发起成立文化产业基金来吸收日本民众和企业的资本，满足文化产业发展的资金需求。

① 美国艺术基金会，http：//www. nea. gov/。

续表

	美国	韩国	日本
风险管理	美国对于文化产业风险管理完全基于市场机制，只是由美国中小企业管理局（SBA）为中小企业提供保证。	韩国政府成立的 KOTEC，旨在通过加强技术融资来提高中小企业的科技竞争力。KOTEC 设计了“技术评估担保计划”来培植具有国际竞争力的文化企业。	日本政府和民间财团共同出资成立文化企业信用担保公司，该公司在为文化企业的贷款提供担保后，可以将担保贷款的金额向政府设立的文化企业信用保险金库申请再保险。除此之外，日本民间还成立了信用担保协会。

美国、韩国、日本三国在发展融资和融资机制过程中，均已形成了对无形资产的评估机制。特别是美国的知识产权服务及相关服务较为发达，建立了相对完善的知识产权管理和技术托管等服务体系。可见，无形资产评估是文化产业融资机制中重要的一环。

五、国际文化产业融资经验的启示

本书通过对国外文化企业融资模式的比较，分析各种模式的特点和适用性，以期对我国文化产业的发展提供良好的借鉴作用。我国文化产业发展历史不长，总体规模较小，现阶段应该建立以国家直接扶持和引导的融资模式。各国的文化产业融资状况显示，文化产业融资体系需要与国家体制和经济发展的特点相匹配。

（一）加大国家财政投入，建立以政府引导为基础的文化产业融资体系

我国应根据文化资产的特殊性，借鉴国际文化产业发展的经验，结合我国经济发展情况和经济发展模式，针对我国文化产业起步较晚、文化企业规模相对较小和文化市场相对不成熟的特点，应当通过财政投入、政策引导和税收优惠等扶持手段，发挥资金杠杆的撬动作用，建立政府引导的文化产业融资体系。

（二）创新金融产品，积极开展文化资产抵（质）押业务

银行应与产权交易、信托、证券、担保公司和评估机构等相关机构合作，为文化产业提供资金结算、机构理财、供应链融资、并购贷款、国际业务等综合性金融服务。

（三）充分利用多种金融手段，积极吸引社会资本

金融市场和资本运作是企业融资的重要来源和手段。政府应通过不断完善金融市场和产权交易所，引导文化企业利用上市、私募、重组与并购等多种方式积极吸引金融市场中的各类社会资本和风险投资。

（四）发挥文化企业资产评估作用，完善融资风险防范体系

由于文化产品和资源的特点，文化企业价值不确定性较大，因此文化企业资产评估的方法和参数的研究必须不断强化，以充分发挥资产评估在文化企业直接融资中的专业作用。为防范间接融资的风险，在完善和发展文化企业资产评估工作的基础上，文化企业在融资的过程中应形成以银行、担保公司、律师事务所和资产评估公司“四位一体”的风险分担模式。

第四节 我国文化产业的融资模式

2006－2011年我国文化产业投融资总规模为646亿元，其中2011年文化产业投融资总规模为397亿元，占总规模的61.51%，为历年之最。

一、我国文化产业的主要融资模式

目前，我国文化产业主要的融资方式有风险投资、产业外投资、银行投资、上市融资和政府资助等，在融资中所涉及的关键问题就是对其主要的核心资产——知识产权进行定价。这就需要资产评估机构能够依据合理的理论和方法对文化产业的知识产权进行评估，所以资产评估在文化产业投融资中所扮演的“角色”日益重要。①

（一）政府投资

我国的文化产业发展起步较晚，文化资源大国与目前的文化产业规模不相匹配。同时文化和创意类产业对资源、资金、管理、人才等的高要求也限制了其自然增长的速度。

① 高凌霁：“文化产业投融资模式研究”，中南大学硕士论文，2010年。

在文化产业成为新的经济增长点时，政府加大投入，可以促进资源的合理利用与优化配置。国家财政也不断加大了对文化企业的支持力度。其中文化产业发展专项资金规模从2008年的10亿元增长到2012年的34亿元，2013年专项资金规模扩大到48亿元。专项资金在坚持扶优扶强的基础上，注重东中西部及不同行业间的相对均衡，向中西部地区、特色文化产业和新兴文化业态适当倾斜。同时，资金分配工作首次引入专家评审机制，把按行业分类调整为按支持方向分类，提高了资金分配的科学性、规范性和针对性。

（二）金融机构融资

银行贷款也是我国目前文化企业的主流融资渠道，自2010年3月文化部等九部委《关于金融支持文化产业振兴和发展繁荣的指导意见》出台以后，为搭建文化产业投融资渠道、建立健全文化产业投融资体系，文化部充分发挥政府公共服务职能和组织协调优势，先后与中国进出口银行、中国银行等7家重点银行机构建立了部行合作关系。各种针对文化企业的新型融资模式创新显著，诸如文化类资产抵（质）押融资、文化产业供应链融资、中小文化企业联保联贷、文化企业并购贷款等创新型融资方式层出不穷。

截至2011年10月，各大商业银行支持文化产业贷款余额约为2300亿元。银行业信贷涉及新闻出版、广播影视、网络文化等多个领域。其中，中国工商银行通过“版权质押+实际控制人连带保证”方式与3247家文化企业建立了信贷联系，在内容、渠道和文化制造业等方面均广泛涉足，贷款余额611亿元，位居商业银行首位；中国银行通过“影视通宝”、“西泠通宝”等融资产品的创新，支持文化产业贷款余额250亿元，位居商业银行第二位；中国农业银行贷款余额472亿元，37家一级分行与当地文化厅（局）建立了合作关系；建设银行近三年文化产业信贷投入平均增速超过30%；交通银行文化类中小企业贷款余额为67亿元。

近两年，金融服务和支持文化产业在向纵深发展，越来越多的银行等金融机构投身文化产业的意识进一步加强，特别是在投融资实践中，对文化产业各个行业门类的禀赋特点、发展趋势有了全新的了解和把握，在支持领域、支持方式等方面有了新的探索。

统计显示，银行等金融机构聚焦与合作的方向多集中在广电、传媒、新闻出版、工艺品制造、产业园区、文化旅游、动漫游戏等领域。大型知名企业更容易获得信贷支持，而文化产业内其他行业门类和很多中小企业获得支持的门槛则较高。

（三）资本市场融资

截至2012年10月31日，按照《文化及相关产业分类（2012）》，沪深证券交易所A股共有上市公司105家，其中属“文化产品的生产”的企业67家，“文化相关产品的生产”的企业38家。另外，我国很多文化企业都选择了在中国香港和美国资本市场上市。

2011年，江苏凤凰出版传媒股份有限公司在上海证券交易所上市，是文化产业企业上市规模较大的实例，发行5.09亿股股份，发行价8.8元/股，约净融资48.13亿元。

上市融资的文化企业主要集中在网络游戏、文化传媒等新兴文化业态。2011年上市的文化企业中，只有两家教育培训、印刷等传统文化业态。近年来，一批经营稳定、管理成熟的优质文化企业逐步登陆资本市场，利用多层次资本市场做大做强。2011年4月，为科学引导符合条件的文化企业上市融资，文化部出台了《关于推进文化企业境内上市有关工作的通知》，建设“文化企业境内上市资源储备库”，积极建立文化企业上市的培育、辅导和推荐机制，鼓励文化企业上市融资。

（四）风险投资和私募股权

2011年文化产业主题投资基金成为股权投资市场的新亮点。国内披露新发起的文化产业主题股权投资基金达14只，总目标募集资金额超过450亿元，远超过2010年的9只和200亿元的总目标募集资金。其中规模最大的是中国文化产业投资基金，总募集基金达200亿元。

14只文化产业股权基金分布于全国7个省、市、自治区，其中以江苏设立的文化产业基金最多，共有4只，占总数的28%。总募集基金最大的为北京，达到220亿元。

除了影视产业外，新媒体、互联网等发展较快的新兴文化业态也成为投资机构最为关注的业态。

（五）债券融资

债券融资是指企业通过发行债券的方式从银行间市场直接融资，其中主要发行的债券种类有短期融资券、中期票据、中小企业集合债券等。相对于传统信贷融资，债券融资具有利率低、担保方式多样化、融资企业信用门槛低、资金募集使用灵活等优势，其对于规范文化企业公司治理、建立科学规范的财务管理制度有较大的促进作用。

债券融资最大的优点就是债券利息在企业缴纳所得税前扣除，减轻了企业的税负。同时债券融资可以避免稀释股权。但是债券发行过多，会影响企业的资本结构，降低企业的信誉，增加其再融资的成本。

企业通过发行债券来融资，并非其简单的融资途径。2007 年，中国电影集团公司 5 亿元企业债券于 12 月 13 日正式发行，这是国内首家获准发行企业债券的文化传媒企业，由中国建设银行股份有限公司授权北京市分行提供全额无条件、不可撤销的担保。这是基于中国电影集团在电影界的特殊地位，使人们不会怀疑它的偿还能力和信誉，这也为文化企业融资提供了范例。但中小文化企业采取这种方式还需要一段时间。文化企业收益高，风险也高，企业以发行债券的方式融资往往用于瓶颈项目上，这种融资方式不会成为主流。对于民营电影公司来说，国家扶持基金、私募基金和风险投资资金是其常见的融资方式。

2012 年 1 月，国务院办公厅下发了《关于促进电影产业繁荣发展的指导意见》，提出要加大对电影企业的金融支持力度，强调要支持具备条件的电影企业通过发行企业债券、短期融资券、中期票据等多种融资手段拓宽融资渠道；探索建立电影风险投资机制，各地可以利用中小企业创业、发展等投资基金支持电影风险投资；鼓励大型企业通过参股、控股等方式投资电影业。

为了进一步拓宽文化企业的融资渠道，降低文化企业的融资成本，2012 年文化部启动了文化企业债券融资工作，在北京、江苏及深圳等条件成熟的地方先行先试，试点工作开局良好，截至 2012 年初，各类文化企业已经发行债券总计 337.94 亿元。

（六）其他融资

我国文化产业融资的方式还有民营资本进入、产业引导资金、信托融资、产权融资等，这些融资方式都有各自的优缺点。我国文化产业的融资可以根据不同行业性质、不同的项目选择不同的方式，如可以通过项目和专题方式发行信托融资，以吸纳社会资本。小企业则可以通过吸纳民营资本进入。传统的文化单位如艺术品制造、博物馆等可以利用产业引导资金发起公共性质的文化宣传等。

二、我国文化产业融资的发展趋势

总结我国近年文化产业融资的特点，以私募基金、风险投资等直接融资为主要融资渠道的文化企业进一步增多；企业上市募集资金的势头依旧强劲；政府投资的资金也将进一步增多。另外，2012 年除了“融慧贷”、“创意贷”、“影视通宝”等金融产品外，符合文化产业特点的银行业文化企业贷款专属金融产品进一步增多。除了影视、互联网、新媒体等新兴文化产业，文化艺术、文化旅游等传统文化产业的上市、并购进一步增多。同时，随着文化产业投融资规模和范围持续扩大，融资风险渐增。一方面，文化产业投资周期长，市场不确定性大，资金的投入存在着收益风险。另一方面，由于很多文化企业尚处在改制的过程中，风险管理体系尚未形成，风险管理意识不够，容易造成相应的风险。

第五节　本章小结

本章首先介绍了国际上对文化产业概念的界定以及美国的电影产业、韩国的网络游戏业、日本的动漫产业和德国的出版产业等国际典型文化产业发展的商业模式，总结出国外文化产业发展的可借鉴成果；其次，对我国文化产业的发展历程、发展特点及发展状况进行了全面总结；三是对美国、韩国、日本及我国文化产业发展的融资模式进行了比较分析，阐明了我国文化产业融资的发展趋势。

第二章 文化企业价值评估

文化企业是以利润最大化为目标，以创意和知识产权等无形的文化资源为主要投入要素，生产与提供包含精神内容的文化产品，并获取商业利益的企业。文化企业是国民经济活动的直接参与者，不仅是社会生产力发展和精神文明进步的主导力量，而且是促进社会发展的精神财富的重要源泉。因此，文化企业在我国国民经济发展中发挥着极为重要的作用。

文化企业改革发展的经验表明，其发展壮大离不开企业价值评估工作的参与与服务。在文化企业的工商登记、产权变更中，文化企业价值评估有助于确定合理的注册资本金额、促进产权的顺利变更。在文化企业融资过程中，文化企业价值评估有助于投资者准确认识文化企业的投资价值，促进文化企业融资目标的实现。在文化事业单位改制为全民所有制企业的过程中，文化企业价值评估有效地避免了国有文化资产的流失，实现了国有资产的保值。

第一节 文化资产的价值属性

自 2003 年起，一系列的改革举措将文化事业推向了市场，一批文化团体、事业单位相继转企改制，从公益性转向了营利性，文化成果转变成了文化商品，文化资源转型为文化资产，一直稳居上层建筑的文化开始在经济发展的浪潮中试水。2009 年 7 月，国务院发布《文化产业振兴规划》，彰显了要把文化产业发展成为国民经济支柱产业的决心。2012 年 12 月 22 日，财政部印发了《中央文化企业国有资产评估管理暂行办法》（财文资〔2012〕15 号），文化资产价值评估已经进入管理层的视野。

一、文化资产的基本概念辨析

文化资产区别于其他资产的最主要标志是其中承载着“文化”。文化是一个非常复杂的概念，广义上是指人类在认识世界、改造世界的过程中所形成的一切精神成果和物质成果的总和。文化资产在具备经济学资产属性的内涵下，延伸出了特定的文化属性。文化资产所承载的文化内容，特指精神成果层面，一般包括漫长的历史发展进化中形成的宗教信仰、哲学等观念意识，文学、艺术、学术思想、审美情趣等精神产品以及社会制度、法律、政治等生存方式和礼仪、习俗、人际交往等行为模式。承载这四个方面的文化内容需要物质载体，这些载体包括书籍、绘画、音乐、舞蹈、戏剧、建筑、服饰、古玩等可触摸、可感知、可体验的各种文化形态，以这些文化形态存在的、具有资产内涵属性的，并能够反映这四种文化内容的资产才能被称之为“文化资产”。

二、文化资产的属性特点

（一）文化资产的信息价值属性

文化资产本质上是一种信息资产，因为文化本质上是固化为人类知识的信息集合。通俗地理解信息，可以将其概括为：“用语言、文字、数字、符号、图像（含三维形象）等介质载体传送的事物、事件和现象的属性及状态的信号和消息”。信息具有指代性和交流功能，人类通过信息来感知世界、认识世界，信息因此固化为人类知识。

文化资产具有信息的全部要素：广义的文化资源实际上是一种文化信息，文化资产承担了信源的角色，承载这些文化信息的各种文化形态即是文化信息的载体。文化资产的文化创造工作可以看做是对文化信息的编码过程，而文化产品的消费过程则是对文化信息的解码过程，消费者就是信宿。

1. 信息具有共享性

由于信息的传播是扩散性的而非移转性的，信源不因传播而灭失，信息也不因使用而减损，信息的非排他性使用使信息的共享性成为必然。信息资产的初始创造成本高昂而复制传播成本低廉，由此产生了对初始信息创造者权益保护的需要，所以才有了对文化知识产权和工业知识产权保护的立法。信息资产也因此而具有了权利资产的属性。

2. 信息具有复现性

信息可能因干扰而失真，因传播而衰减。为了信息保真，信息在被编码时会产生一些冗余信息，但这会增强信息的健壮性。信息在传播过程中会遇到干扰，产生一些附加信息，因此，信息的解码过程包含了对信息的识别、除噪、检索和复现过程。文化资产的信息复现更为复杂，文化产品的效用实现包含了消费者的再创造过程。如莎士比亚创作了《王子复仇记》，但1000个观众心中就有1000个哈姆雷特，文化资产的这种复现性产生了文化价值在消费中增值的特殊现象。

3. 信息具有时效性

信息可能因过时而失效。因此，立法对知识产权有保护期的限定。过时的信息和时效期内的重复信息都没有价值。文化资产同样具有时效性，但艺术类文化资产是个例外。艺术价值具有恒久性，经典话剧《茶馆》已经连续上演数百场，观众能将许多经典台词背下来，但仍然看得兴趣盎然。因为艺术价值是一种体验价值，只存在于欣赏、体验过程中，这种具有特别时效性的信息价值因此具有恒久性。

4. 信息具有载体的依附性

信息是无形的，不可能离开载体而单独存在，信息因载体而固化，藉载体而传播，载体便成为信息的存在形态，这是信息对载体的依附性。信息对载体的依附性又是相对的，同一内容的信息可以依附在不同的载体上，同一载体也可承载不同的文化内容，这就为文化内容在不同文化形态间转换提供了可能，正如小说可以被改编为戏剧，动漫可以被改编为电影。信息载体因承载了信息而具有了信息价值。文化资产是作为信息资产进入企业的，文化产品是文化信息的物质载体，文化服务是文化信息的行为载体。文化资产价值通过文化产品价值和文化服务价值而实现。

（二）文化资产的效用价值属性

文化资产价值是一种效用价值。根据效用价值理论，物有所值，值在效用，无用之物，便无价值。效用即物满足人的欲望与需求的各种功能，效用的高低决定了物的价值大小。文化资产的效用体现在其满足消费者文化需求的能力上。

文化资产的效用是一种复合效用，这就决定了文化资产的价值是一种复合价值。巴黎圣母院因其高耸挺拔、庄严和谐的哥特式建筑风格而表现出一种独特的建筑美感，被雨果称赞为“石头的交响乐”，具有审美价值；作为巴黎总教区的主教堂，还以其直插天穹的尖塔、众多天主教题材的雕刻与绘画艺术营造出浓厚的天主教文化氛围，具有教化价值；因见证了法王加冕、拿破仑称帝、圣女贞德沉冤昭雪而被称为“古老巴黎的历史记忆”，具有历史价值。巴黎圣母院承载的深邃的文化内涵为文化价值的再创造提供了无限可能，以巴黎圣母院为题材的戏剧、影视作品至今盛演不衰。

效用价值论的一个核心观点是主客观价值的统一。由于效用是物的客观属性，而人的欲望和需求是否得到满足则是人的主观感受，效用价值实际上包含了客观价值和主观价值两个方面，只有主客观价值达到统一，物的效用才能实现。因此效用价值论非常重视消费者的支付意愿，所谓“货卖于识家”。不同于其他资产，文化资产更强调主观价值，因其效用实现更依赖于消费者的文化素质、审美趣味、艺术偏好。

第二节　文化企业的资产构成及特点

一、文化企业的资产构成

文化企业价值创造的过程显示大部分文化企业属于“轻资产”类型企业。著作权等无形资产是文化产品的真正价值源泉，构成了文化企业的核心贡献资产。文化企业的其他物质资产，是生产设备或提供文化服务的设施、工具等，比如广播影视设备、印刷出版设备、电子网络以及演出服装道具、剧场等。

文化企业通过物质资产的生产过程表现其与某种意识形态的统一性，是其与非文化企业的区别。文化企业的有些资产虽然没有实物形态，但对文化企业的生产经营却至关重要。

二、文化企业的资产特点

文化产业分为文化产品的生产和文化相关产品的生产两大部分，每个产业门类的资产特点和结构差异性较大，存在多种资产类型，无形资产和实物资产的比例也不相同。另外，很多文化企业的核心资产受到文化和历史因素的影响，因此资产评估的难度较大，专业性要求较高。

（一）文化企业的核心资产是无形资产

文化企业属于知识密集型企业，通过知识资本的投入实现文化内容，由此来实现企业的价值。大部分文化企业知识资本投入比重大，固定资产等实物资产所占比重较小。这种固有的资产配置结构决定了文化企业中无形资产所占比重较大的固有属性。与其他企业相比，文化企业的核心资产不是厂房、机器等固定资产，而是通过研究和开发而形成的专利权、商标权、非专利技术、著作权、特许使用权等无形资产。

（二）文化企业的资产价值具有相对不确定性

文化企业的资产价值主要是由其所具有的无形资产价值决定的，具有很强的知识产权附加值，因而大部分文化企业资产都具有价值波动大的特点。以电影为例，电影的票房收入波动很大，同样是高成本、大制作的电影，其票房收入可能差距很大。在美国好莱坞，有投资过亿美元、大导演执导、知名演员参演，创造票房神话的例子；也有同样的制作和发行背景，而票房惨败的例子。在国内，同样出现小成本的电影获得超过10亿元票房的奇迹，也有投资巨大但亏损的大制作影片。虽然许多学者和专家通过各种方法预测电影票房，但难以保证预测的准确性。

文化企业无形资产具有独创性和独占性，市场很难找到其替代品，没有相近的价格可供参照，因此难以确定其市场价值。同时，文化企业无形资产的赢利能力和经济寿命受宏观政策、市场竞争力、新技术的发展更新、利用无形资产所生产产品的市场接受程度、替代品的出现等方面的影响而表现出较大程度的不稳定性和不确定性，在很大程度上也影响其无形资产价值的确定。

（三）文化企业资产的权属关系复杂

以电影为例，部分电影的著作权、发行权、放映权分属不同的权利主体，同时又存在权利范围交叉和重叠的情况。当其中某一权利主体要求以电影的相关收益作为质押物进行贷款时，复杂的权属关系使银行难以放贷。

（四）文化企业资产的生命周期具有特殊性

一般情况下，文化企业资产的价值主要是由无形资产决定的，很多文化企业资产存在价值衰减快的情况。以电影产品为例，电影的收益主要来自票房收入，出售给电视台、音像公司、网络媒体等线下机构的收益很少。而电影票房收入的特点就是时间短、波动大。电影的档期很短，一般不会超过两个月，而电影的票房收入就集中在这两个月，档期之后电影就可能被电影院退档，或者等待以后合适的时机再次放映，但是再次放映的收入微不足道。由此可见，电影著作权的价值衰减速度是很快的。

但是，也有一些文化企业资产的经济效益不符合经济学中边际效应递减规律，反而存在边际效应递增的情况，为准确估计它们的价值带来困难。如电影《大话西游》在放映近十年之后又迎来观看的高潮，一定时期内甚至形成所谓的“大话西游效应”，相关的影视作品在沉寂多年之后也迎来了销售的高潮。另外，也有很多珍贵的记录片随着时间的推移，价值逐步增长。

第三节　文化企业的赢利模式

“赢利模式”这一概念，源自迈克尔·波特的价值链理论。迈克尔·波特认为，打造价值链，追求差异化，提升核心能力，是企业赢利的关键。企业价值链由一系列相互联系的创造价值的活动构成，这些活动分布于从供应商的原材料获取到最终产品消费服务之间的每一个环节。分解这些环节并考察这些活动本身及其相互关系，能够确定企业的竞争优势。企业价值链并非孤立存在，它存在于由供应商价值链、企业价值链、渠道价值链和买方价值链共同构成的价值链系统中。亚德里安·斯莱沃斯基在《发现利润区》一书指出，企业的赢利区间隐藏在价值链中。价值链是变动游走的区间，是企业活动的一种表现形式，其根本作用在于帮助企业发现价值，并通过合适的赢利模式获得利润。他在《赢利》一书中系统分析了23种企业赢利模式[①]，构建了赢利模式的分类体系。

一般情况下，赢利模式是指企业以赢利为目标，根据经营环境和自身资源，将市场、产品、服务、人力及资本等要素进行匹配组合与管理的过程和方法，它

---

① 主要包括：客户解决方案模式、金字塔模式、多种成分模式、配电盘模式、快速模式、卖座“大片”模式、利润乘数模式、创业家模式、专业化模式、基础产品模式、行业标准模式、品牌模式、独特产品模式、区域领先模式、大额交易模式、价值链定位模式、周期利润模式、售后利润模式、新产品利润模式、相对市场份额模式、经验曲线模式、低成本商业设计模式以及数字化模式。随着对赢利模式研究的不断深入，后期还有36种模式的定义。

能够维持较长时间，并为企业带来可观的利润。文化企业资产评估中，无论是对企业目前经营业绩的分析，还是对其未来赢利的预测，都需要关注企业的赢利模式，这也是文化企业评估中需要关注的重要领域和主要的特点。文化企业由于资产结构和经营模式的特殊性，赢利模式也具备自身的特点。

如果将企业经营比做一场赛跑，那么赢利是终点，营销是过程，品牌是道具，赢利模式是起跑线，它是企业核心竞争力的主要源泉。文化企业经营需要重视赢利模式的发现和改进。赢利模式需要以项目经营为基础，却并非具体项目的赢利。赢利模式中的赢利有时候是单一的，有时候是组合的，根据对文化企业赢利模式的主题和运营方式的不同，主要分为5类赢利模式：产品赢利模式、资源赢利模式、产业链赢利模式、项目制赢利模式、价值网赢利模式。分析赢利模式是评估文化企业价值的重要内容。

一、产品赢利模式

参考亚德里安·斯莱沃斯基在《赢利》一书中所阐述的相关赢利模式定义，结合文化产品的特点，其赢利模式又可分为专业化模式、大制作影片模式、拳头产品模式、速度创新模式和利润乘数模式。

1. 专业化模式

企业在初创时期往往表现出某些方面的专长，充分挖掘其专长能迅速在市场上占有一席之地，专业化企业通过其产品的低成本、高质量，良好的声誉以及更高的资金使用效率而获利。文化企业在日常的经营中，围绕建立文化产品差异化或附加值领先的核心竞争力对所有经营要素进行培植与配置，最终通过有竞争性的产品或服务赢利，如亚马逊因专注于网上图书交易而成就其网络第一书店的地位，盛大网络因专注于网络游戏的开发而成为网游的领先者等。文化企业最大的特点就是以创意和知识为核心，一旦出现好的创意，即能快速切入市场，对于创业期以及成长期的企业来说，应努力树立本专业的权威地位，并通过不断推陈出新来延长企业的生命期。2000年，百度在仅靠收取技术授权费无法生存时，设立自己的网站，采用新的赢利模式——企业竞价排名，这一重大转变使百度获得了巨大成功。

2. 大制作影片模式

文化企业的一个显著特征是其“新产品”开发的成本通常较高，而开发之后的边际制造成本较低，此时，提高利润的最好方式就是在最短的时间内增加产品的发行数量。这种模式在影视、书刊、音像企业尤为突出。美国好莱坞是成功实践该模式的典范，好莱坞大制作影片都是高投入的大制作，情节内容符合大众口味，加上其营销宣传的运作，频频创下票房神话，如《阿凡达》一部电影就卷走了中国内地 13 亿元的票房。以 3D 技术重新制作的影片《泰坦尼克号》，赢得了 10 亿元的票房。大制作影片模式可以在短时间内快速收回成本，实现赢利。企业在市场推广方面要通过高投入的宣传推广，迅速扩大产品的知名度，吸引消费者眼球，同时也要结合产品的生命周期进行营销活动。

3. 拳头产品模式

在激烈的市场竞争中，文化企业往往无法保证所有产品的市场竞争优势，因此需要通过提炼具有吸引力的独特性卖点，着重打造一系列拳头产品。纵观文化产业中的许多企业，都有自己的拳头产品，而企业的核心利润来源也在于这些拳头产品，如出版业中的商务印书馆，其字典出版的权威性和影响力，使其占据字典和词典市场的重要份额，也产生了拳头产品所形成的稳定利润。拳头产品也体现在以技术领先为基础的赢利模式，如谷歌、百度等通过持续保持领先的技术，使其搜索产品具有良好的赢利能力。

4. 速度创新模式

创新速度高于行业平均水平的企业总是具有先行优势，文化产业常常被认为是“创意产业”。一个好的创意所迅速推出的“新产品”总会获得超额回报，而不断利用创新者的速度优势，可以有效阻止效仿者的模仿，获得持续的高利润率，并始终处于行业的龙头地位。

5. 利润乘数模式

对于拥有知名消费娱乐品牌的企业来说，利润乘数模式是一个强有力的赢利武器。一旦投入巨资建立了一个品牌，消费者就会在一系列的产品上认同这一品牌。企业就可以用不同的形式，从某一产品、产品形象、商标或是服务中，重复收获利润。美国迪士尼是这一模式的缔造者和实践者。它将同一形象以不同方式包装起来，米老鼠、美人鱼等卡通形象出现在电影电视、书刊、服装、背包、手表、午餐盒、主题公园、专卖店上，每一种形式都为迪士尼带来了丰厚的利润。同样，风靡全球的哈利·波特，也打造了商业中的魔法帝国，其品牌衍生所产生的利润乘数模式，创造了高额的利润回报。

二、资源赢利模式

文化企业所拥有的资源大体包括两类：一是外部获取的资源，主要包括企业获得的特许资格，如出版权和特许营运牌照，以及特定的行业资源，如一些依存有关部门资源的国有出版企业，长期以来所形成的市场，特别是教辅类和专业类图书，此类资源虽然与企业自身的市场拓展相关度不高，但会直接影响企业的市场地位和占有率，同时，外部资源的变化也会直接影响企业的发展和规模。二是内部形成的资源，主要是企业经过发展所形成的人力资源、品牌资源，还包括所占有的文化资源，此类资源多属于内生性资源，与企业的经营能力相关度较高。

资源赢利模式，主要体现在资源的重构和整合，通过盘活文化企业资源，将优质资源向优势产品集中，做大做强主打产品，提高市场占有率。或者将企业品牌资源、文化资源、信息资源这些“软资源”和资金资源、物资资源这些“硬资源”进行整合，产生协同价值，增强竞争力。特别是把相关企业的人、财、物和市场等要素集成起来，促进企业整体价值的提升。

三、产业链赢利模式

目前，国内文化企业普遍存在产业链不完整的问题，存在“有企业、无产业”，“有产业、无链条”的诸多问题。在出版行业，传统的出版企业产业链条也不完整，局限于“编、印、发”，赢利模式不成熟。

1. 全产业链赢利模式

全产业链赢利模式是指以核心文化产品和资源为基础，向产业链上下游延伸，打造具有完整产业链的经营模式。如国内曾经热播的古装电视剧《武林外传》，通过以电视剧为产业链的起点，进行了深度的文化产业衍生开发，形成了包括电视剧、电影、动漫、网络游戏、话剧、图书、玩具等系列衍生产品，通过产业链的延伸，在市场上创造出较好的业绩。

2. 产业平台赢利模式

产业平台赢利模式是指通过经营数字化或者现实的产业平台获得利润。例如苹果公司除了 IT 产品的生产和销售，还通过 APP STORE 建立了一个虚拟的产业生态圈，并使其成为了该公司重要的收入来源。现实产业平台主要是各种文化产业园，通过产业要素和资源的聚集赢利。作为平台载体的文化产业园，必须有两个条件才能形成赢利模式，一是企业总部的规模集聚，二是产业链形态的有效集聚。

3. 跨产业链赢利模式

此处的跨产业链是指横向融合，主要包括：一是文化产业与制造业融合的赢利模式，例如苹果公司和雅昌印刷都是文化产业与制造业跨产业链融合的成功例子。这种赢利模式需要大幅度提升制造过程中的文化、艺术和创意含量。二是文化产业与旅游地产融合的赢利模式，通过文化与旅游、地产的结合，提升旅游、地产的文化附加值。目前，在文化企业领域获利较多的就包括文化旅游地产，如万达和华侨城，其地产利润与文化价值相得益彰，形成高额的利润回报。三是跨媒体经营赢利模式，许多文化企业正在走向这样的趋势。所谓跨媒体经营就是文化企业利用拥有的多家媒体、不同平台来进行各种经营活动。跨媒体经营可以进一步扩大赢利的领域，并能降低成本，使企业的利益最大化。

四、项目制赢利模式

很多文化企业通过经营文化项目赢利，主要包括以下三种形式：

1. 项目运营制赢利模式

通常情况下，文化企业的赢利主体是企业，企业通过整体运营和管理产生效益。但现实中，许多文化企业靠得是某个项目、某部影片、某个事件而赢利。西方好莱坞许多大制作靠的是一些项目工作室，阿凡达的特效制作依赖的是全球优秀的动漫制作团队。此类企业也可以称为项目型企业，通过项目制运营的灵活性、创造性和竞争性，使其获取相应的利润回报。

2. 项目品牌化赢利模式

一些好的文化经营项目，通过塑造项目品牌、积累项目品牌、运营项目品牌，产生了新的赢利模式。如活跃于电视舞台上的“梦想中国”和 2012 年火爆荧屏的“中国好声音”，都是通过对项目持续化、品牌化的经营，体现出项目制赢利模式的优势。在电视节目领域，项目品牌的模板化正在逐步形成，电视台通过对模板的复制和运营，获取很好的收益。

3. 项目定制的赢利模式

项目定制的赢利模式是指通过定制开发文化产品的方式赢利。如中国移动等通讯公司的动漫、游戏内容定制，或者某些地方和大型企业的演艺节目定制等，如近年来风行全国的"印象"系列。

五、价值网赢利模式

在此模式中，利益主体非常多，复杂的价值链已经超出了传统环环相扣的价值链概念，而更像是一张以某一产品或服务为核心而不断扩散的商业价值网，称为价值网模式。在价值网中，各种利益主体采取协同营销的方式针对同一目标消费者进行服务，并获取利润实现价值，它们互相依存、优势互补，形成了一个不可分割的整体。如国内的一些选秀类节目，通过将传统电视节目并入新的品牌流水线，链接众多的利益主体，如赞助商、运营商、娱乐传媒等，形成一张商业价值网。从赢利模式上看，它改变了以往电视台以广告收入为主要来源的赢利结构，将电视、电台、报纸、杂志等媒体充分融合，并运用手机、网络等新媒体，创新了传统电视的赢利手段。

第四节 文化企业的价值影响因素

一、文化企业价值的影响因素分析

从价值评估理论来看，文化企业的价值取决于文化企业给投资者带来的效用即文化企业的获利能力。对于一个文化企业来说能够拥有稳定的获利能力，使文化企业获得稳定的现金流入，就能够不断地提高文化企业的市场价值①。文化企业的获利能力，往往取决于企业的内部因素和外部环境因素。另外，不同类型的文化企业的获利能力影响因素存在着一定的差异。

（一）影响获利能力的内部因素

1. 文化企业的创新性

文化企业与其他企业的最主要区别就是其发展与人的创意密切相关，无论是其企业经营，还是其产品，都充满了创意。只有依托于具有创新精神的员工，文

① 吴照云、王宇露："企业文化与企业竞争力"，《中国工业经济》，2003年第12期。

化企业才能不断地推陈出新，只有具有创新精神的文化企业才能不断创造价值、取得发展。如影视企业只有依托于有创意的导演才能取得持续的发展；新媒体企业只有依托于有创意的经营模式才能生存、发展；网络运营企业只有不断创新赢利模式才能赢得客户群体。

针对文化企业具有的创新性，评估人员在开展文化企业价值评估时，需要特别关注被评估企业是否具有维持创新性的内部机制和具有创新精神的员工；对于创新性机制的考察，需要调查被评估单位对创新人员的奖惩机制、近年来企业主要贡献人员的变动情况及原因，并对目前企业创新氛围进行访谈，同时关注企业具有创新贡献的员工，了解其对目前工作的满意程度和对企业发展的改进想法等。

2. 文化企业赢利模式的多样性

文化企业的发展依托于清晰的赢利模式，既可以降低经营风险，又可以增强经营优势。而赢利模式的多样性也会对企业价值产生重要影响。对文化企业价值的评估如果涉及多种赢利模式，评估人员需要详细分析各模式的相关性和差异性，如产业链赢利模式中，就需要分析其是属于全产业链赢利模式还是跨产业链赢利模式，或者是产业平台赢利模式，如果界定不清可能会出现价值重复或者价值确认不合理的问题。

3. 文化企业经营的独特性

每一家文化企业都有其经营独特性，或者说是核心价值区域，例如对网络运营企业评估应重点关注客户的数量和质量，对电影发行企业评估应重点关注电影产品在受众心里的接受程度以及导演、演员阵容的配备，对出版发行企业评估应重点关注出版物的作者知名度以及内容的吸引力等。同样对网络运营企业评估，其关注点也有所不同，如有的应关注网络游戏、有的应关注资讯、有的应关注即时通讯、有的应关注产品应用等。

文化企业经营的特殊性往往反映的就是企业的核心价值，在开展企业价值评估时，评估人员应当通过对文化企业的现场勘查及访谈、取证，了解其经营的特殊性以及有重要影响的因素，同时搜集相关资料了解同行业企业的经营特点，进而对被评估企业经营优劣势进行判断，为确定企业价值提供重要思路。

（二）影响获利能力的外部环境因素

文化企业面临的外部环境因素包括宏观环境因素和经营环境因素。其中宏观环境因素又包括经济环境、政策环境和社会环境等因素。

1. 经济环境

经济环境因素的覆盖面非常广，它对文化企业的影响通常要比其他方面的环境因素更加有力，包括国民经济运行现状及其趋势、利息率、通货膨胀率、汇率等。

2. 政策环境

政策环境因素包括国家制定的法规、政府制定的经济政策、政府管制措施等。近年来，国家十分支持文化产业的发展，文化产业发展的"红利政策"还将会持续，由此使文化企业的发展前景十分广阔。

3. 社会环境

社会环境因素包括传统、价值观、社会发展趋向、消费者心理、社会各阶层对文化企业的期望等。

经营环境因素包括影响行业环境和竞争状况的各种因素，如行业的经济特征、发展前景、市场竞争力、行业的关键成功因素等。

二、不同类型文化企业价值评估影响因素分析

文化企业的价值在于其获利能力，由于其主要产品在获利形式和途径方面存在着较大的差异，不同类型文化企业价值的影响因素差异较大。其中，出版、影视、音乐和动漫等类型文化企业的价值影响因素最具代表性。

（一）出版企业

出版企业价值的影响因素主要包括：外部的经济和政策环境，内部的经营特点和赢利模式。由于著作权是出版发行企业的核心资产，所以有关著作权市场的容量和竞争程度，包括作品的类型、作者的知名度、作品的艺术水平以及作品实现收益的方式、著作权使用区域的社会环境、著作权使用区域的经济环境等；著作权的税收政策；著作权的法律保护力度以及出版业管理体制和管理方式，还有著作权实施的法律环境，著作权的法律保护期限；出版企业附属权经营意识和经营能力；数字出版技术的成熟程度等因素对出版企业的价值的实现都会产生重要影响。

（二）电影制作企业

电影制作企业价值实现受到内外部因素的影响。

1. 外部因素

(1) 国家制定的相关法规与政策。国家对电影摄制、进口、出口、发行、放映和电影制片公映实行许可制度。未经许可，任何单位和个人不得从事电影片的摄制、进口、发行、放映活动，不得进口、出口、发行、放映未取得许可证的电影片。发放的许可证和批准文件，不得出租、出借、出售或者以其他任何形式转让。因此，国家的相关法律法规对电影价值的实现起着重要作用。

(2) 电影产业的发达程度。电影产业是指涵盖了市场调研、影片定位、案头创作、前后期制作、成本管理、广告宣传、营销促销、电影播放、录像带租借与出售、海外发行、相关商品的生产与经营等的整个电影生产过程的所有活动内容。其大致可分为五个阶段：融资、策划阶段；生产制作阶段；发行和集中进行市场营销阶段；影院放映阶段；回收资金并进行后电影产品开发阶段。各个部分的发达程度直接制约着电影价值的实现。

(3) 电影著作权保护制度。著作权保护制度对电影著作权人收益的影响非常显著，在盗版严重的环境中，真正的著作权权利人的收益会受到很大的影响。在美国，电影著作权有着严格的规定。一般新拍摄完成的影片在各大影院上映未满 3 年，不允许在各大电视台播放或是被制成音像制品公开发行。电影在电视中的首次播放必须是在有线付费电视频道。这一整套周密的电影放映制度保证了电影制片商和各大影院票房的收益，也有助于电影产品价值的实现。

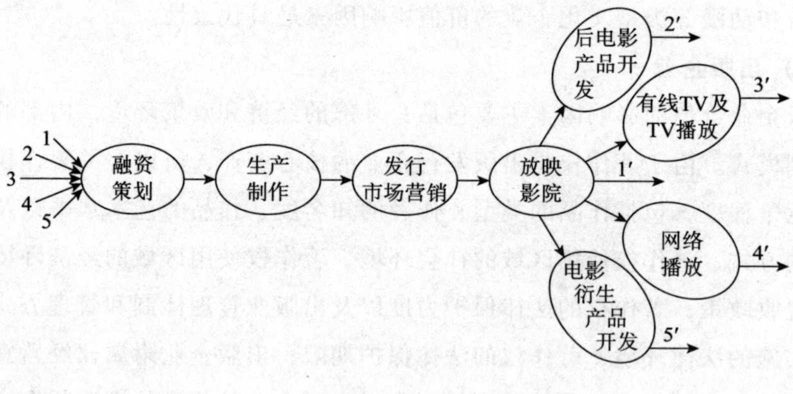

图 2.1　电影产业的生产经营过程

2. 内部因素

(1) 电影的质量。首先，电影要拍得好看，影片的情节、人物一定要富于激情，要能打动观众的心，触动人们内心最敏感、最动情的地方。其次，电影本身所提供的理念思辩性，应能最大限度地与普通人关注的社会热点、憧憬希望相吻合、相联系，以引起共鸣，得到认同。第三，其外在的形式、风格、样式乃至题材，应是观众所喜闻乐见的。电影质量是影响电影价值的核心因素，制作越精良，越能满足观众的审美需求，其价值就越大。

(2) 电影的品牌。电影品牌，凝铸着深厚的文化历史意义和人文价值内涵，包括伦理、道德、理想、信心、价值观等。未来的电影市场竞争将不再以企业或国家的形式表现出来，而是以品牌形象的诉求、品牌价值的积淀凸现出来。品牌的建立是一个长期的过程，是企业的不断努力和消费者的多次选择之后形成的，所以电影消费者可以借助品牌选择到适合自己欣赏口味的电影产品。品牌不仅可以帮助电影企业增大市场份额，增强产品的赢利能力，同时还可以帮助企业进行新产品的开发以及新市场的开发。因为在同一品牌的基础上，企业可以开发出不同形态的产品。所有这些产品，都可以使用这个具有市场号召力的品牌。被开发出来的这些不同形态的产品又可以帮助企业进入不同领域的市场，从而获取更大的发展空间。利用同一品牌开发不同产品进入不同市场的经营行为，对电影企业实现赢利方式的多样化，从而促进整个电影市场的产业化进程都将起到积极的推动作用。

(3) 电影的市场细分。国内的制片方在选择电影时，首先，要判断影片是否适合自己的常规市场；其次，要非常谨慎地判断这部电影会不会违反有关限制性的规定，如果影片在这方面出了问题，资金的回收就无从谈起。由于一个企业的生产资源和生产能力都是有限的，通常很难满足一个完整市场的全部需求。电影市场细分就是帮助电影企业面对市场，让电影企业能够判断企业目前的情况，并且根据市场和企业自身的情况制定生产策略，减少经营管理和生产决策的盲目性。若电影企业按照市场细分的原则来指导产品生产，市场就可以出现更为丰富和更为类型化的产品。这些产品在满足特定消费者群体的需求上会更有针对性，对于消费者而言，也就有了更多的消费选择。消费者会相对容易地发现市场上是否有合适自己的产品。这可以激发消费者的消费兴趣，并具体实施消费。

(4) 电影的生命周期。对于电影的影院产品而言，电影是有生命周期的，即导入期、成长期、成熟期和衰退期。电影导入期的工作是否成功，关系到能否成功地把电影介绍给观众，并让观众接受和消费，这对于电影市场运作的意义重大。成长期是指影片正式被投放到影院，一直到首周末票房结束。此阶段，票房呈现出快速增长的态势。电影的成长期表现得也比较快速，要么迅速地进入成熟期，要么迅速地开始衰退。成熟期是指首周末票房结束后，一直到电影的影院市场呈现出明显的衰退态势之间的这个阶段。此阶段，影片的市场势头会略微弱于电影的成长期，但是依然维持着较高水平的市场走势，利润的产生依然强劲。电影在成熟期的末期就开始出现缓慢地下降，当这种缓慢下降开始变化为迅速下降，产品的获利能力也迅速降低时，衰退期就开始了。市场经营者进行电影产品的生命周期分析有助于了解产品目前在市场上处于哪个阶段、在市场上的表现以及消费者的接受程度。

(5) 电影销售的时机、范围和人员。所谓销售时机就是选择影片上映的档期。随着电影市场的不断完善和成熟，只要把握了科学的销售时机，影片的市场效益就有可能倍增，销售时机是否科学成为影响一部电影市场成败的至关重要的因素。

影片的发行范围越大就越有利于增加电影的社会效益。但是，从经济效益的角度考察，影片在什么范围内上映是一个需要仔细考虑的事情。因为上映成本和上映范围保持着正比关系。销售商在确定影片覆盖的市场范围时，必须进行成本核算。如果扩大影片面市规模而增加的收益无法抵消由此而增加的成本，影片销售就面临着亏损的危险。

影片生产者把影片投放到市场中去，应当选择在影片的目标市场上最有优势和相关经验以及合作关系良好的发行商，以尽量保证最佳的社会效益和经济效益。

(三) 电视剧制作企业

电视剧制作企业与电影制作企业类似，其价值实现也受到内外部因素的影响。

1. 外部因素

(1) 国家制定的相关法规与政策。我国的电视剧运作坚持市场准入，即电视剧制作机构、发行机构和电视剧进入市场，必须经国家相关部门审查和许可获得相关资质，才能从事电视剧的生产制作和发行。电视剧的市场准入包括机构准入和电视剧准入。机构准入是指电视剧制作机构和发行机构在设立之前必须接受资格审查。电视剧准入是指电视剧制作机构在形成创意之后，一般都设有电视剧制片人，并在其推动下，通过立项论证，形成公司的项目；公司立项完成后，制片人将电视剧创意设计书送交相关部门审查，审查通过后被备案公示。发行许可是在电视剧的拍摄完成之后，制片人将电视剧的剪辑样带提交相关部门，审查通过后获得电视剧发行许可证。这样电视剧才真正被准许进入电视剧市场。

电视剧市场的国家管理制度主要有：

第一，制作许可证制度。任何机构拍摄电视剧必须得到政府广播电影电视部门颁发的电视剧拍摄许可证。

第二，备案公示制度。这一制度是从 2006 年开始实施的，是对拍摄制作剧目进行备案和公示，处于酝酿阶段的拟拍剧目不需要报批。

第三，发行审查制度。中国的电视台都是政府主办的，电视剧的发行和播出必须通过相关部门审查，并最终取得《电视剧发行许可证》。

第四，播出监督检查制度。目前，国家新闻出版广电总局、中央电视台和一些省级以上电视台都有电视监看机构，通过监看已经播出的电视剧发现问题，必要时可以采取一定的行政手段终止电视剧的播出。

第五，禁止性法律制度。对于电视剧涉及有关国家根本利益的地方，国家用法律的形式予以规定。例如，对于国内生产的电视剧，《电视剧管理规定》就明令“禁止载有下列内容：（1）危害国家的统一、主权和领土完整的；（2）危害国家的安全、荣誉和利益的；（3）煽动民族分裂、破坏民族团结的；（4）泄露国家机密的；（5）诽谤、侮辱他人的；（6）宣扬淫秽、迷信或者渲染暴力的；（7）宣扬种族、性别、地域歧视的；（8）法律、行政法规规定禁止的其他内容。”

第六，出品人负责制。电视剧制作实行出品人（即制作单位的法定代表人）负责制。出品人对本电视剧制作单位的全部制作活动负责。

总之，政府通过对电视剧的规划、生产、流通等整个传播环节进行管理和控制，保证电视剧生产符合国家的法律法规要求。

可见，我国电视剧的生产必须历经备案、审查、播出等环节，这些环节都要受到有关法律法规的限制。如果一部电视剧没有通过备案和审查，其面世就会受到影响。

（2）高科技的发展。技术进步对电视剧生产的作用越来越突出。比如高科技的制作会给电视剧带来很多的看点，使收入极为可观，形成了高投入、高制作、高回报的价值实现模式。但是，先进的技术总在淘汰落后的技术。落后的或不太先进的技术生产出来的传媒产品的价值实现就会比较困难。

在数字技术和信息技术的影响下，中国的媒体格局发生了革命性的变化，电视剧播出平台得到极大的延伸。新兴的电视媒体形式包括数字付费电视、VOD点播、网络电视、手机电视、直播卫星电视、移动电视等。在这种电视剧拥有多样化出口的趋势下，电视剧产业将面临巨大的发展契机，其生产、交易和赢利模式也将发生适应性的调整。随着著作权保护力度的提高和金融危机带来的资本压力，越来越多的视频网站开始谋求与电视剧制作机构的合作。

2. 内部因素

（1）内容。电视剧作为最受观众欢迎的虚构类的电视节目，故事题材、情节和内容都十分重要。当电视剧运用灵活、新颖的艺术表现手法来表现内容时，往往会得到大众的认可。

（2）制作阵容。电视剧制作中最为关键的是演员，然后是导演和编剧。好的演员不仅能保证产品质量，也是市场营销中的重要元素。

（3）观赏性和思想性。电视剧的质量包括观赏性和思想性两个方面。如果一部电视剧同时具备观众所满意的观赏价值和思想价值，就能够引起观众的强烈共鸣，从而大大提高收视率，并为广大的广告商认可，最终赢得可观的经济效益。在当今“内容为王”的时代，电视剧要想盈利，必须要具备很好的社会性和商业性。这是影响电视剧价值评估的最根本因素。

（四）音乐企业

音乐企业价值的实现，同样受到内、外部因素的影响。

1. 外部因素

（1）产业发达程度。音乐产业覆盖的范围广泛。音乐产业的核心是具有创作灵感的音乐家，他们创造、制作音乐，组成音乐产业的生产环节。除了生产创作环节之外，音乐产业还覆盖了音乐发行、销售和服务环节的大量参与者，例如，音乐产业中的出版商、分销商、零售商、经纪公司等等。音乐产业的发达程度、健全程度，对音乐价值的增值具有重要的作用。[①]

（2）科技进步对音乐价值的影响。随着数字技术的发展，高速的网络流通，

---

① 佚名：“信息化对企业价值增值作用的调查研究”，http：//wenku. baidu. com/。

信息传播的全球自由化，人们对于音乐的需求越来越大，因此一旦出现了方便快捷甚至可以免费欣赏和获得音乐作品的方式时，这种需求自然会呈几何数级增长。MP3是一种音频压缩国际标准，其压缩算法可将音频以12:1的比率高度压缩成数字音频文件，而音质损失极其微小，与高保真的CD几乎没有什么差别。MP3不但文件小，同时又具有高品质，这就使在互联网上发布和传输歌曲成为可能。

（3）传播渠道的扩大。互联网作为流行音乐传播的新媒体，较之传统广播、电视具有诸多优点：互联网彻底打破了传播的地域界限；传播速度迅速、快捷；互联网的交互性缩短了歌手与歌迷的距离；机会均等，对每个歌手都是挑战和机遇。由于当今音乐制作环节的费用大为降低，音乐发行和宣传的费用在总成本里占了较大比重。如果通过互联网传播，可以大幅降低传播成本，简化推广过程，因此很多以前由于资金问题不能通过传统渠道发行的音乐作品很有可能在互联网上广为流传，促进音乐作品的丰富化和多元化。同时，小的唱片公司，独立制作人，甚至一个普通的歌手都可以轻易地把自己的音乐作品通过互联网发行，获得人们的认同，最终获得商业价值。

移动电话铃声产业成为著作权人一个新的重要的收入来源，实际上，移动电话铃声产业也是唯一使著作权人真正获利的在线业务。铃声市场还在持续地发展，现在已扩大到包括彩铃、游戏、卡拉OK、快速网络服务和MP3。

2. 内部因素

（1）音乐产品是典型的经验商品，消费者往往必须了解这些商品的质量内容以及服务，才能做出消费选择。所以，生产厂商必须通过特定的途径让消费者“体验”或“试听”这些音乐，但“试听”过多则相当于让消费者“免费品尝”了商品，从而失去了应有的利润。

（2）音乐产品区别于一般商品的显著特点是其具有高固定成本、低边际成本的特征。生产（创作、加工）第一份音乐产品（母带）往往成本非常高，且这部分成本常常成为“沉没成本”，失去回收的可能，而此后复制的成本却十分低廉。因此，音乐产品制造商只有达到了特定的规模经济方能进人一个良好的获利空间。

（3）音乐产品具有公共物品属性。音乐产品的这些特性，使其面临着比较高的风险，直接影响着音乐著作权价值的实现。

（五）动漫企业

动漫企业价值实现也受到外部因素和内部因素的影响。

1. 外部因素

主要体现在国家对动漫产业的扶持政策，动漫产业的发展离不开国家政策的推动，积极的政策可促进动漫产业的发展，有利于动漫价值的实现。为了推动动漫产业的发展，我国制定了很多相关的法规和政策。

2. 内部因素

(1) 动漫产品的品牌效应。创意是动漫产品的灵魂，一个好的创意有可能打造一个好的品牌，一个好的品牌就可能形成一个衍生产品市场的价值链。因此，动漫产品的品牌价值是影响其评估的因素之一。品牌效应，是企业价值的延续，在当前品牌先导的商业模式中，品牌意味着商品定位、经营模式、消费族群和利润回报。树立动漫产业品牌需要相关企业拥有很强的资源整合能力，将企业本质的一面通过品牌展示于人。

(2) 动漫产品的科技投入。科技水平的提高对于动漫产业的发展以及动漫产品的研发具有很大的促进作用。现代社会科技进步日新月异，动漫产业作为一项高科技产业凝聚了研发人员的大量技术投入。高质量的动漫产品蕴含着高科技的投入，一项新产品的开发往往伴随着新技术的发明，使得动漫产品特别是影视作品给人的观赏性、娱乐性进一步增强。而这种科技的投入是需要大量资金的支持才得以实现的。因此，我们在对动漫产品进行价值评估时，应考虑评估对象的科技含量。

(3) 动漫产业链的发达程度。一个完整的动漫产业链主要包括三个阶段：第一阶段为漫画作品原创并通过图书、杂志、报刊等载体表达；第二阶段为动画制作并以电影、电视、音像制品、舞台剧、网络动漫等形式开发和传播；第三阶段为动漫衍生产品开发和后续滚动再开发。动漫产品获得最大经济效益，就是从动漫形象原创、动画制作等产业链的低端原创向高端衍生产品拓展延伸，形成规模，进而推动动漫产品再生产的良性循环。动漫产业链越完善、越发达，动漫的价值也就越大。[①]

① 田莹莹、胡安琴："动漫价值评估研究"，《商业会计》。

第五节　文化企业价值评估的方法及适用性分析

与其他企业相比，文化企业的核心资产不是厂房、机器等固定资产，而是专利权、商标权、非专利技术、著作权、特许使用权等无形资产。无形资产价值本身具有的不确定性以及我国当前在无形资产确认和计量方面存在的诸多问题，使得文化企业的资产负债表中未能充分反映无形资产的真实价值。这直接影响了文化企业的投资和融资行为，成为制约文化企业发展的瓶颈。同时，由于无形资产具有时间性、地域性、排他性、共享性等特点，不同的评估机构在采取不同评估方法对同一文化企业资产的价值评估可能会出现较大差异。因此，在文化企业价值评估中，工作人员必须根据不同类型文化企业的赢利模式和经营特点以及评估目的，选择合理的评估方法。

开展文化企业价值评估时，工作人员应当根据评估目的、评估对象、价值类型、资料收集情况等相关条件，分析收益法、市场法和成本法（资产基础法）三种资产评估基本方法的适用性，恰当选择一种或者多种方法结合的方式。

一、主要评估方法

（一）收益法

收益法是指通过估测被评估资产未来预期收益的现值，来判断资产价值的各种评估方法的总称。它服从资产评估中将利求本的思路，即采用资本化和折现的途径及其方法来判断和估算资产价值，用公式表示为：

$$P = \sum_{i=1}^{n} \frac{R_i}{(1+r)^i}$$

式中：P——被评估资产价值；

r——折现率；

R_i——未来第 i 年的收益；

n——收益年限。

该评估技术思路认为，任何一个理智的投资者在购置或投资于某一资产时，所愿意支付或投资的货币数额不会高于所购置或投资的资产在未来能给其带来的回报，即收益额。收益法是利用投资回报和收益折现等技术手段，把评估对象的预期产出能力和获利能力作为评估标的来估测评估对象的价值。根据评估对象的预期收益来评估其价值，容易被资产业务各方所接受。所以，从理论上讲，收益法是文化企业资产评估中较为科学合理的评估方法之一。当然，运用收益法评估需要满足一些基本条件。

收益法是依据资产未来预期收益经折现或本金化处理来估测资产价值的，它涉及三个基本要素：1. 被评估资产的预期收益；2. 折现率或资本化率；3. 被评估资产取得预期收益的持续时间。因此，能否清晰把握上述三要素就成为能否运用收益法的基本前提。

应用收益法的前提条件是：1. 被评估资产的未来预期收益可以被预测并可以用货币来衡量；2. 资产拥有者获利预期收益所承担的风险可以被预测并可以用货币来衡量；3. 被评估资产预期获利年限可以被预测。

（二）市场法

市场法是指利用市场上同样或类似资产的近期交易价格，经过直接比较或类比分析以估测资产价值的各种评估技术方法的总称。

市场法是根据替代原则，采用比较和类比的思路及其方法判断资产价值的评估技术。因为任何一个正常的投资者在购置某项资产时，所愿意支付的价格不会高于市场上具有相同用途的替代品的现行市场价，所以运用市场法要求充分利用类似资产成交价格信息，并以此为基础判断和估测被评估资产的价值。运用已被市场检验了的结论来评估被评估对象，显然是容易被资产业务各当事人所接受的。当然，通过市场法进行评估，尚需满足一些最基本的条件。

采用市场法进行资产评估需要满足两个最基本的前提条件：1. 有活跃的公开市场；2. 公开市场上有可比的资产及其交易活动。

（三）成本法

成本法是指首先估测被评估资产的重置成本，然后估测被评估资产存在的各种贬值因素，并将其从重置成本中予以扣除而得到被评估资产价值的各种评估方法的总称。成本法的基本思路是重建或重置被评估资产。在条件允许的情况下，任何潜在的投资者在决定投资某项资产时，所愿意支付的价值不会超过购建该项资产的现行购建成本。如果投资对象并非全新，投资者所愿支付的价格会在投资对象全新的购建成本的基础上扣除各种贬值因素。上述评估思路可概括为：

资产评估价值＝资产的重置成本－资产实体性贬值－资产功能性贬值－资产经济性贬值

成本法是以再取得被评估资产的重置成本为基础的评估方法。由于被评估资产的再取得成本的有关数据和信息来源较广泛，并且资产的重置成本与资产的现行市价及收益现值也存在着内在联系和替代关系，因而，成本法也是一种被广泛应用的评估方法。

采用成本法评估资产的前提条件是：1. 被评估资产处于继续使用状态或被假定处于继续使用状态；2. 被评估资产的预期收益能够支持其重置及其投入价值。

二、文化企业价值评估方法分析

由于不同类型文化企业在价值实现形式和途径方面存在较大差异，故评估方法的运用过程也存在着一定的特殊性。

（一）出版企业评估方法分析

出版企业是指经营图书、报纸、期刊、音像制品、电子出版物等出版和发行的企业。不同介质的出版物在法律环境、政策环境、市场环境等方面各有特色，呈现出不同的价值驱动因素，但企业价值评估的基本原理和方法是相同的。

1. 成本法

出版企业的资产与其他企业相比，在库存商品和著作权等无形资产评估方法上具有行业的特色。

图书出版企业的库存商品是指已生产待销售的各种书籍，所以评估人员在评估该部分资产时，需要调查其销售情况，并根据调查结果区分为正常销售和滞销两种情形，对企业滞销书籍要根据变现价值与书籍定价的比例确定变现率；如果商品已经发出并签署了批销合同，则应在批销合同所约定的实洋金额基础上，扣减预计坏账风险损失、退货损失及各项销售税费，确定评估值。

采用成本法评估出版企业价值时，还应关注评估范围中是否已经包含著作权资产。图书出版企业所拥有的著作权资产，主要是针对具体图书的专有出版权等著作权，如通过委托创作或公务创作产品所形成的自主著作权、跟著作权人签订出版合同取得的专有出版权、图书的版式装帧设计所形成的著作权等。由于对著作权资产的清查和评估十分复杂，评估师通常会结合评估目的、图书出版发行前景等具体情况，确定不同的评估处理方式。例如，改制资产评估项目所涉及的文化企业价值评估，通常只对那些在评估基准日依然活跃的、具有较强盈利能力的著作权资产进行评估。

2. 收益法

采用收益法评估出版企业的价值，一般使用现金流量折现法中的企业自由现金流量模型，即将预期收益进行折现，以确定股东全部权益价值。首先必须了解企业的价值链和赢利模式，传统的图书出版发行一般包括“编、印、发、供”四个环节，出版企业通过整合读者、作者、投资者和上下游伙伴等资源优势以获取利润。

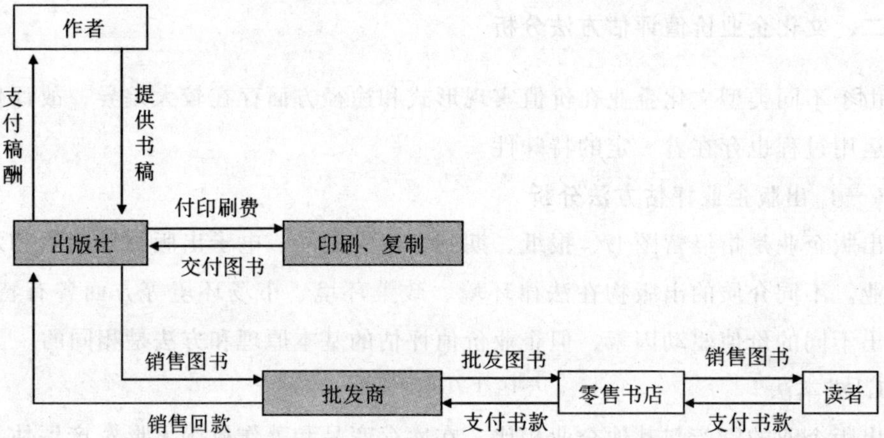

图 2.2　传统出版企业的价值链

如果被评估出版企业的业务范围包括图书出版和发行，形成了产业链，则可产生一定的协同效应，即发行环节所掌握的读者消费需求信息反馈给各出版环节后，有利于把握市场热点，优化图书选题，满足市场需求，提高市场竞争力，同时也有利于公司提高运营效率，减少中转过程中的损耗，降低交易成本。

收益法评估时需结合出版企业的实际价值链和赢利模式，分析其资本结构、经营状况、历史业绩、发展前景，并考虑宏观和区域经济因素、出版行业现状与发展前景对企业价值的影响，形成未来收益预测。例如，图书出版发行市场可以区分为教育出版、大众出版和专业出版三大领域，每个领域的出版物在定价机制、销售方式和竞争格局等方面都不尽相同，进而会得到不一样的利润水平。预测企业未来盈利时，必须关注其产品构成和分类，并按照相应的市场销售状况和未来发展趋势分别进行预测。另外，出版企业作为文化企业，在企业所得税、增值税等税收方面享有一定的优惠政策，评估时需要关注这些政策变动对企业税赋的影响。

在此基础上，评估出版企业价值还需综合考虑评估基准日的利率水平、市场投资收益率等资本市场相关信息以及出版行业、被评估企业的特定风险等相关因素，合理确定折现率。例如，出版企业所面临侵权盗版现象的影响、选题定位和读者需求出现偏差的风险、数字出版技术发展带来的影响等，都应采取恰当的方式反映在折现率上。采用企业自由现金流量模型评估出版企业价值时，为了与收益口径保持一致，折现率通常使用加权平均资本成本（WACC）。

著作权、商标等无形资产是出版企业收益的重要来源，在一定程度上体现了企业的核心竞争力。因此，评估出版企业价值时需要充分考虑全部无形资产的贡献。

3. 市场法

我国对出版业实行许可制度。随着文化体制改革的不断深入，我国图书出版发行业的市场化程度不断提高，为采用市场法评估出版企业价值提供了较好的制度环境和市场环境。国内上市的出版企业已有16家，可以考虑采用上市公司比较法评估出版企业价值，即通过获取并分析可比上市公司的经营和财务数据，计算适当的价值比率，在与被评估企业比较分析的基础上，确定企业股东全部权益价值。

选择可比上市公司时，需要考虑出版企业的出版物种类、资产规模、销售区域等特点，确保被评估企业和上市公司之间的可比性。评估出版企业价值常见的价值比率有市净率、市盈率等。在对可比上市公司价值比率进行分析调整时，需要关注被评估企业和可比上市公司在盈利能力、营运能力、偿债能力和成长能力等方面的差异。另外，由于可比上市公司属于公开市场上交易的企业，评估结论应当考虑流动性对评估价值的影响。

采用市场法评估出版企业价值，虽然直观、易懂，评估结论易于接受，但需要根据所获取可比企业经营和财务数据的充分性和可靠性、可收集到的可比企业数量，恰当考虑市场法的适用性。

（二）影视企业评估方法分析

1. 收益法

（1）影视企业收益法评估的核心是收益预测。影视企业主要依靠制作电影、电视剧作品并销售其著作权（发行、放映、信息网络传播等）获得收益。对影视企业采用收益法评估，核心工作就是预测被评估企业电影、电视剧作品的制作及销售能力。

影视企业电影、电视剧作品制作能力受到被评估企业品牌、资金规模、剧本储备、签约艺人、专业管理人员等因素的影响。销售能力则受宏观经济环境、行业发展趋势、院线放映能力、电视台频道资源、信息网络平台等因素影响。

①对被评估企业持续收益能力的合理判断是定量预测的基础。影视企业持续经营，主要依赖于市场认知和新作品的不断开发。市场认知取决于企业品牌建设，新作品的开发则离不开人才。

对影视企业进行收益预测，近期预测需要考虑已储备的剧本、正在制作的影视剧；远期预测，要充分考虑被评估企业发展战略和发展目标相匹配的人才储备规模，这也是影响企业持续收益能力的重要因素。

影视作品的制作是十分复杂的过程，整个过程无论作品的摄制还是剧组的管理，都需要有相当的专业知识和丰富的工作经验。在影视作品制作所需的诸多资源中，人力资源是最宝贵的、最重要的战略性资源，是创造影视精品的主体。拥有多少人才和如何使用人才决定了能在多大程度上提高影视作品的质量和产量。影视制作企业之间的竞争，表面体现为市场竞争，实际则是影视制作专业经营管理人才和创作人才的竞争。因此，在对影视企业进行长期收益预测时，需要充分考虑被评估企业人力资源的影响，包括对现有各类人力资源合同的清查，对企业人员进入及流失情况的统计分析，对企业人才政策的了解等。

在重要影响因素定性分析基础上，对被评估企业持续收益能力有一个方向性的判断，然后在此基础上进行定量预测。

②收益预测需要考虑影视企业单部作品差异造成收入的波动性。影视剧作品作为一种大众文化消费，与日常的物质消费不同，没有一般物质产品的有形判断标准，对作品的好坏判断主要基于消费者的主观体验和独立判断，而且消费者的主观体验和判断标准会随社会文化环境变化而变化，并具备很强的一次性特征。

这种变化和特征不仅要求影视产品必须吻合广大消费者的主观喜好，而且在吻合的基础上必须不断创新，以引领文化潮流，吸引广大消费者。影视剧的创作者对消费大众的主观喜好和判断标准的认知也是一种主观判断，只有创作者取得与多数消费者一致的主观判断，影视剧才能获得广大消费者喜爱，才能取得良好的票房或收视率，形成市场需求。因此，对影视企业来说，单部作品类似于专利产品，作品间有较大的差异，造成单部作品收入的波动性。一是同一年度制作的作品，收入差距较大。根据华谊兄弟财务数据，2012 年其实现销售收入排名前 5 的电影作品中，排名第 1 的收入是排名第 5 收入的 2.2 倍。华策影视 2012 年实现销售收入排名前 5 的电视剧作品中，排名第 1 的收入是排名第 5 收入的 2.5 倍。二是不同年度收入波动较大，也是由单部作品收入波动所造成的。华谊兄弟、华策影视近 3 年电影、电视剧收入及作品数量数据显示，各年度作品数量比较平稳，但收入波动较大。这说明单片收入受多种因素影响，存在较大波动（见图 2.3）。

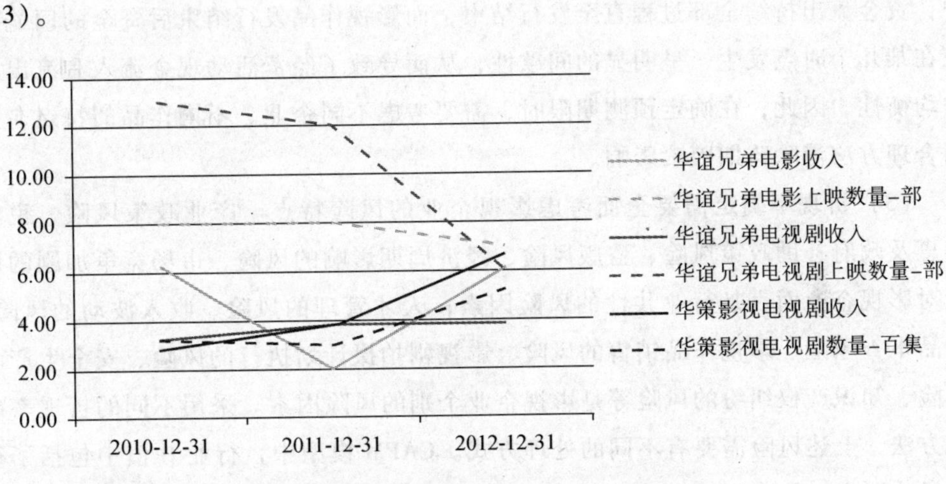

图 2.3 影视企业收入波动性（单位：亿元）

在对影视企业进行收入预测时，需要考虑作品收入波动性的影响。比如采用合理模型预测电影单价，采用历史年度平均单价水平，采用与整个市场发展一致的合理的单价增长率等方式。

③企业收益预测需要考虑行业的经营特点。对影视制作企业而言，影视作品从启动投资开始拍摄到实现销售收入并回笼资金往往需要 1 年以上的周期，普遍存在跨期现象，导致存货与应收账款周转较慢。

根据对影视行业财务数据分析，在影视企业中，货币资金占总资产比例最高，达到36%，应收账款及存货其次，分别占16%和13%，流动资产为81%，非流动资产占比仅为19%。

鉴于公司“轻资产”的影视作品生产模式及产品制作周期长的特点，企业在扩大生产经营的过程中，将仍可能面临着某一时段内经营活动现金流量为负、需要筹资活动提供资金的情形。如果资金不能顺利筹集到位或需要支付高额融资成本，则企业的生产计划或盈利能力将受影响，进一步扩大经营规模和提高盈利水平也会受到制约。因此，对营运资金变动的预测，需要充分考虑被评估企业是否能够有效地建立长效稳定的融资渠道。

（2）收益预测期限需要考虑跨期因素。对影视制作企业而言，经营活动现金流量具备以下两大特性：一是经营活动现金流入的周期性，即影视作品从启动投资开始拍摄到实现销售收入并回笼资金往往需要1年以上的周期，普遍存在跨期现象；二是经营活动现金流入流出的非均衡性，在影视作品的摄制和发行过程中，资金流出持续全部过程直至发行结束，而影视作品发行结束后资金的回笼往往在某几个时点发生，呈明显的间歇性，从而导致了经营活动现金流入和流出的非均衡性。因此，在确定预测期限时，需要考虑不同企业、不同作品的特点，采用合理方法消除跨期因素影响。

（3）折现率确定需要全面考虑影视企业的风险特点。产业政策风险、税收优惠及政府补助政策风险、盗版风险、经济周期影响的风险、市场竞争加剧的风险对影视企业而言是行业共性的风险因素；人才管理的风险、收入波动的风险、作品审查风险、影视作品销售的风险、影视剧拍摄计划执行的风险、安全生产的风险、知识产权纠纷的风险等是影视企业个别的风险因素。采用不同的折现率确定方法，上述风险需要有不同的处理方式。CAPM模型中，行业β值中包括了行业风险因素，但个别风险还需要根据不同企业的水平分别考虑，比如采用因素分析的方法进行量化。

2. 市场法

影视企业上市公司数量的增加，为采用市场法评估企业价值提供了有利的条件。在收益法中影响企业价值的主要因素，也是采用市场法时考虑企业差异调整的重要指标。

2012年12月31日的数据显示，影视类上市公司PB、PE价值比率远高于全部上市公司及文化产业上市公司。这一方面说明市场看好影视行业未来的发展能力，同时也折射出证券市场对于文化企业无形资产价值的认可（见表2.1）。

表2.1　　影视类上市公司价值比率对比

	全部A股上市公司	文化产业上市公司	影视类上市公司
PB	1.76	2.38	4.59
	差异率	35%	93%
PE	13.86	23.84	42.56
	差异率	72%	79%

影视企业总资产中货币资金、存货、应收账款比例高的特点，其PB表示了企业价值与其主要盈利资产——存货、应收账款及融资能力之间合理的关系。因此，它虽然为“轻资产”企业，评估中PB价值比率还是可以适用的。

表2.2　　部分影视类上市公司价值比率对比

企业名称	市盈率（PE）			市净率（PB）			市销率（PS）		
	2010/12/31	2011/12/31	2012/12/31	2010/12/31	2011/12/31	2012/12/31	2010/12/31	2011/12/31	2012/12/31
华谊兄弟	66.05	64.09	42.48	6.35	6.02	4.98	9.20	9.43	7.70
华策影视	68.12	66.89	41.90	5.52	5.18	4.54	23.25	20.83	10.43
光线传媒	—	58.99	47.99	—	3.89	4.65	—	12.06	10.29

表2.2显示，三家主营业务均为影视制作的公司近三年PB、PE价值比率比较稳定，同一年度价值比率比较一致，因此，采用此类价值比率评估影视企业价值具备可行性。但PS比率各公司间差异较大，这与各公司销售模式可能有一定关系，因此，不同运营模式企业间PS价值比率可比性较差。

对影视企业来说，除常用的PB、PE价值比率外，对其公司价值影响较大的制作能力、资金规模、人才储备量、剧本储备量、在拍片数等，都可以尝试作为特定价值比率，或者作为特定价值调整因素。

3. 成本法

根据《电影企业会计核算办法》（电视制作企业可参考），电影企业所拥有或控制的影片（包括影片著作权、使用权等），在法定或合同约定的有效期内，均作为流动资产核算。这部分资产基本包括在存货中。因此，成本法评估影视企业，其重点是对企业存货价值的合理评估。

影视企业存货中，原材料账面值一般为外购的剧本支出成本。在产品账面值主要是影视剧作品制作中发生的成本支出。库存商品账面值构成比较复杂。根据规定，国产影片（包括合拍片）在完成后期制作，进口影片在提供原拷贝（带）和译制拷贝（带），并经电影行政主管部门审查通过，取得《电影片公映许可证》或《电视剧发行许可证》（以下简称《许可证》）后，方可结转入库。但库存商品账面值为各类不同影片按照会计制度规定结转成本后的余额，还包括企业影片成本已结转完，尚拥有影片著作权、在“库存商品”中象征性保留的1元余额的影视剧。

可以清晰看出，存货中著作权资产的账面值只是反映了会计规定，与其多种权利、多轮次、多方式销售等特点对应的市场价值之间没有必然联系。如果按照核实后账面值评估，将难以反映其市场价值。合理的方法是根据资料情况，合理选择成本法、市场法和收益法评估对应作品的著作权价值。

影视企业有高的PB，说明其具有较高的无形资产价值贡献。除存货中有影视作品著作权资产外，影视企业可能还存在账外的著作权、特许经营权、相关的合同权益等。按照《资产评估准则——企业价值》要求，这些无形资产也需要被单独辨识和评估。

（三）音乐企业价值评估的重点关注事项

音乐产业价值链主要是由内容生产商、电信运营商、服务提供商、终端设备、制造商和用户等构成。广义来讲，除用户外，音乐产业价值链上的企业均可称为音乐企业。狭义来讲，音乐企业主要指内容生产商，即拥有版权的唱片公司。随着网络技术的发展，服务提供商，即以网站形式为用户提供音乐内容的企业，也逐渐被纳入狭义的音乐文化企业范畴。

音乐企业价值评估时，由于交易的企业案例较少，一般不适宜采用市场法评估。从未来获利角度，音乐企业较多首选的评估方法是收益法；从版权重新取得成本的角度，也可采用成本法进行评估。下面针对成本法和收益法对音乐企业评估时需要重点关注的事项进行说明。

1. 成本法

采用成本法评估音乐企业价值时，音乐著作权价值的评估是关键。音乐著作权评估主要是理清成本构成。第一，音乐的创作、录制需要投入大量的人力、物力和财力，这种投入通常是十分高昂的；第二，音乐著作权如果涉及他人的著作权，还必须支付一定的著作权使用费；第三，音乐投放市场前需要进行市场预测，其费用由音乐生产者承担；第四，厂商须向国家纳税。

对于数字音乐而言，其成本包括网络传输费用和著作权费等。对于运营商而言，其不仅提供网络，还负责数字音乐的制作和推广。不同于其他的 IP 网接入业务，数字音乐有其特殊性，即网络传送成本很低，但是推销费用很高，它不仅包括广告费、宣传费、展览费等因推广业务而发生的费用，还包括数字音乐的制作费、包装费用等。

2. 收益法

采用收益法评估音乐企业价值时，企业的赢利模式、收益的来源，预期未来收益以及收益期确定，是评估时需要重点关注的内容。

（1）赢利方式与收益的来源。在传统模式的音乐产业链中，发行 CD、磁带是唱片公司最主要的利润来源。传统意义上的唱片发行，主要指音乐产品经由层层线下渠道，以物流的方式到达连锁店、零售店等销售终端，最终销售给消费者。产品形态主要是唱片、磁带、CD 以及 VCD 等有形的实体。传统音乐产业链的单线结构决定了它主要是通过从上游到下游的层层增值过程来创造价值，产业链上各环节的收入来源都比较单一。

在数字音乐产业链中，由于各环节间几乎都存在着相互的价值关系，每一个环节都可以开辟多样的创收途径。比如，作为内容提供商的唱片公司既可以通过向音乐网站、无线增值业务商、电信运营商等提供音乐著作权参与利润分成，也可以自己建立在线销售平台直接面向用户销售产品，还可以与终端产品制造厂商合作，把自己的音乐产品内置到其生产的数码播放器内进行捆绑式销售。多样化的赢利模式不仅有利于增加数字音乐产业链上各企业的利润，还有利于各企业凭借与其他环节的价值联系进行有效地扩展和协调，向外延伸触角，提高其竞争优势。通过网络传输音乐，抛弃了实物载体，节省了传统音乐产业在产品制作及物流、分销等方面的费用，将发行成本降到了一个非常低的水平。发行成本降低，总成本和商品价格也随之降低，这就让消费者可以花较少的钱获得更多的音乐享受，因此有利于调动消费者的购买热情。

音乐产业价值链的数字模式包括 5 条价值链（见图 2.4）。1 号链为传统唱片发行链，2 号链为传统媒体产业链，3 号链为在线音乐产业链，4 号链为无线音乐产业链，5 号链为演艺经纪链。其中，1 号、2 号、5 号是传统音乐产业链，3 号、4 号是数字音乐产业链。

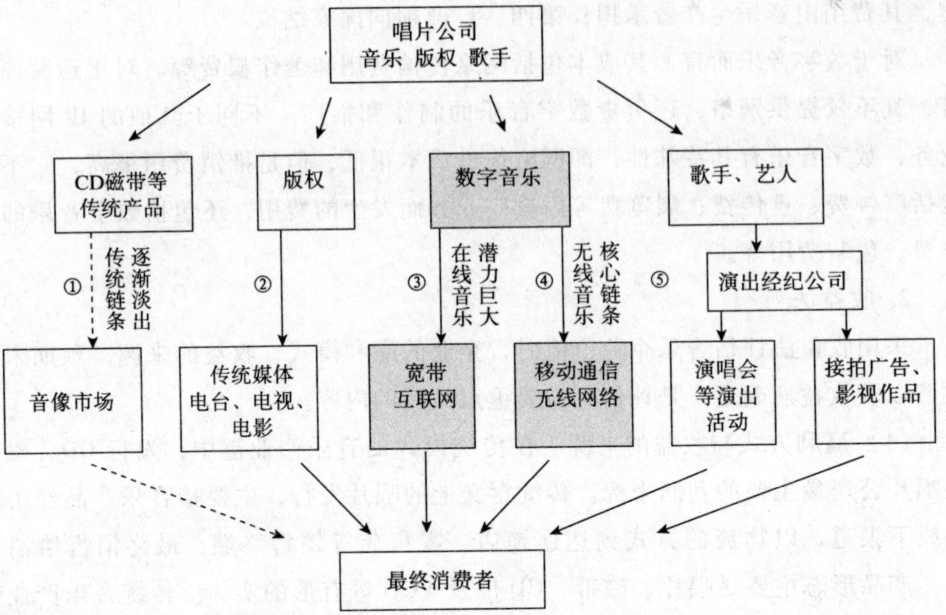

图 2.4　数字音乐产业链

在中国音乐产业中，1 号链由于盗版严重，本身就十分脆弱，基本上处于断裂状态。传统音乐产业模式下，很难通过这个链条收回投资。在数字音乐时代，由于数字音乐对传统唱片的替代以及数字音乐盗版的猖獗，传统唱片销售这一链条的地位更加单薄。2 号链是传统媒体产业链，这条链的作用在数字音乐时代依然强大，尤其是电视和电影。在数字时代，新的媒体互联网和无线网络，将会和传统媒体争夺用户，但同时也会和传统媒体发生交互作用，新旧媒体之间的互动、联合也会给音乐产业带来新的发展模式。例如，2005 年在中国取得巨大成功的“超级女声”，就是利用了电视、互联网和手机三大媒体平台，以电视和互联网平台做宣传，以手机平台付费，是其成功的媒体模式。电视在中国仍然拥有最广大的覆盖面积和用户群，电视媒体的力量在数字音乐时代对中国音乐产业仍然会有巨大影响。5 号链是演艺经纪链。在数字音乐时代，随着中国演出市场的蓬勃发展，影视产业进入良性发展轨道，新旧媒体通过互动联合，演艺经纪将依然是中国音乐产业重要的收入来源。

3 号、4 号链是数字音乐产业链。在未来，音乐的传播和销售将主要通过数字平台发生。根据普华永道的一份研究报告，数字音乐链将在中国音乐产业 5 大链条中扮演越来越重要的角色，并且最终将成为最核心的链条。

无线音乐价值链整体正向成熟期发展。其中铃声、歌曲点播已进入成熟期；彩铃市场由高速发展期向成熟期过渡；手机网络进入3G时代后，无线音乐产业价值链的关键就是构建可盈利的商业模式，产业链上的各个主体才有动力去创造价值，这样的产业链才是稳定的，才能保证无线音乐稳定的发展，最终成为数字音乐发行的主渠道。[①] 其主要有以下几种销售方式：

①单曲销售模式。在线音乐的销售应该建立在单曲之上，这是顺应网络时代消费习惯的一种对音乐产品销售方式的变革。单曲更适合在网络上传播，也更适合消费者的习惯。现在大部分消费者听音乐时会选择通过手机或者电脑，他们并不在意用什么方式听。只要唱片公司把单曲的定价控制在一个相对合理的范围内并且能够提供非常方便的支付手段，可以相信愿意购买正版音乐的消费者一定会成为主流。[②]

②增值服务模式。在线音乐应该提供更多的增值服务，才能吸引消费者付费。正版在线音乐可以通过提高品质，提供远高于盗版音乐质量的增值服务，以吸引消费者。除了提高音乐本身的质量，还可以将音乐和服务整合起来，通过提供音乐衍生品和衍生服务来实现正版音乐的增值。目前由音乐延伸出来的FLASH，FANSCLUB等已经不下10种。当一种新技术到来之后，一些音乐的衍生品如卡拉OK，宣传用的MV，都可以转化为产品用于销售。

③终端设备预置模式。随着MP3播放器、音乐手机等数字音乐终端播放设备的大量销售，这些设备里预置的音乐也成为一个巨大的数字音乐市场。唱片公司可以直接将音乐卖给终端设备制造商，授权他们在这些设备里使用正版音乐。在赚取利润的同时，唱片公司也将正版音乐随着MP3播放器、手机传播给了广大消费者。

④在线免费，无线收费模式。iPad + iTune下载MP3是美国流行的在线音乐赢利模式，但是中国消费者习惯的是免费下载。我们不可能强迫用户去改变自己长期以来形成的习惯。而且，中国互联网的赢利模式始终就不是以电脑为中心，而是以手机为中心的。从这个意义上来讲，数字音乐也应该遵循这种模式，在线免费，无线收费。

（2）收益期确定。音乐著作权资产评估收益期的确定，不同于一般有形资

① 佚名："浅谈数字时代音乐产业的发展"，http：//blog. sina. com. cn/。

② 佚名："数字音像产业的商业模式与营利模式分析"，http：//wenku. baidu. com/。

产，甚至与其他知识产权也存在巨大的差异。音乐著作权创造价值的期间波动性比较大，尤其是对于播放权而言。如果音乐作品是脍炙人口的、经典性的，其播放权延续的时间也会比较长，相应的对于后开发产品收益，其延续的时间也会比较长；但是如果质量一般，其播放时间就比较短，对于相应的后开发产品收益，其延续的时间也就比较短。所以，应该根据音乐作品的质量，合理地判断其收益年限。

（3）折现率确定。音乐著作权有其自身的特点。首先，音乐著作权创造价值的模式不同，其面临的风险也不同。一般而言，数字模式要比传统模式下的风险低。而且，当一首音乐受到观众的喜爱时，其后续产品的开发风险就会降低；反之，后续产品的开发风险将会大大增加。

综上所述，我们可以通过价值链的分析找到收益额的来源，通过汇总多渠道的收益额计算出预期收益，结合预计的收益年限、折现率计算出音乐著作权的价值。

（四）动漫企业价值评估重点关注的事项

动漫文化企业指直接生产动漫图书、报刊、音像制品、舞台剧和基于现代信息传播技术手段的动漫新品种的企业，也指间接生产与动漫形象有关的服装、玩具、电子游戏等衍生产品的企业。动漫文化企业的价值评估，局限于交易案例的缺少很难采用市场法评估，更多地是从收益角度进行整体价值评估，有时也采用成本法进行评估。

1. 成本法

应用成本法评估动漫企业价值时，动漫产品的价值评估至关重要，可以采用重置成本法评估。

现实生活中，以成本定价的现象非常多，很多时候，产品的价格就是在汇总成本的基础上，加上一定的利润额而形成的。这种方式在应用于评估动漫价值时可以作为参考。动漫产品的制作成本是可以被推算出来的，加上一定的利润，就可以形成动漫产品的评估价值。

动漫产品的物质表现形式多种多样，比如图书杂志、音像制品、玩具游戏等。因此，每一项动漫产品的制作成本都是不一样的。以动漫影视为例，据估计，目前国内动漫每分钟的平均制作成本在6000元左右。

动画片除制造成本外还包括著作权、播映权、衍生产品开发权等无形的价值，这些无形的价值构成了动漫产品的价值成本。因此，动漫制造业的成本不仅包括其制作过程中的消耗成本，还包括其各种著作权所涉及的无形资产的成本。

2. 市场法

应用市场法评估动漫产品价值，如何选择可比动漫产品、价值比率及调整可比产品与所评估产品之间的差异是三个关键技术。

（1）可比动漫产品选择。选择可比动漫产品应根据所评估产品内、外部的因素进行选择。

①选择的可比产品应该是与所评估动漫产品的内部属性，盈利能力、增长潜力和风险相似的产品。

②除了需要考虑动漫产品的技术含量、作品艺术表现力、内容丰富度之外，选择的可比产品还应具备与所评估动漫产品相似的外部环境因素，包括文化背景、消费者时尚需求、宏观经济运行状况、行业等环境因素。

（2）调整系数的确定。动漫作品评估调整系数可根据产品的创意独特性、产品质量、艺术表现力、科技含量等因素来确定。例如，一部高质量的动漫影视作品包含着创作人员的创意及其技术制作投入，好的动漫作品必将受到消费者特别是广大青少年群体的关注，因此，对其系数的确定应综合考虑各种因素。

3. 收益法

（1）赢利方式及收益来源。动漫产业所创造的收益主要包括：一是播放权收益，即将动画片出售给电视台进行播放。比如国内大部分电视台是以贴片广告交换的形式购片，只有不到10家电视台直接支付购片款，其中中央电视台购片价格每分钟不超过2000元，金鹰卡通卫视每分钟不超过500元等；二是图书音像制品发行所获得的收入；三是动漫产业相关衍生产品的开发与销售所获得的效益；四是动漫产品设计人员所获得的设计专利著作权等。

动漫产品收益之大小取决于其对市场的占有量。市场占有量越多，其获得的收益也会越多。动漫作品的发行市场主要分国内市场、海外市场两个部分。发行的内容主要有报刊书籍、动画电影的播放权，音像制品著作权等，并且随着互联网技术的发展、科学技术的进步，动漫产业的衍生品在许多领域将会出现更大的市场需求。一部动漫影视作品当产生了巨大的社会效应之后，就可能在广大消费者中特别是青少年心目中形成社会品牌，由此可以创造出难以计数的有形资产和无形资产，而这种无形资产所带来的收益往往会超过产品本身的价值。

(2) 收益期确定。动漫作品的收益期不仅与其播放权有关，更重要的是与动漫的后开发产品收益密切相关，动漫产业链越宽，收益就会越高。因此，确定动漫产品的收益期，除了要根据产业链的发展程度而定外，还需要视动漫产品的生命周期而定。

(3) 收益法评估中的折现率。动漫作品在整个生命周期内，不同的阶段所面临的风险是不同的，因此其折现率也不同。

所以，在应用收益法时，准确全面地估计预期收益是非常重要的，然后结合使用年限和折现率进行计算，确定动漫产品的价值。

(五) 网络游戏企业价值评估重点关注的事项

网络游戏又称“在线游戏”，指以互联网为传输媒介，以游戏运营商服务器和用户计算机为处理终端，以游戏客户端软件为信息交互窗口，旨在娱乐、休闲、交流和取得虚拟成就的，具有相当可持续性的个体性多人在线游戏。基于网络游戏企业的经营特点，其价值评估主要以收益法为主。

1. 运营模式对收益的影响

目前国内网络游戏行业大致存在着四类商业模式：自主产权模式、代理运营模式、综合门户模式和电信运营模式。了解其运营模式，可以帮助我们很好地确定其收益额。

(1) 自主产权模式。自主产权模式的核心竞争优势在于企业拥有自主的知识产权，处于产业链的上游。除了需要电信企业及 IDC 的带宽和数据支持外，自主产权型企业可以渗透到产业链的各个环节。因此其经营方式非常灵活，既可以自身提供运营服务，也可以通过技术转让或合作运营、销售等方式开展代理、合作。但是该模式也有不足之处，由于网络游戏开发的难度越来越高，一款成熟的游戏产品的开发需要两三年甚至更长的时间，对资金及人力的需求都非常庞大，因此开发的风险很高。企业若将人力、物力集中在研发上，很容易造成市场运作能力弱，销售渠道不健全等竞争劣势。

(2) 代理运营模式。代理运营模式是我国网络游戏市场目前采用的主要方式，也是迄今最为成功的模式。该模式最为显著的优势在于：大大降低了进入网络游戏产业的门槛，周期短，回报高。同时代理运营企业可以将商业运作集中在销售和会员制的运营服务上，有助于培养其市场运作能力，并且可以利用自身的优势和已经铺设的网络同时运营其他种类的游戏，进而有效地控制市场风险。其缺陷在于：代理企业处于产业链的中、下游，严重受制于游戏开发商。目前开发商授权费和分成要求过高，加大了代理运营商的风险。代理模式无自主产权，无法开拓由游戏衍生的周边市场，无法充分创造增值服务的价值，对客户群的凝聚力比较低。

（3）综合门户模式。综合门户模式有自行开发网络游戏的，有代理运营网络游戏的，也有两者兼而有之的，但都具有一个共同的特点，即网络游戏并非此类企业的主营业务。该模式的竞争优势在于拥有原始客户群积累、社区基础及一定的电子商务渠道；强大的品牌有利于市场推广和获取网民的信赖；同时具有丰富的互联网经营实践经验，管理能力强。其缺陷在于：虽然网络游戏收入事实上已经成为不少门户网站的重要收入来源，但由于网络游戏只是兼营业务，根据整体战略布置的要求，企业无法将更多的精力和资源放在网络游戏业务上。因此，网络游戏业务的发展很容易受到其他热点的影响。①

（4）电信运营模式。电信企业是传统的互联网网络运营商，相对于其他网络游戏企业而言，具有网络资源垄断、用户规模巨大、销售渠道成熟及收费体系完善等竞争优势；但是也存在着体制不够灵活、内部管理比较固化以及市场反应不够灵敏等劣势。

电信企业参与网络游戏运营的方式有三种：第一，IDC 模式。这种模式不涉足网络游戏的具体运营，只提供服务器托管、带宽等传统电信资源，方式简单并且没有任何风险，但处于产业链的最底层，随时可能被其他网络运营商所取代，这是目前最为普遍的一种合作模式；第二，合作运营模式。这种模式以电信本身的资源作为投入与合作者共同运营网络游戏，风险较小，可以低成本介入网络游戏运营，但无法掌握整个价值链；第三，独立运营模式。这种模式整合电信在各个平台的资源和优势，直接联系上游的游戏开发商和下游的用户，使网络游戏成为电信企业的又一种增值服务，充分利用和拓展了电信传统资源的价值，并可以直接掌握用户。但是由于游戏运营并非是电信企业的强项，因此其运营风险较大。

2. 收益额的主要来源

（1）游戏计费卡收入。这是我国网络游戏市场最传统的一种收入模式，也

① 郭旭："网络游戏以多种形式盈利"，http：//www.cnii.com.cn/。

是迄今游戏运营商最主要的收入模式。计费卡一般分为点卡和包时卡两种。点卡是玩家购买游戏点数，然后将点数按一定比例转换成在线游戏时间来进行消费，玩家不游戏时不会形成消费。这种方式比较适合一些短时间不定期的玩家，商家利润大，但玩家容易流失。包时卡是玩家一次性购买一个时段，在该时段中可以不限时地进行消费，例如周卡、月卡、季卡、年卡。这种方式比较适合一些长时间定期的游戏玩家，商家收入稳定，玩家不易流失，但利润增长空间小。

(2) 虚拟道具收入。玩家按照运营商规定的比价，将现实货币兑换成游戏中的虚拟货币，然后在运营商指定的平台上购买各类游戏中所需的道具，比如练功升级用的药品、提高 PK 攻击力的装备等。近两年来，随着免费网络游戏模式的不断推出，出售游戏中虚拟道具的收入已经成为不少运营商的重要收入来源。免费网络游戏的运营商已经不再需要过多地控制游戏的发展，也不再以刺激玩家长时间地玩为己任。他们所要做的便是通过消除价格门槛，提供一个最大程度聚拢人气的平台，然后由玩家通过在平台上的互动创造出丰富的内容，其中一定会有少数高端玩家为了获得互动的主动性而愿意为消费内容付费。

(3) 广告收入。网络广告在一些诸如角色扮演类的收费游戏中少有所见，因为玩家既然已经付费，就希望在一个相对纯净的环境中游戏，不希望受到打扰。而在一些传统的网络游戏或免费游戏中，基于巨大的访问量和用户的点击率所推出的网络广告则是非常普遍的，广告收入仍然是网络游戏公司一个非常重要的收入来源。

有一项调查显示，国内网络游戏广告收入尚不到整个游戏产业收入的 3%，而美国、韩国、日本等国家的网络游戏广告收入却在行业整体收入中占据约 35% 的份额。对于网络游戏运营商来说，网络游戏广告最大的价值在于游戏运营商赢利模式的转变。在现有的网络运营模式下，运营商的盈利主要来源于收费用户，这种模式的盈利主要是向用户出售点卡所得的收入。点卡的作用主要用来购买游戏时间或游戏中需要的一些道具，否则玩家不能进入游戏或者无法拥有游戏道具。如果运营商对现有的赢利模式进行调整，不再以点卡销售作为主要赢利模式，而采用在游戏中植入广告产品或广告场景从而向广告主收取费用的赢利方式，肯定会增加一部分游戏玩家，这样就扩大了这一媒介的受众覆盖面，而游戏玩家在数量上的增长又会使网络游戏广告的价值得到进一步提升。

(4) 会员收入。会员收入主要针对的是一些休闲类的网络游戏产品。运营商将客户分为收费用户和免费用户两大类，收费用户通过支付一定的会费，可以获得运营商提供的特定的增值服务。比如以棋牌类游戏为核心的联众公司已经正式成立了会员俱乐部，实行收费会员卡制度。联众公司为会员提供包括带宽、服务器、网络环境、特殊的比赛系统、江湖帮派、游戏的玩法、专家指导等100多项增值服务。目前其通过会员获得的收入已经占联众总收入的50%左右。

（5）电信分成收入。由于网游运营商的服务器是架设在电信的互联网干线上的，众多用户的长时间在线访问，间接地为电信企业创造了大量的收入流。现在已经有运营商与电信部门进行合作，将游戏服务费与电信的互联网接入费（上网费）捆绑在一起，对于那些拥有一定规模用户资源的运营商，还可与电信企业达成接入费分成协议。但电信企业由于具有网络资源垄断的优势，在合作中一般处于强势地位，因此也只有少数如联众公司这样具有相当规模的客户资源的网络游戏企业，才能获得电信分成收入。

（6）游戏周边衍生产品收入。游戏周边通常指游戏著作权所有者开发的或者通过相关授权开发的与游戏内容有关的实物表现形式。游戏周边的形式多样，通常包括游戏角色形象的玩具模型、与游戏内容相关的书籍、带有游戏LOGO或图案的服装、生活用品以及在游戏中的音乐等。目前我国已有游戏厂商开始了游戏周边产品化的尝试。其中腾讯是中国最早涉足周边市场的公司，它成功塑造出了以企鹅为形象的即时通讯软件QQ的周边产品。其专卖店“Q－REN”以连锁的方式在国内推出，产品涵盖了箱包、文具、玩具、服装、鞋类等五大系列周边产品。起步较早的金山与北京洋洋大观文化传播公司共同策划推出游戏同人小说《剑侠情缘》，通过游戏文化与武侠文学的合作尝试，创造出新的游戏产品赢利模式以及武侠文学作品出版的新思路。盛大则除了出版包括游戏攻略、动漫、社科类图书等出版物之外，进一步设计销售更注重产品的实用性的衍生产品，从以往的玩具、纪念品变成现在的手机链、T恤等，产品销售体系也已经从玩家聚集的场所走向了大众场所①。

3. 折现率确定

在网络游戏创造价值的整个期间内，不同阶段企业所面临的风险是不同的。当一部游戏引起观众的共鸣，受到观众的喜爱时，其后续产品的开发风险就会降

① 李琳：“网游厂商的新战场”，http：//www. boraid. com/article/。

低；反之，后续产品的开发风险将会大大增加。因此，随着风险水平的调整，其折现率也应做相应调整。

综上所述，通过汇总收益额，结合经济适用寿命、折现率确定的折现值，即为网络游戏的价值。

第六节 本章小结

一、内容介绍

本章首先对文化资产的构成、特点、价值属性及价值影响因素及评估方法等文化资产评估的基础性问题进行了详细介绍和深入分析，然后分析了文化企业的赢利模式，最后，对文化企业价值的影响因素以及不同评估方法应用于文化企业价值评估时的适用性进行了分析，为开展文化企业资产评估工作提供了有效的参考。

二、研究结论

1. 文化资产有自身的价值属性，可以借助信息论和效用论进行分析。

2. 从资产构成看，著作权等无形资产是文化企业盈利贡献的主要来源。

3. 文化企业价值评估需要了解企业的赢利模式，发现文化企业的利润区，分析企业的经营能力和未来的获利水平。

4. 不同类型的文化企业价值影响因素差异较大，因此对于不同类型、不同评估目的的文化企业价值评估工作，需要关注评估方法的适用性，由此考虑不同的评估风险。

第三章　文化企业著作权资产的评估

著作权是指作者和其他著作权人依著作权法对文学、艺术、自然科学、社会科学、工程技术等作品所享有的各项专有权利①。它是自然人、法人或者其他组织对文学、艺术或科学作品依法享有的财产权利和人身权利的总称。著作财产权是无形财产权，是基于人类智慧所产生之权利，故属智慧财产权，是知识产权的一种。著作权自作品创作完成之日起产生，在我国实行自愿登记的原则。

著作财产权利种类包括：复制权、发行权、出租权、展览权、表演权、放映权、广播权、信息网络传播权、摄制权、改编权、翻译权、汇编权以及应当由著作权人享有的其他财产权利。与著作权有关的权利包括：出版者对其出版的图书、期刊的版式设计的权利，表演者对其表演享有的权利，录音、录像制作者对其制作的录音、录像制品享有的权利，广播电台、电视台对其制作的广播、电视所享有的权利以及国家法律、行政法规规定的其他与著作权有关的权利。

文化企业的著作权资产，是指文化企业所拥有或者控制的，能够持续发挥作用并且预期能带来经济利益的著作权的财产权利和与著作权有关的财产权利。文化企业著作权资产的财产权利形式包括著作权人享有的权利和转让或者许可他人使用的权利。许可使用形式包括法定许可和授权许可；授权许可形式包括专有许可、非专有许可和其他形式许可等。

---

① 《中华人民共和国著作权法》第五十七条规定："本法所称的著作权即版权"，因此，本书中一般情况下采用"著作权"一词，在涉及一些引用的参考资料时，也会有"版权"的描述，在本书中将两者视为同一概念。

第一节　文化企业著作权资产的特点及管理现状

一、文化企业著作权资产的特点

（一）著作权是文化企业的核心资源

著作权是文化企业获取经营收益的核心资源。文化企业通过对著作权内容的生产、管理、运营，形成了著作权资产，这也构成了文化企业的核心竞争能力。国际上，以德国贝塔斯曼出版集团为例，该集团旗下拥有 RTL 集团（卢森堡）、兰登书屋（纽约）、古纳雅尔（汉堡）、BMG（纽约）、欧唯特（居特斯洛）、直接集团（居特斯洛）等公司，运营着文字、音乐、影视等著作权内容。该集团 2010 年度 197 亿欧元的销售收入中，有 92 亿来自直接的著作权许可销售，有 31 亿来自与著作权产品有直接依附关系的衍生品开发和广告销售等，著作权资产始终是贝塔斯曼集团赖以生存的核心资产。又如，美国米高梅电影公司片库中 4100 部电影具有很高的著作权价值，每年能给米高梅公司带来 5 亿美元的收入。

（二）著作权资产是国有文化资产管理的核心内容

国有文化企业经过长期的发展和积累，形成了大量的著作权资源。如上海文艺出版集团经过数十年的积累，拥有丰富的文学和艺术作品著作权资源，仅旗下的一家上海人民美术出版社，就拥有民国至今 8 千余种连环画中约 60% 的著作权。又如，中国唱片总公司作为老字号的国有文化企业，拥有 13 万块金属母版，4.5 万多条录音母带，构成企业真正有价值的资产。这些著作权资源经过梳理和价值的重新认定，能够成为国有文化企业重要的著作权资产，其价值和规模甚至能够超过固定资产。企业对这些著作权资产进行激活、利用和保护，充分实现其价值，不仅能够保障国有资产的合法权益，避免著作权资产流失，而且能够推动企业提高盈利能力和加快发展速度，实现做大做强的目标。

二、我国文化企业著作权资产管理运营的现状

由于著作权资产的复杂性，其管理难度远远超过一般性的资产。当前，著作权资产作为无形资产的重要组成部分，由于形式特殊，在管理过程中也存在一些

问题，主要体现在：

（一）文化企业的著作权资产权属不清

文化企业的著作权资产普遍产权不清，多数文化企业在管理过程中对于著作权资产没有清晰记录，对著作权权属及介质没有建立台账，在日后清理过程中由于权属无证据、瑕疵或权属失效等原因，使文化企业存量著作权资产确权困难。如南方广播影视传媒集团多年来积累的节目资源量庞大，仅集团下属的广东电视台、南方电视台和广东广播电台就有36万余小时的视音频资料。但很多资料历史久远，从制作或购买之初就没有建立相关的著作权档案，造成大量的节目著作权信息模糊不清，目前基本确定拥有完全自主著作权的资料只有10万余小时。

（二）文化企业著作权资产大量“沉默”

目前，文化企业大量著作权没有被认定为资产，处于长期闲置和未开发状态。很多文化企业的著作权资产管理意识薄弱，大多把著作权资源当成历史资料简单保存，多年积累的著作权成为“压箱底”的“沉默”资产。如珠江电影集团有限公司多年积累了很多“压箱底”的作品，根据梳理，有故事片300多部，纪录片500多部，集团下属的白天鹅音像出版社有歌曲1万多首，下属的乐团有歌曲和节目几千部，还有很多没有拍过的剧本，著作权存量丰富。但上述著作权资源并未创造价值，处在“沉默”状态。

（三）多数文化企业的著作权产业链不完整

国外的著作权通常具有完整的产业链条，如小熊维尼的动漫著作权每年能卖出近60亿美元的衍生产品。国内一些文化企业也在探索产业链的延伸，以三辰卡通集团有限公司为例，其动漫形象已延伸到图书、音像、玩具、服装、食品等十几个行业，产业链比较完整。但目前多数文化企业缺乏著作权的产业延伸，如大量企业仅仅卖原创作品的著作权，缺乏后续衍生品的生产。多数出版企业的著作权运营意识较弱，产业链只局限在“编、印、发”等环节，缺乏数字著作权及网络出版等后续的产业环节。

（四）著作权交易方式单一

传统的著作权交易方式采取“一对一”的方式，时间长、效率低，已不能适应数字化网络化环境下的要求。同时，传统的著作权利益分配机制是“一次性买断”，即著作权使用方与著作权持有方达成一个确定的购买价格，其购买成本和运营收益完全无关。著作权使用方要独立负担购买著作权的高额成本；著作权持有方也无法享受著作权使用方的运营收益。这样的买断型利益分配机制带来的核心问题就是著作权价格飙升、购买方负担不起，其价格涨到一定程度，又造成著作权卖不出去。这种情况最终导致数字著作权生态环境恶化，上游权益无法保证，下游履约风险变高。

（五）著作权法律保护环境有待改善

许多文化企业在著作权上的大投入并没有产生大回报，其主要原因就是著作权得不到应有的保护。著作权保护的法律制度还不完善，执行力度不够，侵权盗版现象在我国还比较严重。这种现象在图书、音像制品、计算机软件等传统领域和互联网新兴领域都相当猖獗。特别是随着高新技术发展和国民阅读习惯的变化，近年来，网络侵权盗版现象大量出现。据不完全统计，每年盗版市场总规模约为 50 亿元。侵权盗版已经成为诸多行业包括新兴产业发展的巨大瓶颈。同时，著作权维权成本较高，权利人支付的律师费、公证费很高，但赔偿金额却有限。

第二节 文化企业著作权资产的价值影响因素

一、著作权资产价值的一般影响因素

（一）法律因素

1. 著作权实施的法律环境

著作权相关法律规定了权利人对作品拥有财产权，但权利人是否能够充分实现其财产权利，获得最大的收益，还取决于法律环境。在著作权法律实施严格，法律保护到位，著作权诉讼成本合理、诉讼结果公平，社会公众普遍具有著作权法律意识的环境下，著作权相关权利人创作作品、传播作品、使用作品均会以著作权法律规范为约束；合理支付著作权使用费是一种自觉的行为；著作权侵权代价高昂；著作权权利人的收益能够充分保障，著作权价值也自然较高。根据国家版权局的统计数据，著作权方面的行政查处案件 2000 年为 2457 件，2010 年为 10590 件，10 年增加了 4.3 倍；相应地，作品自愿登记数量也由 2000 年的 3174 件猛增到 2010 年的 359871 件，增长了 113.4 倍。正是由于感觉到著作权

法律保护力度的增加、保护环境的改善对自己权利实施更有利，作品权利人才增加了著作权登记的意愿。

2. 著作权的法律保护期限

根据著作权法，不同的著作权具有不同的保护期限。著作财产权以及应当由著作权人享有的其他权利保护期为50年，截止于作者死亡后第50年的12月31日；如果是合作作品，截止于最后死亡的作者死亡后第50年的12月31日。如果是法人或者其他组织的作品，著作权（署名权除外）由法人或者其他组织享有的职务作品，其发表权、所有的著作财产权以及应当由著作权人享有的其他权利保护期为50年，截止于该作品首次发表后第50年的12月31日，但作品自创作完成后50年内未发表的，法律将不再保护。电影作品和以类似摄制电影的方法创作的作品、摄影作品，其发表权、所有的著作财产权以及应当由著作权人享有的其他权利保护期，截止于作品首次发表后第50年的12月31日，但作品自创作完成后50年内未发表的，法律将不再保护。

著作权资产价值不仅取决于其法定的保护期限和剩余保护期限，对于某一具体经济行为，则更多关注的是其合同约定的使用期限。该合同期限必须是在作品著作权法定剩余保护期限内。只有在合同规定使用年限内产生的合理收益才能作为著作权资产价值评估的基础。

（二）环境因素

1. 著作权资产使用区域的社会环境

一个国家的著作权意识和政策导向对著作权价值有重要影响。只有构建政府引导、社会广泛参与的著作权保护大联盟、大格局，著作权才能有更高的价值。

2. 著作权资产使用区域的经济环境

著作权的发展与区域经济发展密切相关。根据国际经验，当人均GDP超过3000美元的时候，文化消费会持续快速增长，接近或超过5000美元时，文化消费则会“井喷”。消费的增加自然会增加对文化产品密切相关的著作权需求，加速著作权资产价值的实现并增加收益。因此，如果著作权资产交易是发生在经济发达区域，其价值会高于经济落后区域。但是，文化消费又不同于实物消费，满足消费者物质需求的同时，还可以满足消费者心理的需求。所以文化消费对外部经济环境的反应相对具有弹性。尤其在经济出现增长缓慢的时期，著作权资产交易可能出现逆势增长。

3. 著作权资产使用区域的市场环境

著作权资产交易价值受到市场活跃程度及供求规律的影响。在交易活跃的市场中，著作权资产价值就容易实现，一些畅销出版物、音像制品等，发生市场交易比较常见。当市场对某项著作权的供应大于需求时，其价值会降低，反之，价值会得到提升。市场相关作品的价值以及新版本作品也会影响到所评估作品著作权资产的价值。市场竞争程度也会影响到著作权资产价值的大小，同类作品竞争激烈，作品的著作权资产价值实现也会受到影响。

（三）具体著作权的交易行为约束

著作财产权束包含类型众多，对于具体经济行为，拟交易（转让、许可使用、质押等，而著作权侵权赔偿诉讼则可以看做是一种被动的交易）的条件是影响著作权资产价值的重要因素。

1. 拟交易的权利种类

拟交易的权利种类是指全部权利还是部分权利，或者是部分权利的具体权利种类。全部权利价值显然最高，部分权利价值则受权利束中具体权利的影响，与传播相关的权利价值大于使用相关权利价值。

2. 交易地域范围

著作权交易合同约定的作品使用地域范围越广，其获得收益越高，相应权利价值也越高。

3. 交易权利期限

交易权利期限可以是合同生效之日起至著作权保护期终止时点之间的期限。期限越长，对应权利价值也越高。

4. 对价支付方式

不同的对价支付方式，权利人的收益流是不同的，因此对其交易权利的价值也会有影响。对于许可使用，还要考虑是否约定让渡第三人等因素的影响。

（四）作品因素

著作权资产价值形成中，著作权的传播性、作品的有用性都与作品自身的特点相关。因此作品因素是著作权资产价值的内因，也是最重要的影响因素。

1. 作品类型

不同类型作品的著作权资产，价值影响因素可能差别很大。同样是录音制品，流行音乐和经典音乐就有很大差异，第一是创作投入差异，第二是顾客对象差异，第三是寿命周期差异。而这些既影响其收益，又影响其风险。

不同类型作品的著作权资产，其法律规定也有不同。如原创作品和演绎作品的差异。演绎作品是在原创作品的基础上通过翻译、改变等方式产生的新产品，虽然也具有价值，但在转让和使用许可中受到很多法律限制，因此其价值也就和原创作品不同。

不同类型作品的传播方式不同，也会影响其传播范围、传播效果及传播收益。比如文字作品可以通过广播方式进行传播，但美术、摄影作品就很难通过同样方式传播，所以文字作品的广播权价值就比美术作品的广播权价值要大。

2. 作者知名度

有些著作权资产的价值与创作者的知名度有很大关系，如文字、摄影、动漫、音像等创意设计作品，创作者知名度高，其作品更受欢迎，市场对其需求更大，未来取得收益多，价值也就更高。名作家和刚涉足创作的人士相比，具有较高知名度，沉入作品的人力成本要高很多。所以创作者的知名度本身就是一种无形资产，其作品也就具有较高价值。

3. 艺术（技术）水平

著作权艺术（技术）上的独特性是其获得法律保护的依据，也是形成其价值的重要因素。

首先，一项著作权的艺术水平中体现了创作投入的差异。比如名著《红楼梦》，是倾注了作者曹雪芹才华与辛劳凝结而成的精神成果，包含了巨大的艺术价值和社会价值，不是一般的通俗小说可以比拟的。

其次，著作权的创作难度大，复制风险也大。技术上的保密性和反侵权能力是衡量其价值的重要标准。

4. 作品发表状况

尽管按照《著作权法》第二条规定，中国公民、法人或者其他组织的作品，不论是否发表，均享受著作权。但是，在进行著作权资产评估业务过程中，必须考虑作品的发表状况，因为其对资产的价值有较大影响。首先，发表状态影响资产的剩余经济寿命。根据著作权法，法人或者其他组织的作品、著作权（署名权除外）由法人或者其他组织享有的职务作品、电影作品和以类似摄制电影的方法创作的作品、摄影作品创作完成后50年内未进行发表，法律将不再保护。也就是说如果上述几种作品创作完成后未进行发表，其最多只具有 50 年的经济寿命，超过 50 年后其所产生的经济利益将不再归属于创作人。其次，发表状态还会影响作品的影响力和经济利益。发表是作品扩大受众范围的途径，通过这种方式作品能够被更多的受众接触，扩大其影响力，影响著作权能够带来的经济利益，从而影响其价值。

5. 作品登记情况

我国法律规定，一般作品采取自愿登记原则，该登记程序不是产生著作权的必要条件。但是，一旦发生侵权纠纷或权利归属纠纷，登记记录可以作为其是真实权利人的有力证明，降低著作权人在维护合法权益或对抗诉讼中的成本，从而间接影响著作权资产的价值。

6. 作品实现收益的方式

著作财产权有两种主要的收益方式：销售型（直接收益型）和使用型（间接收益型）。前一种主要是通过销售其作品从而获得直接收益，例如图书作品即通过销售直接获得其收益。后一种是指通过使用该作品的方式间接实现其收益，例如一组机器的设计图纸，它的价值实现方式不在于直接转让，而是体现在根据该图纸制造出来的机器设备的价值收益中。对于能够通过销售实现收益的著作权资产，通常会采用市场上惯用的或法律规定一定比例的版税或提成费用的评估方法，直接获得著作权资产的评估价值，其收益更容易反映在其价值中。而对于通过使用的方式实现收益的著作权资产，评估过程中涉及的问题较为复杂，需要考虑作品的社会影响力、技术发展水平等较难可靠量化的因素，因此有可能漏计或多计其贡献，影响其价值。

（五）著作权资产的运营模式

不同的著作权运营模式，对著作权资产价值的实现具有较大的影响。由于作品著作权涉及的财产权利束中类型众多，且一种作品可以衍生出更多类型的作品，且这些衍生作品著作权财产权利又以原始作品著作权权利为基础，从价值上来说，原始作品与衍生作品互相影响、互为基础。因此，最优的著作权运营模式，就是寻求实现从原始作品至全部衍生作品的全作品链的、各种财产权利价值的最大化的模式。

1. 盛大文学的“全版权”运营模式

所谓“全版权”是指一个产品的所有著作权（原始作品及各种衍生作品），

包括网上的电子著作权，线下的出版权，手机上的电子著作权，影视和游戏改编权以及一系列衍生产品的著作权等。如盛大文学“全版权”运营包含两个部分：著作权的生产和分销。著作权的生产在盛大文学的七大原创文学网站上完成，形成原始作品著作权。著作权的分销，则是与其他内容生产商协作完成。①

截至2012年，有160万名作家在盛大文学平台上写作，每天创作8000万字。同时，盛大文学在著作权授权分销方面的成绩也引人瞩目，2011年盛大文学共售出著作权作品651部，2012年盛大文学旗下七家文学网站售出上百部小说的影视游戏著作权，《步步惊心》、《裸婚时代》以及央视热播大戏《我是特种兵》等均改编自盛大文学著作权作品。盛大文学以网络文学作品著作权为源头，以影视、动漫及新媒体为延展的产业链正在形成。

盛大文学的这种“全版权”运营模式，充分发掘原始作品以及衍生作品的各种财产权利价值，丰富了作品著作权价值的实现渠道，能够充分提升作品著作权的价值。

2.“Hulu + Netflix”商业模式

乐视网的“Hulu + Netflix”商业模式最大的特点在于大力投资构建作品“著作权库”，多渠道分销，充分实现著作权的资产价值。

2010年8月登上创业板的乐视网是一家提供网络视频和正版影视著作权网络发行服务的民营公司，也是目前A股市场上唯一视频类上市公司。在大型视频网站亏损累累之时，乐视网是较早盈利的视频企业。与优酷网、土豆网的诸多不同在于乐视网上片源多，清晰度高，因为其影视产品均为正版，部分影视节目的观看需要支付费用；用户在乐视网不能上传自己喜欢的视频；别的网站视频前广告时间可能只有10秒，但这里的广告有30秒。

这些不同体验源于乐视网与其他视频网站的商业模式不同。当前全球网络视频运营商业模式大致分为UGC（用户生成内容）模式、P2P模式和Hulu（正版视频）模式以及Netflix（流媒体播放服务商）模式四种。

乐视网目前的运营模式是Hulu与Netflix相结合。其Hulu模式表现在，以优秀的正版影视、标清质量的节目内容吸引用户访问网站，创造高访问量。这种模式避免了影视著作权纠纷及法律风险，该模式盈利以广告收入为主；Netflix模式

① 盛大文学全版权运营模式研究，http：//www.xwcbj.gd.gov.cn/news/html/xyjj/article/1331556940870.html。

表现在，以高清、超高清的视频节目吸引用户直接买单。

基于这样的商业模式，乐视网拥有视频门户网站“乐视网”和免费客户终端“乐视网络电视”，为免费用户提供网络标清视频及个人 TV 服务，为付费用户提供网络高清视频及企业 TV 服务；同时利用拥有的独家网络影视剧著作权资源，为合作方提供著作权分销服务。

由此形成网站和终端两大业务体系，并产生视频广告、收费视频、著作权分销、高清播放机销售四块主营业务。由于公司目前掌握大量的电影和电视剧著作权，著作权分销收入是公司最为主要的收入来源，约占主营收入的六成。2011年公司著作权分销收入为3.56亿元，同比增长572%，占总营收的59.5%。

3. 售片/贴片与深度合作模式

动漫企业典型的业务模式以奥飞动漫为例。

（1）推广方式。动漫影视作品通过片花、电视台节目预告，向电视台召开推介会及通过网络的宣传、定期参加动漫影视展、电视展等方式进行推广。

（2）销售模式。根据不同的节目及合作特点，与电视台选择不同的合作方式。公司动漫影视片的销售模式分为以下两类：

售片/贴片模式：公司将动漫影视片提供给电视台播放，动漫影视片的播放时间和时段由电视台决定，公司收取一定的售片收入，或者在节目播放期间换取一定时间的贴片广告，用于播放与产品有关的随片广告或教学片。

深度合作模式：公司将动漫影视片免费提供给电视台播放，与电视台约定较好的播放时段，同时，支付较低的合作费用给电视台以合作组织产品的电视大赛和活动宣传报道，深度挖掘使作品的价值最大化。通过与电视台建立长年合作、长年播片、深度合作的伙伴关系，追求效益共享化。

奥飞动漫主要采用深度合作模式与电视台进行合作，与电视台形成了长期稳定的合作关系，建立起稳定的播出渠道，已覆盖全国31个省、自治区、直辖市，与200多个电视台、频道建立了合作关系。

该公司以上述两种模式与电视台签订的有关协议的主要条款如表3.1所示。

4. 不同运营模式对著作权资产价值的影响

不同的运营模式，对著作权资产价值评估有不同的影响。对于产业链较长、作品著作权开发比较深入的，企业有比较成熟的运作模式，使得充分利用作品著作权各类权利成为可能，同时原始作品转化为新作品也成为可能。在这

表 3.1　　奥飞动漫销售模式

序列	合作方式	协议主要条款
1	售片/贴片模式	1. 公司向电视台提供动漫影视片的电视播映权；2. 对电视台的播映权有效期、播映权限、播映时段进行约定；3. 约定付款方式（公司收取一定的售片收入，或者在节目播放期间换取贴片广告）。
2	深度合作模式	1. 公司以赠播的方式向电视台提供动漫影视片的使用权；2. 约定动漫影视片的播出次数和播出时间和时长；3. 约定双方合作组织电视比赛的时间、内容；4. 约定电视台根据电视比赛推进的不同阶段播出不同内容的宣传片和比赛内容。

种情况下，如果涉及著作权的全部财产权利价值，就需要结合企业运营模式，充分考虑各类权利收益的实现途径和金额，并且需要考虑衍生收益的价值。

对于类似奥飞动漫售片/贴片模式，对应著作权收益主要来源于广告收入，则需要间接从广告收益角度来考虑著作权资产的价值。对于深度合作模式，则需要从举办的活动所带来的销售收入增长角度考虑相应著作权资产的价值。

对于类似乐视网著作权库运营模式，其作品著作权价值实现主要是著作权分销收益及广告收益两部分内容，在采用收益法对作品著作权资产价值进行评估时，要充分考虑这两部分收益的影响。

（六）著作权资产价值评估影响因素三维模型

按照作品类型和权利种类两个维度构成的著作权资产价值评估对象矩阵，再加上著作权价值评估影响因素维度，我们就可以构建出一个三维的著作权资产评估影响因素模型（图 3.1），可以形象地称之为著作权资产价值评估影响因素的“丛林”。著作权价值评估的最终目标就是采用不同的评估方法量化其中“树”的高低，得出著作权资产的价值。

二、不同类型著作权资产价值的影响因素

（一）图书著作权资产价值的影响因素分析

1. 图书著作权市场分析

世界图书出版市场中，以美、英、法、德、日等国家为中心。其中，美国、德国和日本是全球最大的三个图书市场。图书市场又可以分为教育出版、大众出版和学术专业出版三大领域，其中教育出版占有较大比重。近几年随着图书数字

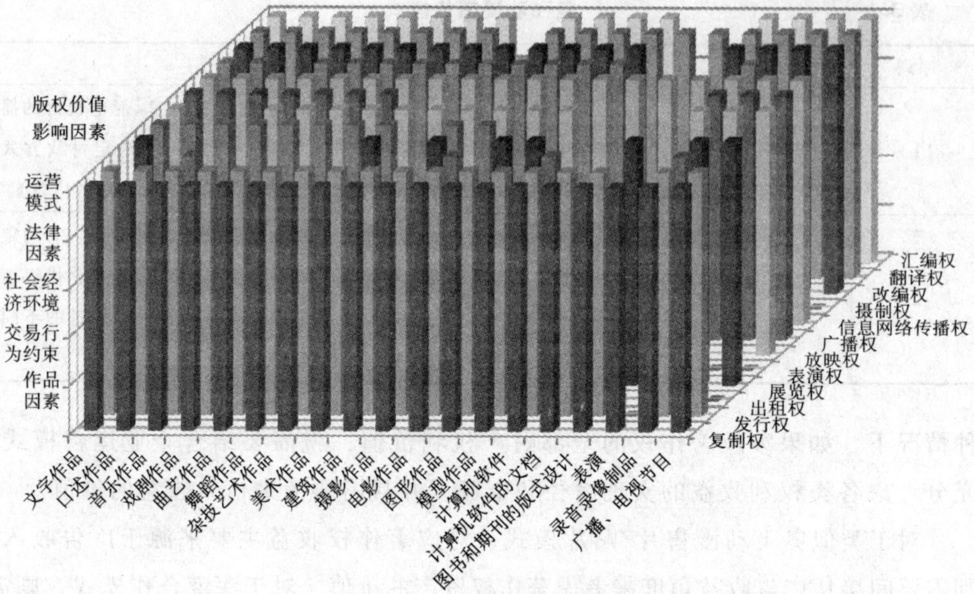

图 3.1　著作权资产价值评估影响因素模型

出版的推进，互联网的发展给图书出版业的结构带来了深远的改变，产业成分出现多元化区分态势，网络运营商等不断蚕食传统图书批发和零售的利润。并且全球图书出版发行市场份额呈现集中的趋势，大型出版集团占据了主要的出版市场份额，国际大型出版集团之间也不断展开并购、重组，资本运作向深层次发展。

近年来，我国的图书出版规模也呈逐渐上升的态势，图书定价总金额逐年上升，2011 年图书出版定价总金额 1063.06 亿元，比上年增长 14%。2007 - 2011 年全国图书出版定价总金额和各年增长率如图 3.2 所示。

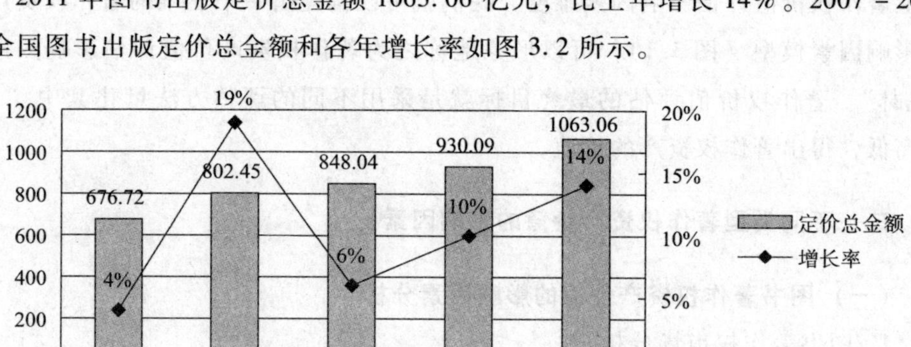

图 3.2　2007 - 2011 年全国图书出版规模

2007—2011 年，从我国图书出版定价总金额和新华书店系统、出版社自办发行单位纯销售额来看，出版市场供给需求呈现稳步增长态势。另外，近年来新媒体、新技术对传统媒体的冲击也在一定程度上影响了读者的需求结构。

截至2011年底，国内共有29家出版集团，国有出版社581家。出版集团的利润分布情况需要根据不同的出版领域进行分析。图书出版定价总金额中书籍所占比重较多，各类图书中，文化、科学、教育、体育类图书所占比重较大。

教育出版领域，根据中国教育报刊发的《2008年度全国教材出版分析报告》，56%的国内出版社都涉足教材出版，教材出版的利润占全国出版行业利润的70%左右。由于历史原因，教材出版具有比较集中的分布特征，人民教育出版社占有全国教材市场的50%左右。另外，依托学校资源的大学出版社如北京师范大学出版社、华东师范大学出版社等在教材出版市场领域也占有重要地位。除中小学教材外，大中专课本、职业教育课本、业余教育课本等教育类图书的出版较为市场化，市场竞争主体较多。据新华书店总店信息中心发布的《2009年全国大中专教材数据分析报告》，2009年秋季大中专教材市场中，共有165家出版社参与征订，其中总品种数过千的出版社共有14家，品种总数排名前40的出版社品种集中度达到81.27%。

大众出版领域，由于市场竞争主体多，产品品种多，因此单个出版社市场份额不大。据北京开卷信息技术有限公司统计，2009年前三季度一般图书零售市场中，前10名出版集团在全国图书市场的累计码洋占有率为27.08%。

专业出版领域，全国市场形成了以中央部委所属出版社为主，地方科技出版社、专业大学出版社和一些综合性出版社等为辅的格局。由于专业出版门类多、涉及面广、进入门槛高，因此该领域目前呈现出产业集中度低、出版机构规模小的特征。

2. 图书著作权收益分析

（1）图书著作权收益构成。出版商通过签订具有著作权许可和著作权转让双重性质的合同，获得的著作权通常有主权利和附属权利之分。主权利是专有出版权，即作品在世界范围内的首次印刷复制权和发行权。附属权涵盖了除出版专有权这一主权利之外的其他所有作品使用方式，是出版界对与作品的出版活动相关的所有衍生权利的统称，包括翻译权、汇编权、出租权、报刊连载权、广播权、录制权、制片权、缩微复制权、输入计算机权等其他相关权利。通常来说，出版者获得的专有出版权通常是由出版者自己行使的，而附属权的行使，则往往是由出版者以授予分许可的形式，授权第三方以不同于出版者所出版本的某种形式复制或传播这一作品。由此可见，一旦出版者获得了作品的附属权，也就是在一定程度上掌控了传播和使用作品的其他不同方式的权利，这对于出版者而言，无疑是拓展了著作权资产资源的开发利用方式，也使著作权经营效益最大化的实现成为可能。

需要注意的是，附属权是属于出版领域的一个概念，和邻接权不同，是对表演艺术家、录音制品制作者和广播电视组织所享有权利的称谓。附属权的权利主体是著作权所有人，附属权贸易更多的是一种委托代理的性质，出版者取得的只是代理资格，著作权仍然属于作品的原创作者。另外，附属权的权利客体也更加广泛，它不仅包括表演、音像制品、广播电视节目等，还包括同一出版者出版的不同出版形式的作品，如漫画、缩印本、精装本、简装本等。

在大多数情况下，图书实际销售中所获得的资金收入才应当被视作主要的收入来源，由于附属权贸易是一种额外的增值收入，难以预计，因此它通常不纳入图书经营的损益部分，而是作为一个独立的利润中心进行独立核算。同时，附属权贸易也是一种无保证的收益来源，一般不会成为图书出版经营收入的首要来源，当然，对附属权的成功经营可能给著作权资产带来更大的利润和收益。

（2）图书著作权主权利收益分析。

①出版文字作品报酬相关规定。在评估实践中，如果著作权所有人和使用者达成一致协议，可以按照国家报酬标准计算文字作品的价值。根据 1999 年 4 月 5 日国家版权局发布的《出版文字报酬规定》第三条，出版文字作品，著作权人按规定向出版方收取报酬，支付的方式包括三种：基本稿酬加印数稿酬，或版税，或一次性付酬。

基本稿酬加印数稿酬方式是指出版者按作品的字数，以千字为单位向作者支付一定报酬（即基本稿酬），再根据图书的印数，以千册为单位按基本稿酬的一定比例向著作权人支付报酬（即印数稿酬）。作品重印时只付印数稿酬，不再付基本稿酬。

版税的方式指出版者以图书定价 × 发行数 × 版税率的方式向作者付酬，其中，原创作品版税率为 3%~10%，演绎作品版税率为 1%~3%。

一次性付酬方式是指出版者按作品的质量、篇幅、经济价值等情况计算出报酬，并一次性向作者付清。

不同类型的图书作品适合不同的报酬支付方式。一般而言，篇幅较长的作品，较多使用版税支付方式，篇幅较短的作品，较多使用基本稿酬加印数稿酬支付方式或一次性支付方式，如规定中要求报刊刊载作品只适用一次性付酬方式。

随着市场经济的发展，使用稿酬方式计算著作权人的收益，进而估算图书著作权的价值，该方式也遇到了一些问题，如稿酬是否能够合理体现著作权的价值问题。著作权的价值在一定程度上取决于其包涵的内容价值，如小说、散文等作品，稿酬方式只是按照字数多少或者著作权税率大小来衡量作品的价值，有时可能会出现评估结果和市场行情以及作品本身相脱节的现象，不能如实体现图书著作权的价值。

②教材出版物的定价限制。教材作为图书著作权收益的重要组成部分，同时作为特殊的图书，其定价受到政府的严格监管和限制。根据《出版文字报酬规定》第四条，通过行政手段大量印刷发行的九年义务教育教材、国家规划教材、法律法规汇编、学习或考试指定用书等作品，不适用版税付酬方式。第八条规定九年义务教育教材的印数稿酬是，年累计中数超过 10 万册的，对超过部分按基本稿酬的 0.2% 支付；通过行政手段大量印刷发行的国家规划教材、法律法规汇编、学习或考试指定用书等作品，年累计超过 10 万册的，对超出部分按基本稿酬的 0.3% 支付。

根据《中小学教材价格管理办法》（计价格［2001］945 号），中小学教材零售价格由省级人民政府价格主管部门会同新闻出版行政部门，根据国家规定的印张指导价和教材的印张数量、封面价格、插页价格以及出版发行环节的增值税确定，即：

教材零售价格 =（印张单价 × 印张数量 + 封面价格 + 插页价格 × 插页数量）×（1 + 增值税率）

其中，印张单价实行政府指导价，由国家发改委同原新闻出版总署规定印张中准价和浮动幅度。另外，根据《关于中小学教材发行费用标准的通知》（新出发［2006］489 号），国家和省级教育行政部门审定颁布的《中小学教学用书目录》中的教材，全国实行统一的发行费用标准，即黑白版（含双色版）30%、彩色版 28%。根据《中小学教材出版招标投标试点实施办法（修订）》，对于中小学教材出版发行实施招投标试点的 11 个省（市），中小学教材的零售价格通过招投标确定，但中标价格不得高于省级价格主管部门规定的价格上限；教材出版单位应将出版发行招标投标后形成的教材零售价格，报送省级价格主管部门审核。

③部分图书著作权收益的季节性、地域性特征。和国内的教育实情相联系，图书出版物中，教材及同步教辅的收益具有季节性和区域性特征。

由于教材教辅目前在全国图书市场所占份额较大，而教材及同步教辅均在每学期开学时供应，高度集中于每年的春、秋两季，从而在很大程度上导致图书市场销售收入具有季节性波动的特征。

另外，实践证明，那些在内容上更为开放的助学读物，如果具备一定的独创性，则很有可能得到港台乃至国外出版社的青睐。由于教材及同步教辅著作权面向的更多是国内的学生，因此，在著作权贸易中，教材及教辅不太具备著作权输出的可能性，其著作权输出价值较小，从而导致部分图书著作权具有较强的地域性特征。

④图书著作权的税收优惠政策。出版企业作为文化企业，在企业所得税、增值税等税收方面享有一定的优惠政策。这些政策随着国家产业发展政策也在不断变化，著作权资产价值的评估，需要随时关注这些政策。

(3) 图书著作权附属权收益分析。受宏观经济发展环境的影响，近几年国内图书著作权的收益呈现出多元化的分布特征，电子出版物的出版种类和数量出现稳步上升的趋势，在总的出版物数量中比重上升。

随着国内出版业的发展、国际著作权贸易的日益兴盛和国际文化交流的日趋频繁，附属权的概念和作用日渐为国内出版业的专家学者们所接受和重视，附属权贸易的形式和种类呈现出快速增长的势头，附属权贸易呈现出高附加值和高利润的特点。著作权贸易本质上是把作品的创作、开发、利用当作一种经济活动，用价值规律来规范其发展并实现其经济价值。其中，作品的创作过程被视为产品生产过程，而利用作品的方式则是产品进入流通销售领域后实现其经济价值的途径。附属权的经营也正是把作品的附属权作为一种经营资本，进行策划、开发、管理和交易。而图书作品这种特有的“产品”作为一种精神文化的成果，又有与其他的物质形态的产品的不同之处，图书本身只是作品的载体而非作品本身。因此，作品的价值并不会因为图书的破损而递减，相反，作品以新的载体的方式不断被开发制造出来，不仅不会产生任何损耗，反而会因此而延长作品的生命力，从而无限度地创造出更多的价值。

影响图书出版附属权收益的因素有：出版社的附属权经营意识和经营能力、著作权保护力度、出版业管理体制和管理方式、互联网的发展等因素。

3. 图书著作权成本分析

图书著作权的成本体现为著作权创作过程中发生的成本，包括人力、物力和财力的付出。在衡量著作权的成本时，需要考虑的人力成本涉及更深层面、更为复杂的因素，如作者的精神层面的付出、个人文化的积淀等。

首先，图书著作权的价值主要来源于其中包涵的文化创意的价值。在计量著作权的成本时，除了考虑相关的研发费用支出以外，还应考虑是否需要将作者的文化创意的成本涵盖其中。一方面，由于文化创意来自于人脑的智慧或艺术的表达，其成本考量相对很难，如图书著作权、艺术品著作权等，作者的付出可能不只是时间精力的付出，还有更深层面的东西，如历史文化积淀、风土人情元素、民族文化精华等，可能涉及超越个人、超越时空的问题，将文化和成本联系在一起就显得比较抽象。另一方面，如果这些因素都无法也不计入成本的话，就可能难以真正体现文化创意对知识产权的价值影响。

其次，随着知识经济的发展，一种文化产品上市走红后，市场上跟着就会出现多种类型著作权的衍生交易。图书著作权具有较强的衍生性，从核心著作权中衍生的其他类型的著作权，可能发生的成本并不高，但却具有很高的价值，在衡量这部分衍生著作权的成本时，如果只是根据取得著作权的成本估算，可能无法体现著作权的价值。由于现行的著作权法律体系保护的是著作权作品的形式而非创意本身，因此，一种文化创意的演绎和衍生以另一种新的形式出现，同样受到法律的保护。在估算该衍生著作权的成本时，如果考虑其所参考或借用的著作权的创作成本，也不具有可行性。

对于出版商而言，除了支付给著作权所有人一定的稿酬之外，还需要付出相关的生产成本，包括纸张成本、印刷成本、装订成本、包装成本、管理成本等。在我国，图书的生产成本约为定价码洋的40%~50%，一般销售给发行商的折扣为60%~70%，出版行业的平均利润率一般为15%~25%，其中出版环节占全行业利润额的70%以上。出版物发行业的毛利润率一般在25%~35%之间。随着未来出版物发行市场化程度的提高，有可能降低行业的平均利润水平。

随着互联网的普及和电子书市场的发展，数字出版行业逐渐兴起。如今一个重要问题是电子图书著作权的成本问题。目前国内电子书商普遍面临电子书著作权费用过高的问题，由此引发的盗版现象较多，关于此方面的纠纷也很常见。由于国内外的知识产权意识存在差异，体现在数字著作权的成本上有所不同。在美国和欧盟国家，电子书刊和杂志基本上都获得了著作权人的许可，读者阅读这些内容基本上都需要付费。国外目前主要是采用按字量（或称为流量）和按时间（类如包月或包年）两大收费方式。缴费模式主要采用银行卡缴费。目前，国内网站上的电子书刊和杂志内容盗版远远多于正版，盗版内容由于没有著作权成本，因此基本都是免费阅读。依靠这些盗版的免费著作权内容，网站可能获取到相当大的插入广告现金流收入，藉此获得收益。盗版现象猖獗的背后是电子书著作权成本高的问题，由于电子书收益具有不确定性，很多著作权所有者对其电子书的出售不是十分积极，并且要价通常很高。对于电子书商而言，获得内容著作权的电子图书著作权成本不断上升。根据目前的行情分析，平均一本电子书的著作权费为1万元[①]，这样算来，相比纸书市场，电子书著作权成本非常高，而其收益又具有极大的不确定性，导致著作权盗版现象严重。

电子书商购得内容著作权后，除了缴纳著作权费后，还会发生其他的相关成本，包括数据加工成本、防盗版成本、终端适配成本等，这些成本给电子书商带来很大的经营压力。目前体系尚不成熟，尚未形成合理的利益分配机制，电子书的成本也还没有合理的核算体系。

相比纸质书，电子书不存在硬性成本，如纸张、印刷、仓储、物流等。因此，电子书的成本控制在很大程度上取决于著作权费的降低，如果能够实现这点，电子书可以通过早期开发和运营，加快拓展电子书阅读群体，形成较大阅读规模，从而实现较低边际成本和盈亏平衡点。

4. 图书著作权风险分析

（1）数字出版技术带来的风险。随着计算机、互联网和通信技术的飞速发展，在以数字技术和互联网传播为代表的信息时代，从内容生产到加工制作，再到传播保存，以数字技术手段参与出版所有环节而产生的一种全新的出版业态——数字出版应运而生，出现了电子书、互联网出版、博客、按需印刷和网上销售等多种新型出版形态以及手机小说、手机新闻、手机报纸等新型数字媒体形

① 凤凰网：http：//tech. ifeng. com/it/detail_ 2011_ 03/24/5346424_ 0. shtml。

式。数字出版技术的日渐普及和应用，也改变了传统出版物的生产方式、运作流程和消费理念。虽然从目前来看，数字出版由于受制于阅读习惯、终端数量、消费者数量、防盗版技术等因素，短期内对传统出版的替代作用并不十分明显，而且随着数字出版对传统出版的不断改造，两种不同的业态呈现出相互促进并在不断融合中共同发展的格局。但从长远来看，如果传统的图书出版企业不能迅速吸收和应用先进的数字技术，大力发展以数字化内容、数字化生产和网络化传播为主要特征的新媒体，著作权的价值在未来的市场竞争中将会越来越多地受到来自数字出版媒体的冲击。数字出版媒体中的著作权价值由于目前尚未形成合理的收益分配机制和成本核算体系，因此，数字图书著作权的价值也仍然处在不稳定和不明确的探索阶段。数字出版技术的发展也给电子图书著作权的价值带来了不稳定性因素。

（2）著作权保护风险。现行的著作权法律保护的是著作权的形式，而非内容，对于形成著作权的创意和思想并不予以保护，这就导致了侵权行为的增加，在发生相关侵权诉讼时，对于著作权资产价值的认定存在困难，给著作权的所有者带来较大损失。

近年来，政府有关部门制定了诸多打击非法出版行为、规范出版物市场秩序的法律、法规和政策，在保护著作权方面取得了明显的成效。但是由于图书著作权的抽象性和复杂性，著作权保护是一个长期的工作。纸质图书著作权和电子图书著作权仍然面临被盗版的风险，对其价值形成一定的威胁。

（3）出版和发行市场不规范的风险。出版发行市场竞争不规范的问题时有发生，除了较多的侵权盗版现象以外，还有少数出版发行单位盲目降低定价、提高销售折扣，采取不正当竞争和商业贿赂等手段扰乱图书市场秩序，导致其他图书著作权的收益和价值受到负面影响。

（4）选题定位和读者需求风险。图书选题内容是否可行、是否具有一定的文化价值及市场价值、是否为市场和广大读者需要、喜爱，是该图书是否能够适销、畅销及盈利的关键。图书选题的定位如果不符合市场形势、内容不能被市场接受和认可，可能导致出版商的经营风险，从而阻碍著作权资产价值的目标实现。图书著作权最终的价值是面向读者的需求，读者的阅读偏好和需求也是处在不断变化中，不同类型的作品针对不同读者群体，同种类型的作品也会体现读者不同的阅读品位。经典作品、通俗作品、畅销书的销售特点不同，在销售时间、收益和风险上存在差异。目前国内图书市场上，大部分的图书上市后，2~3年内基本上达到销售顶峰，随后逐渐退出市场。图书作品能够经受时间和市场的考验，必然成为图书市场的赢家。长期热销的经典作品，是对作品著作权价值的最好认定。

（二）电影著作权资产价值的影响因素分析

1. 电影著作权市场分析

目前国内的电影制作企业包括国有制作机构和民营电影机构。国有电影制作企业主要有中国电影集团公司、上海电影集团公司等，民营电影企业则主要有华谊兄弟、北京保利博纳电影发行有限公司等。

目前国产电影市场中，每年电影制作数量较多，但是高质量的电影供给则短缺，电影市场的有效需求难以得到满足。随着电影数量逐年增多，国产电影的市场价值呈现与总体影片数量显著差异的特征，高票房收入影片基本集中在少数几家电影公司，而其余大多数的电影公司目前尚不具备出品高票房收入影片的能力，高质量的电影供给不足。2003~2011年，国产影片数量增长近3倍，突破了550部大关，但已上映的影片却较少，2011年仅为179部（图3.3）。2007~2011年，国产电影票房收入前十名影片中的80%共计24部电影被包括华谊传媒在内的少数几家电影公司所包揽。目前中国国产影片较大的产量与有限的上映数量差距较大。由于电影著作权的价值和电影的质量密切相关，包括电影的文化科技内涵、内容创意、制作水平等，高质量的电影可以带来影院、观众和电影投资制作方的良性循环，从而保证电影著作权价值的实现。

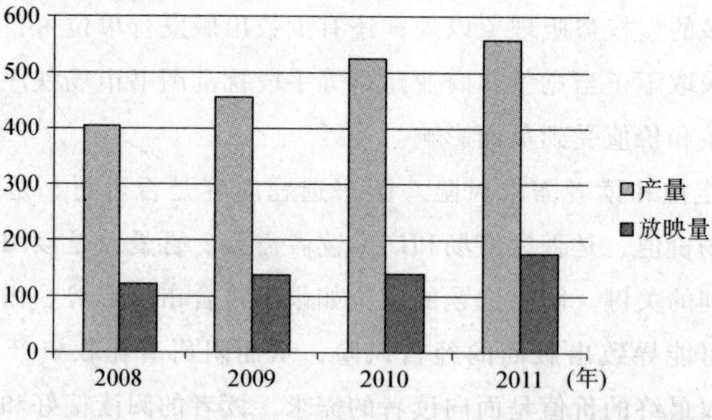

图3.3　2008－2011年国产电影制作与放映数量

随着我国文化体制改革的不断深入，电影市场的开放程度也在不断提高。目前，民营电影企业的整体发展水平已经与国有电影企业不相上下，加上国家对外资政策限制的逐步放宽，电影市场将会有更多的新竞争主体进入，现有的电影市场竞争格局将会发生一定程度的改变，从而有可能降低行业的平均利润水平。但与此同时，随着我国电影整体市场环境的不断改善和日趋成熟，市场资源向大型电影企业倾斜的趋势也将更为明显，这使得具有资金、人才优势的大型电影企业的盈利能力在竞争加剧的市场环境中仍能在较长时间内保持较高水平。而且，国内电影市场对高质量国产大片的需求仍将长期旺盛，国产大片将具备良好的票房前景，优质国产电影著作权的价值也会得到提升。

2. 电影著作权资产的收益分析

电影作品总体可以分为故事片和纪录片两大类。不同类型的电影作品销售类型不同，取得收益的途径不同。故事片的著作权收益更多体现为票房收入的分成，纪录片则是通过电视、互联网、空中媒体、音像制品等媒体或方式取得销售著作权收益。不同类型的电影作品所产生的衍生品收益也有所差异。如动画电影可以获得较多的玩具、广告等衍生收益。另外，不同的电影类型中，商业电影的主要收益来自于票房收入，而对于一些非商业的电影，其收益途径有所差异。在欧洲，艺术类电影有其单独的发行和放映渠道，如法国有名的“MK2”艺术院线，并且欧洲各国对于艺术类电影提供了充足的政府政策和资金支持，以完善艺术类电影的收益渠道。

目前，国内电影收益渠道主要采用“院线＋电影院”的方式，其主要销售收入来自票房收入（其中，院线创造了约八成的电影票房收入，是全国票房收入的主要来源）。因此，著作权收益绝大部分来源于电影票房收入。除此之外，电影著作权可以通过著作权销售活动，如向电视台销售电影的播映权、销售电影的海外放映权、向航空等新媒体销售播映权、向传统互联网和移动互联网等销售著作权等取得销售收益。随着大量视频网站的成功上市，购买电影著作权、构建视频内容资源库已成为其募集资金的重要投向，从而进一步扩展了电影著作权的收益渠道。

另外，电影著作权还可以从相关衍生品，如广告、主题公园、消费产品冠名权等中获取收益。目前我国存在的比较突出的盗版问题，导致影片放映后音像著作权等其他后续销售收入较少。

电影在制作、发行和放映的流程中，涉及电影著作权的摄制权、发行权、放映权等诸多权利。这些权利的价值在很大程度上取决于各项权利主体的收益，票房收入在制片、发行、院线和影院之间的分账在实践中存在一定的原则。2008年12月19日广电总局电影局发布的《关于调整国产影片分账比例的指导性意见》（（2008）影字866号），对国产影片的分账比例提出了三点指导意见：第一，制片方原则上不低于43%，影院一般不超过50%；第二，与院线公司资产联结的影院，在保证制片方分账比例的前提下，分账比例可与所在院线公司协商解决；第三，以买断方式进入市场的国产影片，可根据实际情况协商确定院线公司与影院的分账比例。目前，在我国的监管政策下，电影发行和影院放映两个流程之间必须通过一个特殊且必备的环节——院线（我国院线均分布在国内主要的大中型城市）进行衔接，不能够直接进行合作。因此，在这样的制度安排下电影的销售模式表现为：电影发行公司与院线公司达成委托协议，委托院线对影片进行排片放映，院线公司则根据旗下所属影院的情况对影片的放映进行统一的安排和管理。目前，国内电影发行公司、院线以及影院通常按照40:10:50的比例对影片票房收入进行分配①。例如，2009年华谊兄弟公司根据该指导意见与国内院线达成放映协议，将其制作的分账影片票房收入按照比例进行分配，分配比例如表3.2所示。

表3.2　　票房收入分配比例

	制片	发行	院线	影院
国产片	43%		7%	50%
进口片	35%	17%	48%	

资料来源：《华谊兄弟招股说明书》。

由于电影作为文化消费产品的特殊性和消费者的习惯，电影销售收益具有季节性、区域性和周期性的特征。

季节性：经过十年的发展，我国电影档期的概念日渐成熟，目前形成以春节档、五一档、暑期档、国庆档和贺岁档这五大档期为主，以情人节、清明节和端午节等几个小档期为辅的格局。

① 《华谊兄弟招股说明书》，根据行业惯例、公司实际经营数据及《国家广电总局电影局关于调整国产影片分账比例的指导性意见》（［2008］影字866号）整理而得。

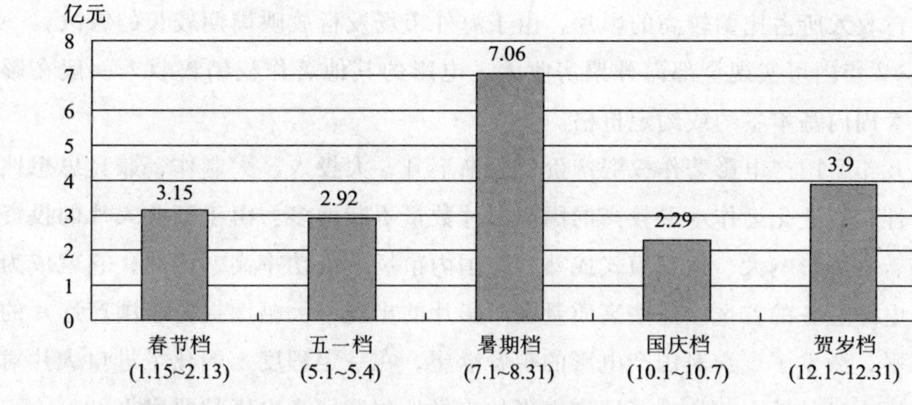

图 3.4　2008 年票房过亿的影片在五大档期的票房分布情况图

资料来源：太平洋电影网。

区域性：全国大部分电影院线集中在北京、上海、广东等发达省市的院线，其他地区相对较少。

周期性：电影产业与国民经济发展和人均 GDP 的增长水平直接相关，同时，在经济衰退时期，具有较强的弹性和抗衰退性，可能会出现逆势增长的趋势。

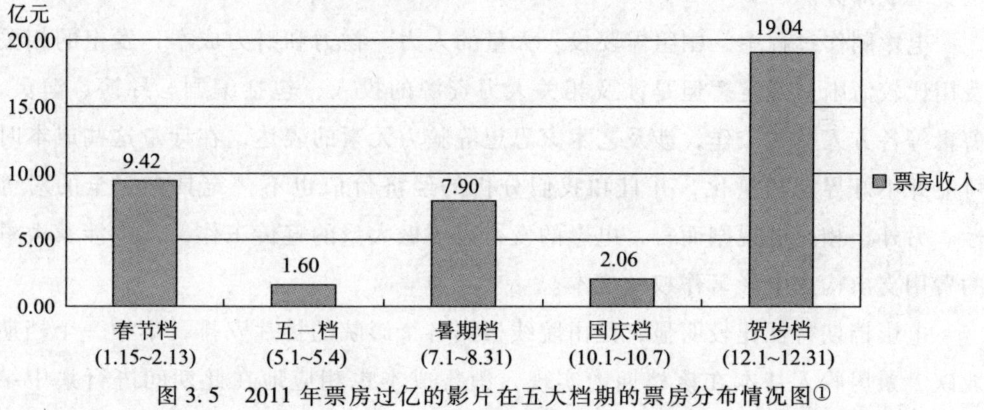

图 3.5　2011 年票房过亿的影片在五大档期的票房分布情况图①

从电影的收益期限来看，其收入实现周期相对电视剧而言很短，影片的票房收入一般在电影公映后数周内的强档期就基本实现，目前国内发行放映为主的影片，主要档期通常仅为 3 ~ 6 周，基本可以实现 90% 以上的票房收入。对于少数

① 数据来源：中国电影家协会产业研究中心，《中国电影产业研究报告》，中国电影出版社 2012 年版。

国外发行收入所占比例较高的影片，由于海外市场发行放映周期较长的缘故，一般在1~2年内可实现全部海外票房收入。电影的其他著作权销售收入一般在影片上映5周内基本签约或约定价格。

近几年，国产电影著作权资产价值逐渐上升，大投入、大制作，兼具思想性和艺术性、商业化运作水平较高的国产影片数量不断增多。由于商业大片的投资回报高、市场影响大、运作模式成熟，在国内市场上成功率高，因此，它就成为了公司电影业务的首选。这些高质量国产影片的出现，大幅度提升了国产影片的整体水平，激发了观众对国产电影的观看欲望，在一定程度上弱化了进口大片对国内电影市场的冲击，提升了国产电影的市场地位和国产电影的票房收入。

3. 电影著作权成本分析

电影著作权的形成贯穿于电影拍摄的商业流程中，包括前期筹划融资、拍摄制作、宣传发行和上映阶段，在这个过程中所有和著作权形成有关的费用支出都应纳入到著作权成本的计量中。其中，剧组是电影业务流程中拍摄环节的具体执行者。剧组所发生的费用构成电影业务营业成本的主要部分，也是著作权成本的重要组成部分。

电影制作过程中，剧组需要投入大量的人力、物力和财力成本，发生的相关费用比较清晰易确定。但是涉及相关人力资源的投入，包括编剧、导演、演员、剪辑等各方人员的工作，涉及艺术家思想等脑力元素的表达，在计量这些成本时可能并不好界定和量化，并且和我们分析的经济价值也不一定具有完全的对等性。另外，相比电视剧而言，电影的发行需要做大量的宣传工作，其中涉及大量的费用支出构成电影著作权的成本。

电影档期特征比较明显，是由院线根据各个影院的排片安排，集中一个档期放映，票房收入基本在该档期内实现，销售成本也相应地在此期间进行集中结转。鉴于电影销售收入实现和销售成本结转的特殊性，财政部颁布的《电影企业会计核算办法》也作出了相应规定："影片应在符合收入确认条件之日起（即取得电影片公映许可证）不超过24个月的期间内全部结转销售成本。如果公司拥有影片著作权，则仅象征性地保留一元面值计入存货的库存商品科目。"

4. 电影著作权风险分析

（1）市场风险。根据前面关于电影市场形势的分析，国内的电影市场呈现"有效供应短缺，需求难以满足"的供求关系特点。每年拍摄的电影数量很多，但是高质量的电影较少，高票房电影相对集中在少数几家电影公司。很多商业大片投入成本较多，但是未必能够取得较好的收益。加上随着国内电影市场竞争主体的增多，导致电影从前期准备到拍摄、制作、发行和放映等过程中面临较大的风险，电影著作权的价值实现具有不确定性。

电影市场的票房收入很大程度上取决于消费者的需求。国内电影市场呈现出明显的季节性特征。近几年随着国内电影数量的增多，很多电影出现竞争相同档期的局面，如每年的贺岁片相继上映。虽然各家公司通过前期的作势和宣传，取得了不菲的票房收入，实现了良好的"共赢"。但是随着竞争的加剧，消费者在电影类别的选择方面，会面临更多的困惑和冲突。电影市场能否继续容纳更多的电影产量也仍待验证，如果更多的影片竞争相同的档期，将不可避免地出现上映日期难以协调、观影人群分流的竞争新局面。

（2）盗版侵权风险。电影侵权盗版现象在世界范围内屡禁不止，特别是随着 VCD/DVD 技术、网络传播技术的发展，更有愈演愈烈的趋势。电影作品刚上市，就有盗版产品在市面上出现。盗版产品由于价格低廉、购买方便，具有较高的性价比，成为了一部分消费者的消费首选，导致电影市场失去部分观众，电影票房收入和音像著作权收入遭到分流，给电影的制作发行单位带来了极大的经济损失，造成了我国影视行业持续发展动力不足、原创缺乏等一系列问题。政府有关部门近年来通过逐步完善知识产权保护体系、加强打击盗版执法力度、降低电影票价等措施，在保护知识产权方面取得了明显的成效。同时，电影公司也逐渐采取一些保护著作权措施，包括签订严密的著作权合同，明确责任，预防著作权侵权风险；采取反盗版技术、组织专门队伍打击盗版活动等。上述措施，在一定程度上减少了电影著作权的盗版行为，但由于打击盗版侵权、规范市场秩序是一个长期的过程，电影著作权在一定时期内仍将面临盗版侵权的风险。

（3）产业政策风险。电影作为文化消费产品，具有意识形态的特殊属性，受到国家法律、法规及政策的严格监管。根据 2002 年 2 月 1 日起实施的《电影管理条例》（中华人民共和国国务院令第 342 号）和 2004 年 11 月 10 日起实施的《电影企业经营资格准入暂行规定》（原国家广播电影电视总局、中华人民共和国商务部令第 43 号），国家对电影制作、发行、放映、进出口经营资格实行许可制度。持有《摄制电影许可证》或《摄制电影许可证（单片）》者方可制作电影，电影发行单位必须持有《电影发行经营许可证》。进口电影业务由国务院广播电影电视行政部门指定电影进口经营单位经营，未经指定，任何单位或者个人不得经营电影进口业务。

同时，电影作品还有内容审查风险，不符合相关条例规定的电影作品，不能取得相关的电影著作权，如拍摄权、发行权、放映权等权利。根据《电影管理条例》和《电影剧本（梗概）备案、电影片管理规定》，国家实行电影剧本（梗概）备案和电影片审查制度，未经备案的电影剧本（梗概）不得拍摄，未经审查通过的电影片不得发行、放映、进口、出口。原国家广电总局电影审查委员会具体负责许可审查，发放《电影片公映许可证》。对于已经取得《电影片公映许可证》的电影片，上级行政主管部门在特殊情况下可以作出停止发行、放映或者经修改后方可发行、放映的决定；对决定经修改后方可发行、放映的电影片，著作权人拒绝修改的，由上级行政主管部门决定停止发行、放映，电影发行、放映公司应当执行。根据上述规定，电影如果最终未获备案通过，剧本将作报废处理；已经摄制完成，经审查、修改、审查后最终未获通过的，该电影作品将必须作报废处理；如果取得《电影片公映许可证》或《电视剧发行许可证》后被禁止发行或放（播）映的，该作品将作报废处理，同时电影公司还可能将遭受行政处罚。

（三）电视剧著作权资产价值影响因素分析

1. 电视剧著作权市场分析

以电视剧总产量来看，近年来电视剧市场一直整体供大于求。但从电视剧质量来看，符合观众品味需求的精品电视剧却供不应求。每年约有20%的电视剧在摄制完成后因为电视剧的质量、题材等原因导致没有电视台采购而被市场淘汰，另有约30%的电视剧只能在收视率较低的播出时段播出，且销售价格较低。一般而言，电视台往往更青睐精品电视剧，宁愿重播过往的精品电视剧也不愿采购低质量的新剧，导致一些精品电视剧的重播率较高。

随着国内电视台的增多，海外市场的拓展以及网络点播、IPTV、手机电视、移动电视等新媒体播放平台的增加，市场对电视剧的需求正逐渐增加，电视剧交易数量增多。

目前国内电视剧制作机构包括国有制作机构和民营制作机构，其中国有制作机构包括军队系统、出版系统、广电系统和部委系统。广电系统包括电视台、广电集团和电影制片厂。中国的电视剧市场开放比较晚，电视剧国有制作机构队

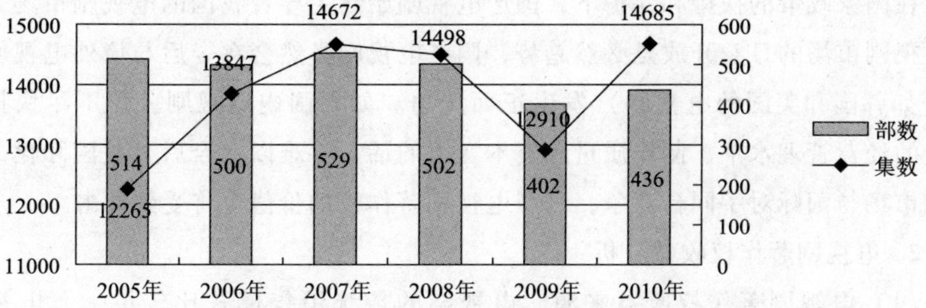

图 3.6　2005－2010 年国产电视剧制作情况

资料来源：根据原国家广电总局网站公布数据整理。

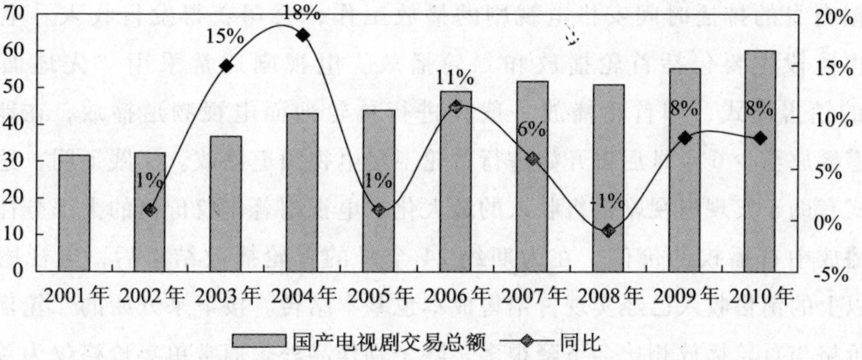

图 3.7　2001－2010 年国产电视剧交易总额

资料来源：根据原国家广电总局数据整理。

伍起步较早，国有制作机构相对民营制作机构，实力强大；民营制作机构起步较迟，但由于民营机构市场适应能力强，近年来发展势头强劲，也出现了一批实力较强、品牌形象较好的电视剧制作公司，如华谊兄弟传媒股份有限公司、北京海润影视集团有限公司及华策影视等。目前我国用于电视剧拍摄的资金有 60% 多来自社会，其中民营制作机构参与或独立制作的电视剧已占据了八成的市场份额。

由于电视剧投资规模和成本较小，行业准入门槛较低，企业数量众多，市场集中度较低，竞争比较充分，因此单个企业市场占有率较低，企业之间的实力差距较大。企业只有不断推出优秀的电视剧作品才能逐步建立企业的市场竞争力，推出广受欢迎的高品质电视剧作品在很大程度上反映了电视剧制作企业的经营实力、行业地位和市场影响力。

在国家政策的扶持和保护下，国产电视剧始终主导着我国的电视剧市场，但是电视剧市场的日益开放是必然趋势，国产电视剧必然会在今后与境外电视剧作品（如韩国和美国的电视剧）发生正面竞争。如果国内电视剧公司不尽快提高自身的经营管理水平、制作质量和资本实力的话，将难以在今后日益国际化的电视剧市场与国际对手同台竞争，国产电视剧著作权的价值也将受到冲击。

2. 电视剧著作权收益分析

（1）电视剧著作权收益来源。电视剧的传统销售模式比较单一，电视台作为电视剧的播放渠道和载体，是电视剧销售收入的主要来源。电视剧制作机构取得电视剧发行许可证后将电视剧的播放权出售给电视台，然后由电视台根据自身的排播时间安排电视剧的播放工作，公司获得发行收入。电视剧的销售阶段主要包括首轮播放和二轮播放。电视剧通常采用“先地面后卫星”的销售模式，即首轮播放一般先进行首轮地面电视频道播放，在地面电视频道播放至少6个月后再开始进行首轮卫星电视频道播放。实践证明，这种销售模式有助于实现电视剧销售收入的最大化。电视剧著作权价值的大部分体现为首轮播放中首播权的价值。在为期约24个月的首轮播放结束后，电视剧作品90%以上的销售收入已经实现，销售成本也基本结转。接下来开始的二轮播放的销售价格与首轮播放相比会下降很多，除个别作品外，通常单集价格仅为首轮播放的5%~10%。

电视剧制作业与电视台之间是相互促进的关系：电视剧是电视台播出比重和收视比重最高的节目，优秀的电视剧作品能够提高电视台收视率，增加电视台的广告收入；电视台广告收入的增加以及电视台对电视剧播出力度的加大，会提高对优质电视剧作品的采购数量和采购金额，从而推动投资制作方加大电视剧投入，出品高质量的电视剧。目前，电视剧占电视节目播放的44%左右的份额，电视台之间对优质电视剧资源的争夺日益激烈。电视台通过购买独播（独家播放权）、首播（首家播放权）和重播权的方式尽可能地掌握精品电视剧资源，这必然会推动优质电视剧价格的提升，对电视剧制作行业整体水平的提高具有积极影响。

同时，企业还可以将电视剧音像制品的著作权转让给音像公司，取得相应的著作权转让收入，并通过网络点播、IPTV、手机电视、移动电视等授权方式取得新媒体播放权收入。近几年，随着盗版技术的进步，电视剧的音像著作权收入受到盗版的冲击影响较大，尽管国家和电视剧企业一起在打击盗版方面做出了很多努力，但目前盗版现象依旧十分猖獗，这直接导致电视剧作品的音像市场逐步萎缩，音像著作权收入占电视剧销售收入的比重较低。

另外，企业通过开发电视剧相关衍生产品可以获得相关收入，包括公关活动广告（商家赞助）、植入性广告、电视图书出版等。

（2）电视剧发行价格分析。电视剧发行价格受电视剧的投资成本、电视剧质量、播出时间等因素影响。黄金时段播出的高质量精品剧的毛利率水平高于平均水平，而非黄金时段播出的电视剧的毛利率则低于平均水平或不能盈利。在制作成本不断提高的背景下，包括华谊传媒在内的业内领先企业正通过提高电视剧质量和创新销售模式来不断提高电视剧销售价格以保证利润水平。目前华谊传媒出品的优秀电视剧的单集销售价格最高已达到近160万元/集的市场高位。优秀的电视剧有助于电视台提高收视率和广告收入，因此相对来说精品剧与电视台的议价能力较强。但是对于质量一般的电视剧作品来说，由于其议价能力较弱只能被动接受相对较低的采购价格。因此，电视剧制作质量的差异化必将导致不同档次的电视剧企业之间利润水平的差异化。

电视剧著作权的一个重要特征是超额收益性，拥有某项电视剧著作权可以给其所有者带来溢价收入。电视剧著作权所含的内容和创意是决定其价值的一个重要因素，如果观众喜欢该电视剧，能使相关的电视台收视率、重播率、音像著作权销售以及衍生品销售取得更多的著作权收入。

预测电视剧行业收入时，可以采用计划收入比例法，即：

预测总收入=已签订销售发行合同金额+尚未签订销售合同但根据意向估计的收入

（3）电视剧收益特征。研究电视剧著作权的收益特征，需要关注电视剧行业的发展特征，目前国内电视剧行业的发展呈现出区域性的特征。我国的电视剧制作公司大多分布在华北、华东和华南地区，而这三个地区的核心省市——北京、上海和广东更是集中了全国过半数的电视剧制作力量。

和电影不同，电视剧的季节性和周期性相对较不明显，电视剧制作行业的生产和销售受周期影响较小。同时，电视剧行业作为文化娱乐行业，其发展与国民经济发展和人均GDP的增长密切相关。

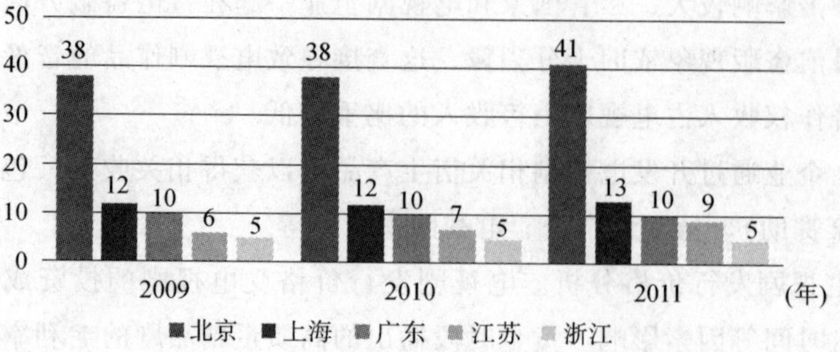

图 3.8　2009－2011 年中国部分省市电视剧制作力量分布（单位:%）

资料来源：根据原国家广电总局数据整理。

3. 电视剧著作权成本分析

电视剧的制作成本包括剧本创作成本、剧本采购成本、演职人员劳务成本、摄制耗材、道具、服装、化妆用品等的采购成本以及专用设施、设备和场景的经营租赁成本等。一般情况下，相对电影而言，电视剧投资规模较小，成本较低，一部片长为 30 集左右，单集成本在 20 万元左右的电视剧，总投资仅需 500 万～600 万元。从目前市场现状来看，现代剧的制作成本一般约在 40 万元/集，古装剧的制作成本相对较高，一般为 50 万～60 万元/集，而一些大制作电视剧投资额则超过 70 万～80 万元/集。

近几年，受物价水平和劳动力成本上升的影响，剧本费用、演职人员劳务报酬、场景、道具、租赁费用等电视剧相关制作费用不断提价，使得影视公司制作成本不断上升。由于电视剧市场竞争比较激烈、电视台具备较强的话语权，除少数精品大片电视剧能获得理想的发行价格外，多数普通电视剧的购片价格滞涨、甚至下跌。加上盗版的原因，电视剧的音像销售收入也难取得大的突破，影视制作公司向下转移电视剧制作成本存在一定的难度。许多影视公司为了制作高质量精品电视剧，以赢得高收视率，加大投入并延长制作周期。高质量的电视剧需要一流的演职人员从事摄制工作，需要高质量的摄影、服装、道具、置景等设施、设备以取得较好的摄制效果。另外，大量的特技效果越来越多地应用于电视剧制作之中，尤以大制作的战争、古装、动作等题材的电视剧为甚，不少大制作电视剧单集的特技效果费用已经达到了 10 万元的数量级。

目前，剧本创作或采购成本在电视剧的制作成本中所占比例较小，每集电视剧的编剧成本达到 5 万元的情形较少。一方面，电视剧制作方为了控制成本，尽量压低剧本的采购价格；另一方面，编剧为了保证自身的权益，希望剧本的创意和艺术元素得到经济价值的体现，双方为此展开议价。国内外的编剧行业都曾为此展开维权行动，要求提高电视剧的编剧价值。剧本作为一剧之本，其故事情节的设计和处理承担了电视制作过程中的重要角色，而且培养一个编剧的教育成本很高。据业内人士透露，目前国内能够得到高价稿酬保障的，只有少数几个金牌编剧。编剧名气而不是剧本质量决定了目前市场上的剧本价格，造成诸多不合理的价格落差，编剧的权益得不到合理体现和保障。

相比剧本成本，演员劳务成本在电视剧的制作成本中所占比例较高。一般情况下，演员劳务成本占电视剧的制作成本的30%左右。但是由于电视台的竞争激烈、电视剧作品的跟风现象，为了取得高收视率，制片方通常以高片酬吸引明星，造成片酬暴涨，一些一线演员的片酬高10万元/集左右。演员的劳务成本占电视剧的制作成本比例超过50%以上，大大增加了电视剧的制作成本。

电视剧是一种边际成本几乎为零的商品，一部电视剧制作完成后成本已经固定，超过成本部分的发行收入几乎是纯利润。所以，电视剧效益的最大化将需要发行方式上的多样性。

4. 电视剧著作权风险分析

电视剧著作权的风险因素分析大致和电影著作权的风险因素相同或类似，包括进入电视剧行业的壁垒，电视剧行业的竞争格局变化、编剧导演和演员等劳务人员的成本问题、电视剧内容的审查风险、消费者需求的动态变化等风险因素，在此不再详细说明。

（四）动漫著作权价值影响因素分析

动漫产业链主要包括漫画、动画、舞台剧、网络动漫、手机动漫等环节。漫画创作是产业的基础，影视动漫是产业的主体，动漫舞台剧是产业的延展和提升，网络动漫、手机动漫是产业的前锋。此外，还有与动漫形象有关的服装、玩具、文具、电子游戏等衍生产品。近些年，随着大众文艺娱乐日趋多元化以及数码特效技术的不断创新，动漫文化开始得以新的繁荣与飞跃，出现了FLASH动漫、三维动漫、全息动漫等崭新的动漫形式。

按照动漫形象加载平台的不同，动漫可被划分为电视动漫、电影动漫、网络动漫和手机动漫。电视动漫是指在电视频道上播映的动漫作品，包括虚拟形象动漫、真人实景动漫以及两者的结合体，如《喜羊羊与灰太狼》。电影动漫是指以动漫制作的电影，例如《喜羊羊与灰太狼之虎虎生威》。广义上，动漫电影除了可以通过电影院放映外，还可以通过剧场和DVD发售。手机动漫是将动漫元素融入MMS、WAP等各类移动增值产品，并兼容MFLASH动漫产品，通过移动运营商（中国移动、中国联通等）的手机终端将产品分发给消费者，通过电信运营商实现收费的一种电信增值服务。

1. 动漫著作权市场分析

从产业演进的角度分析，中国动漫产业还处于规模化发展阶段，此时动漫产业处于迅速的增长期，市场逐步扩大。行业进入者增加，产品大批量生产，行业格局竞争愈发激烈，逐步出现一定规模的大企业，但行业总体的集中度仍偏低。

近几年，随着国内宏观经济的发展，政府诸多支持动漫产业政策的出台，加上中国互联网技术、手机3G技术以及三维技术迅速发展，为国内动漫产业发展提供了较好的宏观环境、政策环境和技术环境，国内动漫市场无论从产量还是规模上都得到了较大程度的拓展。随着动漫片产量的增加，国内动漫市场规模不断拓展。

在中国的动漫市场作品构成体系中，目前日本动漫作品和美国动漫作品占据较大比例，日本动漫作品占60%左右，美国动漫作品占30%左右，国内原创动漫作品仅占约10%[①]，可见国产动漫尚具有较大的市场发展空间。

相比美国和日本的动画市场，中国动画市场的观众主体还不够广泛，动漫市场空间较为狭小，消费群体多偏向于4~13岁的儿童。由于动漫制作群体的主观选择和开拓青年动漫市场的风险较大等原因，目前国内适合13岁以上年龄的观众观看的动漫很少。实际上动漫能否适合每一个年龄段的消费群体，关键在于是否有适合读者群体需求的作品。因此，随着动漫产量和规模的增长，动漫产业的体系日趋成熟，未来可开发的成人动漫市场空间较大。另外，在国内的动漫市场需求体系中，城市人口所占比例较大。随着漫画市场的推广和漫画作品的普及，农村人口尤其是农村儿童阅读漫画作品、观看漫画影视以及相关漫画衍生品的现象将会越来越多，农村漫画市场将具有较大的开发空间。

动漫著作权通过动漫作品相关的影视、出版、游戏、玩具、服装衍生品交易，其价值得到多层次的体现，一方面，得益于国内动漫市场规模和产量的增

① 2008－2010年中国动漫行业市场调查及投资咨询报告，http：//www.askci.com/reports/2008－12/20081226145350.html。

加，但在更大程度上，著作权的价值取决于动漫作品的质量。优秀的动漫作品可以得到更多次的传播、放映和衍生交易，可以更广泛地开拓国际市场，从而更大程度地体现著作权的价值，如美国的动漫作品《海绵宝宝》10 年只制作了 100 多集，但每集的重播率都在 500 次以上。相比之下，尽管中国的动漫产量很大，但有相当一部分因播出渠道不畅而“胎死腹中”①。其实，中国不乏优秀的动画作品，如水墨动画《神笔马良》、《小蝌蚪找妈妈》、《大闹天宫》等，曾在国际动漫市场广受欢迎。相比一味模仿美国、日本的动漫作品风格，蕴含中国传统文化因素的动漫作品更能体现漫画作品的文化创意本质，也更能在著作权交易中体现出文化创意因素给动漫作品带来的高附加值。因此，中国动漫市场要取得发展，必须建立在突破原创瓶颈凸显中国文化元素的基础上。

2. 动漫著作权收益分析

动漫企业涉及动漫形象的制作、动漫电影电视剧的制作、动漫图书的出版、动漫衍生品的开发等环节，集合了诸多文化产业的特性，加上动漫产业在国内尚处在发展初期阶段，动漫企业的经济特性如高投入、高风险和高收益表现得更为明显。动漫企业对文化、科技和创意需求较高，加上消费者对象比较特殊，其营销周期较长，回收成本慢。动漫企业的赢利模式以创意为核心，通过动漫内容、策划与制作形成具有社会影响力的动漫品牌形象，并运用成熟的商业手段或利用外界产业资源开展著作权交易和衍生产品的形象授权等发展模式。根据市场机遇和资源整合力度的不同，文化产业化存在不同的发展模式，其中迪士尼搭建的全方位动漫产业链模式和皮克斯打造的精品模式最具代表性。

动漫著作权的价值不仅依赖于内容，而且依赖于形象，其收入的源泉不只在于源头产业的著作权收益，更在于后续产品和衍生产品的收益，著作权的价值受到技术、内容、发行传播情况以及衍生交易等众多因素的影响。从动漫形象到动漫衍生产品的过程实际上是著作权不断增值的过程。

（1）动漫项目的制作技术对收益的影响。动漫制作技术主要从两方面影响收益，一方面是动漫项目的制作成本，另一方面是动漫项目的著作权收入和补贴收入。三维电影制作成本较高，收益实现具有一定的难度和风险。具有较高制作技术如三维制作技术的动漫影视剧，能够给观众带来更为真实刺激或者美妙虚幻

① 国家动漫产业网：http：//www. dongman. gov. cn/publish/totalWebSite/news/news_ 14601. html。

的观感，从而吸引更多的观众，藉此获取更高的票房收入或者电视收视率水平。另外，制作技术对于动漫项目的政府补贴收入有重要影响，各地的政策有所差异，但综合来看，大部分地区针对三维动漫的补贴收入要高于二维动漫的补贴收入。

（2）动漫项目的发行传播情况对收益的影响。动漫电影产业链中，制片方负责动漫电影产品的生产，电影的发行和放映方负责产品的批发和零售。电影价值的实现需要制作、发行、放映三个环节的紧密结合，并最终使得电影与电影制作者所期望的消费者见面。因此，对一部动漫电影而言，发行和放映环节的重要性，并不亚于电影的制作。电影发行商是以独立于制作和放映的另外一个部门的形式发展起来的，相当于制片商和电影观众间的中间商（批发商）。发行商对电影的制作和放映过程均有不小的权利和参与度，主要负责电影在影院上映的有关事宜和日程安排，同时监督影院对电影的检查、财务和收入等状况。

目前来讲，动漫电影的发行可在以下渠道进行：影院（院线）、家庭录像（DVD）、付费/有线电视、电视台、网络以及其他非影院市场。以中国的情况来看，影院（院线）渠道仍是大部分发行公司获取利润的首要选择。中国主要的发行公司有中国电影集团公司、华夏电影发行有限责任公司、博纳国际影业集团、中影集团数字电影发展有限公司、上海东方影视发行有限责任公司、北京紫禁城三联影视发行有限公司、星美传媒、光线影业、华谊兄弟等数十家发行机构。实力强大的发行机构往往拥有更多成功发行影片的操作经验、强大的宣传能力以及对院线更大的影响力，对于影片的成功与否往往起到非常大的作用。

动漫电影著作权的收益部分取决于动漫电影的票房收入，但是目前的国产动漫电影制作成本高、票房收入不佳，收回成本难度较大。如 2010 年国产动漫电影中，除了《喜羊羊与灰太郎》取得了不错的票房之外，投资较高的《魔比斯环》只取得了 340 万票房。而同样是动画电影的好莱坞作品《爱丽丝梦游仙境》，则达到了 2.6 亿多元的票房；暑期上映的动画大片《驯龙高手》也突破了 1 亿元。这些好莱坞动画电影的表现，足以说明中国动画市场具有很强的开发潜力。

动漫电视剧的著作权中，播放权收入主要依靠电视台播放。同样，由于成本过高、营销时期长的特征，动漫电视剧在电视台的播放中，一般情况下制作方只能收回30%的投资额。

(3) 动漫项目的衍生开发情况对收益的影响。深化市场阶段，也就是如何开发衍生品市场，是动漫企业成败的关键。在动漫产业链中，衍生品市场是利润获得最大的一环，从动漫形象到衍生产品的过程实际上是著作权不断增值的过程。一部好的动漫本身就是一个品牌，透过品牌授权或自主开发，可以推出某一品牌的全系列商品，如以动漫为主题的服饰、文具、玩具、礼品、家用品等。网络生活成为主流后，各种虚拟商品如彩铃、电脑桌面、图标等也成为动漫衍生品的新市场。以日本为例，以动漫片主人公形象制成的玩偶以及装饰着动漫片图像的卡通商品每年就有2万亿日元的市场，而且这种衍生商品的开发可以不断地延续下去。动漫电影《变形金刚》的诞生及其玩具给孩之宝（Hasbro）带来了巨额收入。2007年第一部《变形金刚》电影带来7亿美元的全球票房收入的同时，也给该公司带来了4.8亿美元的玩具收入。国内首家上市的动漫公司奥飞动漫就是采用“动漫+玩具”的赢利模式，充分利用动漫价值创造竞争优势。目前国内相关的动漫衍生产品市场逐渐兴起，著作权意识得到增强，授权产品产出也逐渐增加。

(4) 动漫项目的营销执行对收益的影响。动漫电影和通常的电影一样，也可以通过制片、发行、营销机构联合在一起针对不同档期不同的观众群进行精准营销，“麦兜”与“喜羊羊”的成功充分证明了这点。如情人节，目标观众主要为年轻人、情侣、青年学生群体，电影宣传以情人节为卖点聚集人气，在此档期爱情类电影比较合适；而贺岁档、暑期档和国庆档，则是动漫电影上映的最佳时期，在此档期之前就针对目标观众进行系统的营销往往事半功倍。

(5) 动漫项目的营销成本对收益的影响。和影视剧制作过程类似，动漫项目在发行传播过程中需要进行大量的营销工作，通过加大动漫作品的宣传力度，最大程度地获取收益。

3. 动漫著作权成本分析

(1) 动漫创作者投入对成本的影响。一部漫画作品的诞生，离不开创作者的努力与才华。就动漫作品的创作而言，动漫作品的主要读者对象是青少年群体，对于这个群体的作品，内容上必须具有浓厚的可读性，能够深深吸引住他们，和读者产生情感上的共鸣。要做到这一点，作者需要考虑的因素很多，如选题内容、人物造型、情节发展节奏及包含的知识量等，作者需要探究读者群体的心理需求，结合自己的创作能力和才华，必要的时候，漫画创作者需要和出版社的漫画编辑进行沟通，以共同完成漫画的创作。漫画的创作者大都绘画水准较高，而其绘画能力的形成是需要大量的时间和教育成本的，这些都构成了形成漫画著作权的潜在的成本要素。

（2）动漫制作技术对成本的影响。不同制作技术的成本差异较大。目前中国的动漫影视所采用的制作技术各异，包括二维动漫（包括 Flash 技术等）、三维动漫以及“二维 + 三维”动漫。

二维与三维动漫的区别主要在采用不同的方法获得动漫中的景物运动效果。二维画面是平面上的画面，以纸张、照片或计算机屏幕显示，是在二维空间上模拟真实的三维空间效果，二维画面无论怎样看，画面的内容是不变的。而三维画面，画中景物有正面、侧面和反面，调整三维空间的视点，能够看到不同的内容。以 2009 年中国市场上出现的主要的电视动漫和动漫电影来划分，《喜羊羊与灰太狼》是采用的 flash 技术；2010 年中央电视台播出的电视动漫片《小牛向前冲》采用的是“二维 + 三维”的技术，其中三维部分应用在动漫片中的大的场景中，而且二维与三维的内容分别在不同的公司完成制作。

（3）收视习惯对动漫成本的影响。动漫电视的制作成本在很大程度上受收视习惯的影响。美国动漫产业在制作电视动漫项目时遵循以星期为单位的首播原则，26 集或 52 集是最经济的播出集数。26 集可以播出半年，52 集就可以播出一年。在播出期间，电视动漫的衍生产业得以从容地展开，动漫著作权的经济价值也从中得到很好地实现。日本动漫在学习美国经验的时候，根据本国的媒体环境，进一步形成了自己的特色，将制作成本压缩成了美国的 1/10。在国内情况有所不同，现阶段没有周播模式。受国内的收视习惯影响，动漫投资人必须大比例压缩成本，否则过高的动漫成本完全不符合现阶段的商业模式。

4. 动漫著作权风险分析

动漫产业涉及图书出版、电影制作、电视剧制作等多个产业的交叉，因此其风险因素综合了以上几个产业的风险因素，除此以外，还具有其独特的风险因素。

第一，动漫产业的文化创意属性十分明显，其产业的核心价值在于动漫作品的内涵价值，而一个动漫形象是否成功有很大的不确定性，很难通过事前的消费市场摸底、调研来充分把握。以往同类型动漫作品的成功也不一定能被再次复制。因此，创意的不确定性、消费者偏好的不确定性都会造成动漫公司盈利能力的波动，给动漫著作权价值的实现带来诸多不稳定因素。

第二，动漫行业还处在发展的起步阶段，相关企业在动漫形象制作、动漫作品销售等方面均会增加公司的运营成本，公司的收益具有较大的不稳定性。

三、著作权资产价值影响因素与评估参数的关系

上述价值影响因素，与收益法、市场法、成本法评估模型中的相关参数存在着内在联系。各种评估方法、模型得出评估结论的过程，就是“定性分析价值影响因素→确定价值影响因素与各参数的关系→量化价值影响因素到各项评估参数→得出评估结论”的过程。其中关键的步骤就是“确定价值影响因素与各参数的关系→量化价值影响因素到各项评估参数”。

（一）著作权资产价值影响因素与不同评估方法参数的关系分析

影响作品著作权价值的一般因素、特定因素具体体现在对不同方法参数的影响上，对不同参数的影响内容与程度也都存在差异（见表3.3），分析清楚差异对量化参数具有重要的意义。

表3.3　　不同方法、参数与价值影响因素关系分析

评估方法	评估参数	影响因素
收益法	收益额	法律、社会经济、著作权交易、著作权运营、市场、成本、风险
	折现率	市场、侵权盗版、产业政策
	收益期限	法律、市场、作品
市场法	市场价值	法律、社会经济、著作权交易、著作权运营、市场、成本、风险、作品
成本法	重置成本	著作权交易、市场、成本、作品
	各种贬值	法律、社会经济、著作权运营、市场、风险、作品

（二）著作权资产价值影响因素的量化方法

把定性分析的因素进行量化的方法有很多，常用方法包括多元回归法、层次分析法、德尔菲法等。

1. 多元回归法——多独立影响因素的量化

在实际经济问题中，一个变量往往受到多个变量的影响。例如，电影票房收入除了受电影作品内容影响外，还受诸如投资额度、宏观经济水平、放映档期等

多种因素的影响，表现在线性回归模型中的解释变量有多个。这样的模型被称为多元线性回归模型。该模型可以把影响电影票房收入的定性分析因素——外部因素（国家经济环境、国家宏观产业政策、市场消费能力、发行公司的实力、院线的放映能力以及放映档期）及内部因素（电影的类型、制片人、剧本、导演、演员、后期制作人员和制作费用）量化为需要预测的电影票房收入。

多元线性回归的基本模型如下：

设所研究的对象 y 受多个因素 x_1，x_2，x_3，…，x_k 的影响，假定各个影响因素与 y 的关系是线性的，则可建立多元线性回归模型：

$$y=\beta_0+\beta_1 x_1+\beta_2 x_2+\cdots,\ \ +\beta_k x_k+\varepsilon$$

式中 x_1，x_2，x_3，…，x_k 代表影响因素，通常是可以控制或预先给定的，故被称为解释变量或自变量；ε 代表各种随机干扰因素对 y 的影响的总和，被称为随机误差项，根据中心极限定理，可以认为它服从正态分布，即 $\varepsilon\sim N$（0，σ_2）；y 就是所研究的对象，即预测目标，被称为被解释变量或因变量。利用最小二乘法等方法可以对回归模型进行参数估计，从而确定回归模型，在通过检验后，此模型可用于预测。

2. 层次分析法——多相关因素量化

层次分析法（The Analytic Hierarchy Process，AHP）是20世纪70年代由著名运筹学家T. L. Saaty提出的一种定性分析与定量分析相结合的系统评价分析方法。它将人们的思维过程层次化和数量化，主要适用于系统结构复杂、相关因素高度关联，但缺乏必要的数据，难以获得精确的定量数学模型的情形下，进行无结构、多准则决策问题，比如政策研究、规划制定、需求预测等。

各种复杂因素对问题的分析有着不同的重要性，将这些因素之间的关系加以条理化，并排列出不同类型因素相对重要性的次序，这便是层次分析法的基本思想。其理论核心是：很多复杂系统可以被简化为有序的递阶层次结构，决策问题通常表现为一组方案优先顺序的排列问题，而这种排序又可以通过简单的两两比较形式导出。

使用AHP法时，首先应根据系统的性质和总目标，对系统进行结构分析，把系统分解成不同的子模块，并理清不同子模块的层阶关系，根据其相互关系，特别是隶属关系划分成不同层次的组合，构成一个多层次的系统结构模型。

比如在确定著作权作品折现率时，对风险因素的量化，采用AHP方法，可以把我们前面的因素分析进行量化。以电影作品著作权风险的确定为例，影响因素可以分为市场风险、侵权盗版风险和产业政策分析等三个大的方面，这三个方面的指标又可以细化为若干具体指标，其系统结构如图 3.9 所示。

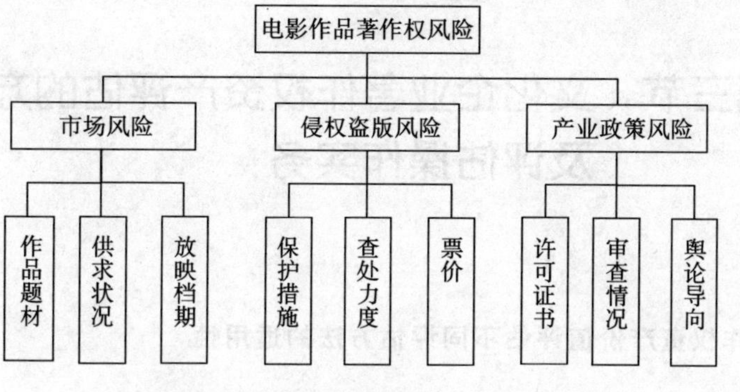

图 3.9 电影作品著作权风险指标衡量层次结构

在系统层次结构图的基础上，可以分配并计算出最低层的诸因素相对于最高层（系统的总目标）的相对重要程度（体现为权重），从而确定各方案的优劣排序。基本的计算步骤有：（1）给出准则之间、方案之间的两两比较矩阵（判别矩阵）；（2）计算每个矩阵的特征向量；（3）计算每个矩阵的最大特征值；（4）一致性检验；（5）方案的总排序。

3. 德尔菲法——无先例事件量化

德尔菲法是在 20 世纪 40 年代由 O. 赫尔姆和 N. 达尔克首创，经过 T. J. 戈尔登和兰德公司进一步发展而成。1946 年，兰德公司首次用这种方法来进行预测，后来该方法被迅速广泛采用。

德尔菲法也称专家调查法，是一种采用通讯方式分别将所需解决的问题单独发送到各个专家手中，征询意见，然后回收汇总全部专家的意见，并整理出综合意见，随后将该综合意见和预测问题再分别反馈给专家，再次征询意见，各专家依据综合意见修改自己原有的意见，然后再汇总。这样多次反复，逐步取得比较一致的预测结果的决策方法。

德尔菲法依据系统的程序，采用匿名发表意见的方式，即专家之间不得互相讨论，不发生横向联系，通过多轮次调查专家对问卷所提问题的看法，经过反复征询、归纳、修改，最后汇总成专家基本一致的看法，作为预测的结果。这种方法具有广泛的代表性，较为可靠。

在对作品著作权收益期限确定的过程中，由于很难确定不同作品的获利期，因此可以采取德尔菲方法，请行业内专家对被评估作品著作权收益期限进行判断，得出一个合理的期限。

第三节 文化企业著作权资产评估的方法及评估操作实务

一、著作权资产价值评估不同评估方法的适用性

（一）著作权资产价值评估中的收益法分析

使用收益法分析著作权资产价值，其方法一般可被归纳为三种：增量收益法(Premium Profits Method)、超额收益法（利润分成法或剩余利润法，Excess Earnings Method）、许可费节省法（Relief - from - royalty Method 或 Royalty Savings Method）。

1. 增量收益法

增量收益法试图直接量化与著作权相关的收入增加、成本降低、市场份额和收入期限的增加等，直接把有著作权的收入与没有该著作权的收入进行对比，现金流量是最常用的经济收益估算指标。

（1）产品价格上升。估算著作权资产给企业产品带来的溢价收入，首先需要分清是什么产生了溢价？是著作权？还是专利技术等。溢价的产生可能是一项知识产权的作用，也可能是几项知识产权共同作用的结果。此时，需要分清产生溢价收入的知识产权源泉，然后再将溢价收益合理分配到目标知识产权中。

著作权中所含的内容价值或创新价值得到开发和运用后，能给企业产品带来较高的市场价格。如两款同样的产品，有着相同的设计和款式，消费者可能愿意以较高的价格购买其中一件含有某种文化背景或创意表达的著作权产品，如果消费者支付的溢价超出企业为著作权的支出（设计费、广告费等），企业就可以从中牟利。

（2）产品成本降低。很多著作权的开发和使用能够带来企业成本的降低，

从而带来超额利润。降低的成本一般体现为：

◇ 在不影响产品质量和功能的前提下，使用较少或较低成本的原材料；

◇ 提高单位劳动投入的产出；

◇ 提高的经营效率；

◇ 降低人工费用；

◇ 降低管理费用；

◇ 降低租金；

◇ 降低资产维护费用；

◇ 降低广告费用、销售和促销费用等；

◇ 减少产品回收，增加产品质量保证；

◇ 提高产品质量，减少次品和废品；

◇ 降低的产品销售成本；

◇ 降低的坏账支出；

◇ 减少和消除环境污染。

……

(3) 产品市场份额增加。著作权对于企业的价值主要体现在竞争优势上。企业所特有或许可使用的著作权，使得相关产品或服务在市场上拥有销售优势，获得更多的消费需求，从而产生超额收益。

以上分析可知，著作权的价值体现在能够为企业提升产品价格、降低产品成本或扩大市场份额，或者这些现象的联合效果。在使用增量收益法时，一般是将被评估企业与其他企业进行比较，找出著作权影响所产生的差异并进行量化，计算著作权超额收益的方法。但在很多情况下，寻找可比较企业并获得其经营、财务资料并不可行，此时可以考虑对被评估企业自身进行分析，对比企业拥有著作权和没有著作权时收益的差异，量化得出版权超额收益，这部分价值就是被许可使用的著作权的价值。

2. 超额收益法（剩余利润法、利润分成法）

超额收益法的原理是从使用著作权获得总收益中抽取出目标著作权的收益部分，即首先计算使用著作权的总收益，然后将其在目标著作权和产生总收益过程中做出贡献的所有有形资产和无形资产之间进行分成。有些利润分成分析使用的是经济收益毛指标，如总收入。但大多数利润分成分析分配的是净收益估算值，比如营业收益、营业现金流量或净现金流量。

要特别注意不同分成率口径的差异，并注意所采用分成率数据统计口径的差异。

确定利润分成率是该分析中十分重要的一个环节。在选择利润分成率时，评估人员应该考虑以下因素：

◇ 目标著作权的具体类型（可以通过相关合同进行判断）；

◇ 目标著作权所在企业的经营类型；

◇ 目标著作权所在企业的行业情况；

◇ 目标著作权在所在企业中实际经营的功能分析；

◇ 目标著作权和所在企业中其他资产为创造收益所做贡献的相对重要性分析；

◇ 市场上的许可使用费率水平和其他著作权转让协议中已知的市场利润分成情况；

◇ 分析中选择的经济收益估算指标的范围，已经为著作权所在企业中其他有形及无形资产提供的公平的经济报酬。

文化企业所含知识产权和无形资产种类和数量可能比较多，因此，确定目标著作权在总收益中的利润分成时，同时也需要考虑多种其他知识产权的利润贡献百分比。

(1) 各类资产投资回报的影响因素及确定过程。著作权单独并不能产生收益，而是需要和一些互补性资产（Complementary Assets)，如营运资本、有形资产和其他无形资产形成资产组合，通过商业化运作，产生经济收入。所以，著作权的收益应当是将总的经济收入在这些资产组合中进行合理分配得出。

在分配收入过程中，首先需要分配合理的收入给非知识产权资产，该过程涉及两个重要因素：一是企业资产构成中，每项资产所占的相对比重；二是每项资产对应的合适的投资回报率。企业资产的构成包括货币性资产、有形资产、无形资产和知识产权，如图 3.10 所示。

企业的收入中，每项资产根据各自的重要性程度和相关风险因素，对收入做出不同程度的贡献。

◇ 货币性资产，也指净运营资本，即流动资产减去流动负债；货币性资产是企业资产结构中最具流动性的资产，投资风险相对较小，对应的投资回报率较小。

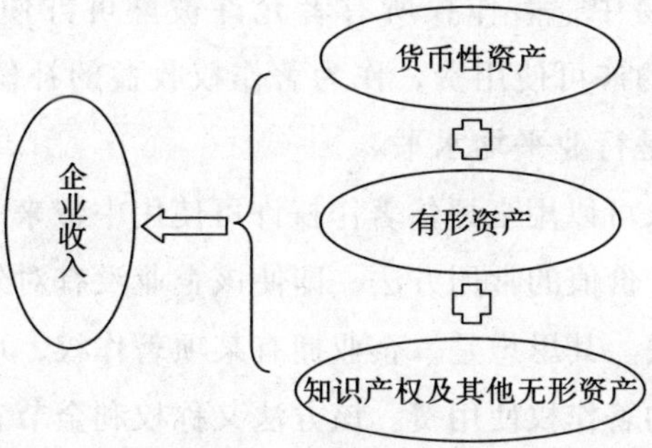

图 3.10 企业资产组成

◇ 有形资产主要是指建筑设施和机器等。有形资产的流动性不比货币性资产，但相比无形资产和知识产权而言，具有一定的市场化因素，如有形资产的功能多样性，即使在公司破产时仍然可以被用作其他用途或卖给其他公司。因此，有形资产的风险大于货币性资产，小于无形资产。其投资回报率也是高于货币性资产，小于无形资产。当然，具有特殊用途的有形资产，其投资回报率也相应较高。

◇ 知识产权和其他无形资产。知识产权包括专利权、著作权、商标权、商业秘密等；其他无形资产包括企业的人力资源、网络设施、客户关系、相关合同等。知识产权和无形资产通常是企业资产中最具风险性的资产，相比货币性资产和有形资产，其流动性很低，功能多样性也较差，因此，相应的投资回报率也会更高。如果企业的加权平均成本已知，货币性资产和有形资产的投资回报率可以被估算，那么根据加权平均资本成本途径，无形资产的投资报酬率也可以被估算得出。一般情况下，由于知识产权相对于其他无形资产受到专门的法律保护，具有更多的商业化机会，因此知识产权的投资报酬率相对其他无形资产要低一些，但也不是绝对现象。在文化企业中，一些新开发的作品著作权，或者具有较强艺术个性的作品著作权，在市场供求关系不确定的情况下，其风险更高。

(2) 利润分成计算。如评估某企业中某项著作权所产生的经济收益时，评估人员需要考虑先从产品的税后净营业利润中减去相关专利、商标等无形资产的资本回报，然后再根据合理的比例进行利润分成，确定著作权资产的价值。

3. 许可费节省法

在著作权许可交易中，著作权所有者允许被许可方使用其权利的部分权利束，并向其收取一定的许可使用费，作为著作权收益的补偿。著作权使用费率一般来自于市场水平或是行业平均水平。

著作权许可费收入可以用来评估著作权许可使用中带来的收益，同时也可以作为评估企业著作权资产价值的常用方法。即使该企业没有对外许可使用著作权，也可以使用许可费节省法。其思想是，企业拥有某项著作权，可以免除其在不拥有著作权前提下需要支付的著作权使用费。该方法又称权利金节省法（见图 3.11）。

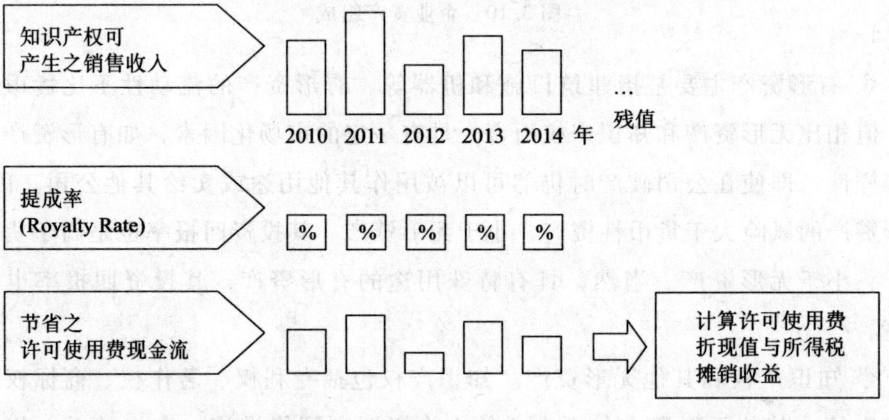

图 3.11　许可费节省法图示

许可费节省法作为评估著作权资产价值的一种方法，其合理性和实用性曾一度受到质疑。图 3.12 是著作权的收益流构成图，从中我们可以看出，著作权的收益包括两部分：一部分是著作权被许可方支付给许可方的许可使用费；另外一部分是著作权许可方对著作权的开发使用产生的收入。

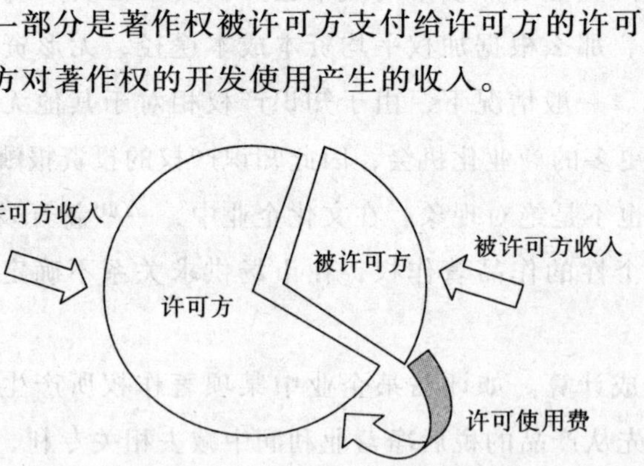

图 3.12　著作权许可收益流构成

根据图 3.12 对著作权收益的解析，假设著作权的有效期限为无限期，著作权的相关价值计算为：

$V_{CR}=V_{LICENSOR}+V_{LICENSEE}$

其中，V_{CR}为该项著作权的价值；

$V_{LICENSOR}$为著作权许可方的权利价值；

$V_{LICENSEE}$为著作权被许可方的权利价值；

$V_{LICENSOR}=(I_{LICENSOR}+R)/r$

$V_{LICENSEE}=(I_{LICENSEE}-R)/r$

其中，$I_{LICENSOR}$为著作权许可方收益现金流；

$I_{LICENSEE}$为著作权被许可方收益现金流；

R 为著作权被许可方向许可方支付的许可使用费。

带入前面的价值算式中，著作权的价值结果是：

$V_{CR}=(I_{LICENSOR}+I_{LICENSEE})/r$

由此可见著作权资产价值与许可方和被许可方各自收益的相关关系。

使用许可费节省法评估著作权的整体市场价值时，可能会低估其价值，因为著作权许可费收入反映的只是著作权部分权利的收益，即被许可的那一部分著作权的价值，而著作权本身的价值远高于许可使用产生的价值。但这并不说明许可使用费对于著作权分析和评估没有意义，相反，许可费节省法的相关数据能够为著作权资产价值提供重要的分析参考依据和评估基础。在评估著作权许可价值，尤其是在著作权侵权损失评价中，许可使用费法通常是评估侵权者通过著作权产生收益的重要方法。同时，由于著作权价值评估对象"权利束"的存在，且在涉及具体著作权经济行为时，会有明确的标的设定，此时采用著作权许可费节省法评估特定著作权权利价值，相对就比较可行。在著作权资产的价值评估实务中，评估对象多数都不是著作权的全部财产权利，而是一些权利组成的权利束，因此许可费使用法在实务中具有重要意义。通常许可费确定采用以下四种方法①：

（1）市场法。市场法模拟市场力量。在确定一个假定谈判中以市场为基础的著作权使用费时，在"现实环境"（即法庭之外）里影响许可谈判的那些因素会在考虑之中。在商品市场，分析各自独立行动的买方和卖方接受了共同确定的

① ［美］格理格瑞·雷奥纳德，劳伦·斯德尔主编，诺恒经济咨询编译：《知识产权诉讼及管理中经济分析的运用》，法律出版社 2010 年版。

价格，这一价格会实现在该市场的销售数量。著作权许可费或者使用费是在著作权市场交易中确定价格。与商品市场的众多交易不同，由于著作权（或著作权群）的差异性，市场交易是特殊的。任何著作权交易的价值都取决于该著作权为某一特定受许方带来的利润增长前景、实施许可的某一特定许可方的成本以及双方可以运用的替代品。著作权价值也取决于其被出售或授权转让的次数。在某些情况下，使用者和受许方的增加会降低著作权的价值；而在另一些情况下，其价值可能会增加。

基于市场的著作权使用费确定法必须考虑该授权著作权的特性、谈判的双方、该技术的替代选择以及假定谈判的时间，如某著作权使用费能够被现实环境中的谈判双方理性地接受，那么这个最终著作权使用费就是合理的。

①谈判范围。确定合理著作权使用费的第一步是建立一个谈判范围，或者说一个著作权使用费范围，在这个范围内完成交易双方都可以获利。经济学认为，谈判交易的结果取决于签署协议双方的成本、收益以及他们相对的谈判能力。双方的成本和收益决定了可使双方都从许可协议中获利的可行结果范围，而谈判能力决定了哪一方可以从许可协议中获得更多的盈利。由于双方必须最终都同意结果，假设许可协议带来的收益必须超过双方各自的成本。

只有当著作权使用费既可以补偿著作权拥有者授权竞争者的成本，又可以使受许方在著作权应用中获利时，才能达成许可协议。可以补偿著作权拥有者许可成本的权利金是著作权拥有人愿意接受的最低著作权使用费。如果著作权持有者授权所获利润低于不授权、自己成为唯一的著作权实施人可获利润，或者低于独家授权给第三方时的可获利润，那么著作权所有者就不会授权。在谈判范围的另一端，如果著作权使用费为受许方带来的利润低于受许方自己开发作品或者选择非侵权替代品（如果这是可行的）时可获得的利润，那么受许方就不会接受这样的一个著作权使用费。相对于次优替代品，著作权可为受许方带来的盈利价值是受许方愿意支付的最高著作权使用费。

如果最高数额超过了著作权拥有者愿意接受的最低数额，那么这两个数额之间的差额就是许可著作权使用费的谈判范围。此范围内的著作权使用费使双方参与谈判的可获利益大于任何一方放弃谈判的可获利益。

强调著作权对于交易双方的价值意味着谈判要依据相关产品和市场的经济状况进行反映著作权对于双方的价值并使双方签署许可协议都不会受损（期望如

此）的著作权使用费是“合理的著作权使用费”。

②谈判能力。谈判能力可以被认为是谈判一方通过放弃谈判给对方造成“损害”的能力。例如，假设双方考虑的著作权使用费等于或接近于谈判范围的最低值。以这个最低价格签订协议，受许方可以获得最大利益，但是著作权拥有者放弃谈判、拒绝授权许可时的损失也非常小。拒绝授权许可或以低价格转让著作权，对于著作权拥有者来说基本上没什么不同。因此，著作权拥有者接受谈判范围内最低价格的动机几乎不存在。

同理，受许方接受谈判范围内最高价格的动机也几乎不存在。如果著作权拥有者试图争取谈判范围的最高值价格，受许方放弃谈判时的损失就非常小（因为这样一个著作权使用费使受许方不能从许可中获得任何额外利润），但是这个价格可能使著作权拥有者失去签订协议时带来的全部利益。由于这些原因，在谈判范围两端达成协议一般情况下是不可能的，协议应该在谈判范围的中间某处达成。在谈判范围中间点，双方放弃谈判给对方造成的损失是相等的。谈判范围中间点也可以使双方从达成协议中获得均等的利益，因此谈判范围中间点是考虑影响有关双方谈判能力的其他因素的适当起点。

③替代品。受许方为相关著作权愿意支付的金额主要由与次优替代品相比、著作权带来的利润所决定。最重要的是避开著作权时的全部经济成本。受许方通过放弃侵权特征或产品线转向其他产品的销售、在被指控产品线中应用非侵权替代品或者开发其他类似著作权作品，均可避开该著作权。因此，著作权对于受许方价值的根本决定因素是非侵权替代品的可获得性。

（2）可比许可法。第二种常用的方法是通过比较假设授权许可与实际市场现存的可比授权许可来确定著作权使用费赔偿。这种方法的价值及其合理性取决于可比许可的质量。如果所选可比许可的质量不高——所选许可与诉讼双方的产品、市场状况或竞争关系相似性很小或者根本不具有相似性，那么这种可比许可就没有什么意义。另一方面，如果应用市场法所需的数据不充分，那么谨慎选择的可比许可要比估算不准确的市场法更有效。因此，这种方法可能得出一个合理著作权的使用费金额。

（3）行业平均法。第三种方法是通过应用行业平均水平来确定著作权使用费。总体来看，著作权价值的分布是不均衡的，这就意味着数学上的“平均”不能准确反映具体著作权的价值。应用行业平均水平来确定合理著作权使用费的问题在于行业的划分，如果能够按照不同作品类型及相同权利对象进行细分，同一细分作品权利类型中，许可费率标准波动率会小一些，其结果可能会更趋合理。

（4）经验法（三分或四分法）。经验法——25%原则。经验法是将影响著作权收入的因素关系简单化，如用来计算许可使用费的25%原则。该经验认为，知识产权许可中，许可方会得到被许可方凭借使用知识产权获得利润的25%（相当于被许可方5%的销售收入）作为知识产权许可费收入。

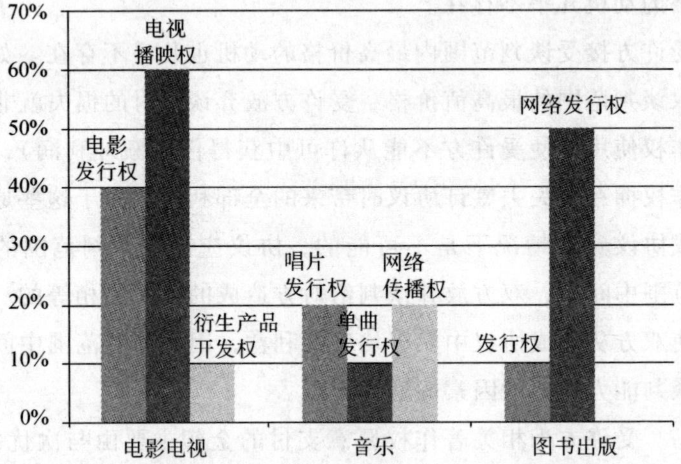

图 3.13　不同类型作品权利许可使用费统计

数据来源：美国知识产权研究协会出版的 *Royalty Rates for Trademarks & Copyrights Fourth Edition*，其中电影作品案例23个，音乐作品案例24个，图书作品案例25个。

25%原则主要用于专利，但对于著作权也可适用。该原则源于 Robert Goldscheider①，Richard S. Toikka② 等人的研究。他们经过对市场上一些专利许可案例的实证研究表明，如果专利许可能够给被许可方带来竞争优势，许可费应该是专利使用者的期望利润的25%左右。

由于25%原则是以利润为基数，转换成以销售收入为基数的许可费率，经验法体现了过去的惯例和行业的平均水平，作为一种基准，具有一定的经验可信

① Robert Goldscheider, *Litigation Backgrounder for Licensing*, 29 les Nouvelles 20, 25 (1994), Valuing IP, supra note 7.

② Richard S. Toikka, In *Patent Infringement Cases, the 25 percent Rule Offers a simpler Way to Calculate Reasonable Royalties. After Kumho Tire, Chances Are the Rule Faces Challenges to its Daubert Reliability [J].* Legal Times (August 16, 1999).

度和参考价值。很多25%经验值的支持者认为，25/75 的比例对于许可方和被许可方的利益分配甚为合理。现实中，被许可方确实需要承担著作权开发和商业化过程中75%左右的工作，所以不应该被评估师忽视。

但是也有很多专业人士认为，25%原则缺少相关理论依据，对于决定著作权价值的很多特殊情形没有考虑，对于行业和不同的知识产权之间没有进行区分，如对利润的定义，高风险对知识产权的收入影响，收入预测的准确度，甚至没有明确指出利润是净利润还是毛利润，等等。因此，25%经验法只能对著作权资产的价值/经济损失/转让价格作初始的估算，或是对于商业化之前的著作权资产评估提供支持，不具有普遍适用意义。

4. 收益法的基本程序和参数分析

无论是超额收益分析、利润分成分析还是投资回报分析等，其差异只是体现在对著作权收益参数的估算上，具体的评估程序中，涉及著作权收益额、收益期限以及收益相关的风险报酬率等参数的预测。

（1）收益额预测。

①模型预测法。收益额是重要的预测参数之一，对其预测时，需要在定性分析的基础上，采用合适的数量模型分别对其中的收入、成本、费用等内容进行具体测算。常见的计量模型主要有：时间序列模型、单方程回归模型（一元及多元回归）、灰色预测模型、神经网络模型以及组合预测模型等。好的预测不能只简单依靠模型，对文化企业发展情况、著作权使用情况的定性分析是必不可少的前提，在此前提下，简单的模型取得的预测效果也许会更合理。

固定时间序列模型不具有灵活性，在长期预测中，一旦根据历史数据确定了预测模型，未来各年预测数据也就确定了。因此，采用此模型进行预测，需要首先对企业的经营情况作充分地定性分析，确定企业收入发展趋势，才能够选择合适的模型进行预测。

随机时间序列模型、灰色预测模型以及神经网络预测模型则有较大的灵活性。其用于预测的数据具有较大的信息覆盖性，能够将企业无法充分提供或辨识的收入影响因素不断纳入模型，从而得出新的预测结果。并且灰色模型、神经网络模型具有少数据预测的特点，这对著作权资产价值评估比较重要。①

---

① 刘公勤，袁煌："企业价值评估参数预测中几种常用模型的分析与比较"，《中国资产评估》，2009年第10期。

模型预测方法使用时需要注意两点，一是分析清楚影响著作权收入的每个变量；二是分析判断这些变量之间存在什么关系。应用该方法需要一定量的历史数据，因此对于尚未开发的著作权作品收益适用性较差。

②白板法。白板（Tabula Rasa）源于拉丁语，意为“空白的历史”①。在著作权的经济分析中，尤其是在产权的开发阶段，分析师所面临的就是一块白板。例如，一项著作权的所有者对其著作权还没有进行商业化运作，也就是说，著作权没有任何历史收入和收入预测方面的信息可以参考，此时外推法并不适用。面对著作权空白的历史，分析师需要做的是从头开始，填充相关的数据和研究。

首先，评估师需要全面细致地了解著作权的价值影响因素。评估师需要和著作权所有者或研发者以及使用者进行面谈和调查，从中了解著作权的来龙去脉，包括著作权的构成、功能、经济利益预期、最佳利用情况、合理销售价格、合理许可费用、技术寿命、经济寿命、市场风险，等等，从而更好地了解该项著作权资产的价值影响因素。

其次，需要了解使用该项著作权的行业和市场。分析师或评估师对著作权将要进行商业化运作的行业进行仔细调查，考虑这个行业中所有可以利用的商业机会。这些商业机会通过以下方式授权该项著作权：地域的扩张、行业的扩张、新产品或服务的扩张。同时，还需要对市场进行调查，了解该项著作权是否有类似的著作权已经得到商业化开发。如果有，相关信息将形成目标著作权的收入预测的参考方案。

最后，根据收集的数据和研究结论，预测著作权收入。根据前面分析研究得到的一些数据信息，可以用一种或多种方法预测著作权的收入，可以使用灵敏度分析来检测数据和收入预测的最好情况、最差情况和最可能情况，构建预测模型，同时也可以运用经验法检验预测假定的合理性等。

在著作权商业化开发之前，企业需要对著作权进行商业化可行性分析或是将一项尚未进行商业化开发的著作权对外销售，需要评定其销售价格时，需要使用白板法进行分析。

构建收入预测模型，白板法要求评估师一切从零开始，在没有任何历史信息

① 罗伯特·F. 赖利，罗伯特·P. 施韦斯著，伍颖译：《商业价值评估与知识产权分析手册》[M]，中国人民大学出版社2006年版。

的前提下，展开对著作权所有者、研发者和使用者的调查和咨询，并对市场行情进行了解分析，以决定著作权的收入方案。下面在对收入进行预测时，会结合后文将要提到的其他一些方法。

③生命周期分析法。由于著作权总是和一定的产品/服务联系在一起的，处在不同发展阶段的产品/服务的销售收入和利润是不同的。根据美国哈佛大学教授雷蒙德·弗农（Raymond Vernon）1966 年在“产品周期中的国际投资与国际贸易”一文中提出的产品生命周期理论，产品和人的生命一样，也要经历形成、成长、成熟、衰退这样的周期。产品的市场寿命是指一种新产品从开始进入市场到被市场淘汰的整个过程。

典型的产品生命周期一般可以分成四个阶段，即引入期、成长期、成熟期和衰退期。在产品引进阶段，销售量通常会很低，随着消费者对产品的逐渐了解和接受，产品销量增加，生产达到规模经济，在知识产权的保护下，企业可以得到超额利润；到了产品的成长阶段，产品/服务在市场上的渗透逐渐缓慢；在成熟阶段，如果没有其他新的知识产权的保护，随着技术的进步和竞争压力的加大，市场对该产品/服务的需求达到顶峰后逐渐减少，直至衰退。产品/服务在生命周期中的销售曲线和利润曲线因此呈现 S 型，如图 3. 14 所示。

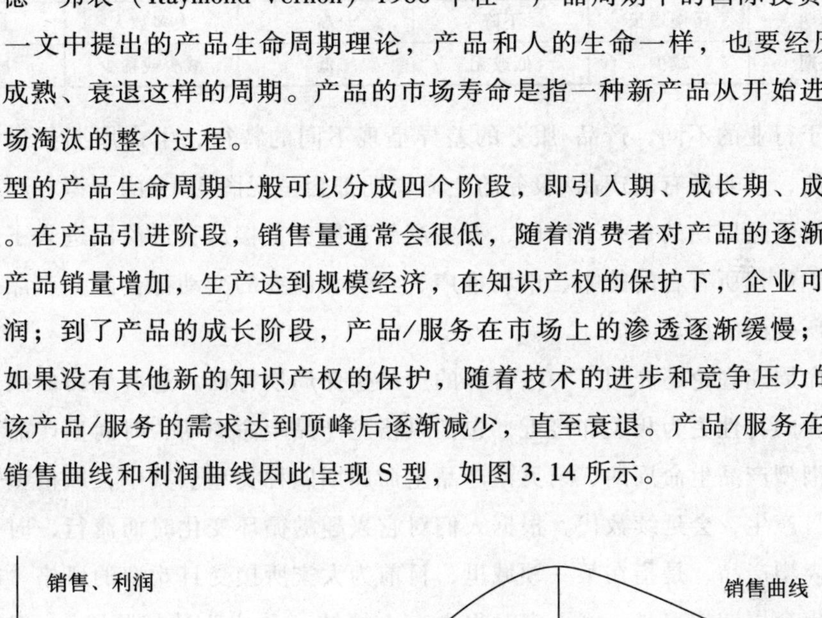

图 3. 14 产品/服务生命周期——S 型曲线

对应图 3. 14，产品/服务在不同的生命周期阶段的销售额、利润、现金流量、消费者以及竞争者情况如表 3. 4 所示。

表 3.4　　产品在生命周期中的相关特征

特征 阶段	销售额	利润	现金流量	消费者	竞争者
开发期	0	负数	负数	0	稀少
引进期	低	易变动	负数	创新使用者	稀少
成长期	快速增长	达到峰值	适度	增多	增多
成熟期	缓慢增长	下降	高	大多数人	最多
衰退期	减少	低或无	低	减少或稀少	减少

由于行业的不同，产品/服务的差异呈现不同的特征，生命周期长短也不一样，因此，并非所有的产品/服务的生命周期都会呈现图 3.14 的 S 型。不是所有产品都得经过周期的每一个阶段，有些产品和服务直接从引进阶段进入了衰退阶段，知识产权所有者的策略、市场推广、经营和研究的变动都会改变产品在生命周期中所处的阶段。

生命周期理论还介绍了一些特殊的产品生命周期特征。这些生命曲线似乎与文化产业的特性更为相关和接近，包括风格型产品生命周期、时尚型产品生命周期、热潮型产品生命周期、扇贝型产品生命周期四种类型。其中，风格型产品的风格一旦产生，会延续数代，根据人们对它兴趣的循环变化时而流行，时而不流行。时尚型产品，是指在某一领域里，目前为大家所接受且欢迎的风格。时尚型产品的生命周期特点是，刚上市时很少有人接纳（称之为独特阶段），但接纳人数随着时间慢慢增长（模仿阶段），终于被广泛接受（大量流行阶段），最后缓慢衰退（衰退阶段），消费者开始将注意力转向另一种更吸引他们的时尚。热潮型产品的生命周期往往快速成长又快速衰退，主要是因为它只是满足人们一时的好奇心或需求，所吸引的只限于少数寻求刺激、标新立异的人，通常无法满足更强烈的需求。扇贝型产品生命周期主要指，产品生命周期不断地延伸再延伸，这往往是因为产品创新或不时发现新的用途。以上四种特殊生命周期如图 3.15 所示。

著作权产业中的产品/服务主要是为了满足消费者的个性需求，具有创新性、渗透性、高增值性、高科技含量以及高风险性等特征。因此，消费者对于文化创意产品的需求也呈现出不确定性和特殊性。著作权产品从开发到引进、成长、成熟阶段可能呈现出典型的 S 型曲线特征，也有可能呈现出以上四种特殊的生命曲

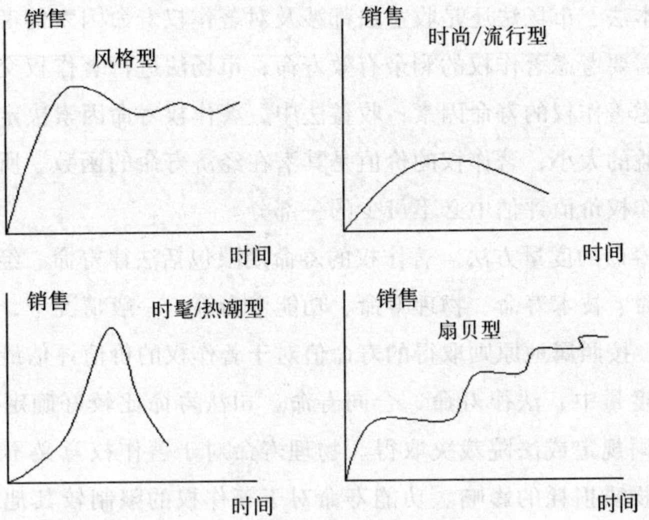

图 3.15　特殊产品/服务生命周期曲线

线中的一种或几种的融合。如图书著作权产品，随着《哈利·波特》一书的出版和上市，《哈利·波特》系列已经成为一种受到广泛认可和追捧的时尚风潮，其图书的销售量不断延续，并且随着一部部《哈利·波特》电影产品的上映，图书销售量出现了循环变动的趋势，一次次打破销售记录，给出版商带来丰厚收入，正如风格型产品的生命周期所示，风格一旦形成，销售量会随着消费者兴趣热潮的循环而变化。

不同产品/服务的生命周期长短不同，有些产品会延续数代，成为一种时尚，有些产品可能满足了消费者一时的风尚需求。总的来说，最近几年来产品的生命周期有变短的趋势，这种现象的出现部分归因于技术的快速变化。

因此，分析著作权产品的销售收入，必须从著作权产品的生命周期入手，分析预测其生命周期期限和期间的变化特征，从而预测产品的收益，为著作权的收入预测做准备。

综上所述，著作权收益预测的方法有很多种，外推法、白板法、生命周期分析法等。评估人员在对著作权资产进行价值评估时，应根据著作权的具体类别、所在行业和相关产品销售情况以及可获取信息资料选择合适的方法，若条件允许，应结合多种方法对著作权的收入进行综合分析，从而得出更为满意的评估结果。

（2）收益期限确定。著作权收益期限是著作权价值评估中一项十分重要的参数，无论是成本法、市场法还是收益法都涉及对著作权寿命因素的考虑。成本法进行折旧估算时需要考虑著作权的剩余有效寿命；市场法进行著作权交易可比性分析时，也需要考虑著作权的寿命因素；收益法中，著作权寿命因素决定著作权收益期限的长短和收益的大小，著作权的价值是其潜在经济寿命的函数。所以，著作权的寿命评估是著作权价值评估中必不可少的一部分。

①著作权寿命的度量方法。著作权的寿命期限包括法律寿命、经济寿命、合同寿命、司法寿命、技术寿命、物理寿命、功能寿命等。一般情况下，在著作权的相关寿命度量中，按照属地原则取得的寿命值对于著作权的价值评估最为合适。

各项寿命度量中，法律寿命、合同寿命、司法寿命比较好确定，一般由一些法律文件、合同规定或法院裁决取得。物理寿命对于著作权意义不大，因为著作权不太会受到物质损耗的影响。功能寿命对于著作权的限制较其他寿命因素的影响要小，也就是说即使著作权在功能上仍具有较大价值，由于其他一些因素的影响，其经济寿命受到了不利的影响，功能寿命也就没有什么意义。因此，著作权的剩余寿命度量中，经济寿命和技术寿命是比较重要也相对复杂的环节。

②评估著作权剩余寿命的决定因素和相关数据资料。在著作权的评估分析中，剩余寿命的影响因素和用到的数据资料取决于著作权的种类，表3.5列出了一般的决定因素和数据类型。

表3.5　著作权寿命的相关决定因素和数据资料

寿命决定因素	相关数据资料
法律类决定因素	著作权的申请和注册人认证文件等
合同类决定因素	与著作权相关的商业合同，如使用合同、研发和提高、境内外的许可协议、转让价格协议等
司法类决定因素	历史损失期限的司法决定或命令或法院规定相关的未来损失的期限
财务类决定因素	著作权所有者/经营者/侵权者的过去的财务报表以及未来预测的财务报表
技术类决定因素	相关优先的或竞争性的著作权技术信息，生命周期度量和技术替代方面的数据等
经营类决定因素	有关鉴定证明的清单、工程图、产品/服务的流程图、电脑软件的资料编码等
其他类决定因素	一些惯用数据，数据总结资料等

③经济寿命分析。根据著作权法规定，著作权享有相当长的经济寿命。我国的著作权法规定："作品的发表权、使用权和获得报酬权的保护期为作者终生及

其死亡后50年。”而美国的著作权法曾多次延长保护期限，最近一次是在1998年将所有尚处在著作权保护期限内以及1998年以后完成的作品保护期限延长了20年，即美国作家死后70年内拥有著作权。假如作品是集体创作或是1978年1月1日以前发表的，那么其著作权保持75～95年。美国多次延长著作权保护期限，据称原因在于受到迪士尼（“Mickey Mouse”的著作权即将过期）等几家大型娱乐公司的压力。对于著作权法律期限问题的争论由来已久，很多专家认为，著作权的保护期限过长，对于侵权责罚过严，会损害公众的利益。

事实上，多数时候，著作权的经济寿命远不及法律寿命长，而且在有效经济寿命期间著作权的收益分配很难均匀。著作权的经济寿命通常取决于主要作品本身的种类特征和具体的开发利用方式。如大多数的参考书，一般会在出版后几年内达到销售顶峰，随后逐渐减少。文学作品可能会在市场上潜伏等待一段时间，一旦被消费者发现和认可，其销售量剧增。文学、音乐等艺术类的作品的经济寿命可能与作者的知名度有一定关系。名作家和刚涉足创作的人士相比，具有较高知名度，沉入作品的人力成本要高很多，所以创作者的知名度本身就是一种无形资产，其作品也就具有较高价值，作品因此享受更长的经济寿命。

具有较高内容价值和创意价值的作品，可以享受很长的经济寿命，甚至超出法律寿命的界限。经久不衰的文学、历史著作，其中蕴含着巨大的文化价值，如美学价值、文学价值、史学价值以及时代价值等，这样的作品，其经济寿命很难估计。近年来国内的一本教科书引起了众多家长学生的青睐，那就是1932年出版的小学语文教材《开明国语课本》，“因抢购者众，以致一书难求，网络卖家甚至将价格炒到定价的十倍，但仍然不乏求购者”①。该教材编者是叶圣陶，为之配图的是丰子恺，这些国学大家用心编写的教材趣味盎然，在心理上拉近与儿童的距离，其价值的回归，充分体现了著作权的文化价值和经济寿命的关系。

但是著作权并非一定享有较长的经济寿命。由于文化企业具有不确定性和高风险性，处在高速变化中的文化市场和消费者难以捉摸的个性消费需求也可能使得相关著作权出现快速的文化贬值和创意贬值。正如经典和流行的差别，流行的文化创意产品，其知识产权的寿命期限可能远不及经典的长久。总之，著作权中很多因素难以预测。在估计著作权的潜在经济寿命时，需要注意：

① 腾讯教育，http：//edu. qq. com/a/20101218/000028. htm。

A. 作品开发的广度很重要。如今很多作品中的故事和角色在多种媒体中出现，同时拥有一系列的衍生产品，如卡通形象出现在玩具、衣服、文具等产品的设计中，对作品本身也起到一种宣扬和拓展作用。作品本身的功能多样性也增加了作品开发的机会。

B. 永久的文化创意价值很重要。经典的迪士尼动漫作品总在不断影响着一代代儿童，给人们带来的是历久弥新的文化价值和精神体验。流行未必经典，对于流行的著作权产品，其著作权的经济寿命更为保守一些。

④著作权经济寿命的技术预测方法。在对著作权经济寿命的预测中，除了评估师的经验法以外，有时还可以借助一些专业的技术预测方法，如生存曲线分析、资产周转率分析、费雪·普瑞（Fisher – Pry）预测模型、博尔里德模型（Pearl – Reed）等。使用这些技术预测方法需要满足模型假设及相应的数据要求。

（3）折现率的确定。著作权折现率是与实现预测的经济收益相关的投资回报率，折现率的确定需要考虑无风险报酬率和著作权资产对应的风险溢价。

①著作权相关的风险因素分析。折现率即预期的投资回报率，包括无风险报酬率和风险溢价。无风险报酬率指评估基准日所在国发行国债的利率；风险溢价是在无风险报酬率基础上，考虑到收入可能面临的风险和损失，投资者所要求的风险回报。任何形式的经济收入都存在风险，收入可能比预期多或少，可能实现的比预期早或晚，甚至可能没有收入。选择合适的折现率，就是对于预期收入相关的风险要素的定性和定量分析。

文化产业作为新兴产业，与传统行业相比，尚未形成成熟的风险发现和防御机制，市场发展具有很多不稳定的因素，企业发展也处于摸索阶段，加之是消费者主导文化消费的特点，因消费者的消费习惯和心理偏好处于变化中，这给生产著作权产品的企业带来了挑战。著作权产品需要把握住消费者的需求心理，很多流行元素来去匆匆，如目前国内的图书市场中，除了传统的图书出版以外，在大众图书出版领域，很大一部分图书是经济类和医疗卫生类读物，出版商选择跟随消费者的偏好，可以更快更好地实现著作权收益。但同时，目前国内图书作品中，大部分作品的销售期限集中在出版后1～2年内，也就是说，这些著作权产品的收益期限非常短暂，如何迅速把握市场行情，在激烈的市场竞争中脱颖而出，这也是目前出版业所面临的较大的风险。

文化企业中的著作权风险溢价，包括市场风险、企业风险、购买力风险、政策风险、流动性风险、汇率风险等。这部分内容在前面关于不同类型著作权价值影响因素分析中已有详述。下面将着重分析文化产业特有的风险和著作权的相关风险因素。

A. 文化产业的相关风险因素。文化产业与传统产业相比，具有较高的风险性，主要表现为市场供求关系的不确定性、著作权的保护难度以及国内外激烈的市场竞争环境。目前，国内文化产业还处在起步阶段，无论在企业管理、市场销售、企业融资等方面都存在一些发展困惑和障碍，这些因素导致投资者在对文化产业的著作权产品进行投资时，面临的风险比传统产业要高。因此，这部分风险因素也应该体现在投资回报率中。

B. 著作权的相关风险因素。著作权的收入实现过程中，常见的一些问题包括：收入是否增加到预期水平？收入期限是否如期实现？收入是否会比预期估计的多变？是否需要大量的追加投资等。这些问题关系到著作权风险溢价的大小。后面将要介绍的资产定价模型分析中，在决定著作权风险溢价时，需要考虑的因素主要有：

a. 著作权的具体类型；

b. 与著作权使用相关的行业因素；

c. 与著作权相关的产品销售前景和利润率水平；

d. 著作权功用多样性分析；

e. 著作权的剩余有效寿命；

f. 开发/商业化著作权相关的竞争；

g. 著作权前期投资需求。著作权的研发需要投入大量的投资和时间，但是市场环境的改变也许让著作权很快失去价值；

h. 著作权后期追加投资需求；

i. 著作权是否存在跨国交易，是否存在政治风险和文化风险；

j. 其他相关因素。

著作权处在研发和商业化过程的不同阶段，对应的风险大小不同，对应的风险报酬率也呈现类似的变化特征。以软件著作权为例，在著作权的研究开发早期阶段，投资风险较大，有可能投入大量的资金，市场环境的变化就已经让著作权价值降低甚至不存在。随着研发和商业化进程的深入，著作权相关的产品逐渐被市场接受，面临的风险降低，对应的风险报酬率降低，随着著作权的普及使用，市场对相关产品的新鲜度降低，相关技术的竞争加剧，著作权的风险逐渐回升，直到著作权最终完全被市场淘汰。其变化趋势如图3.16所示。

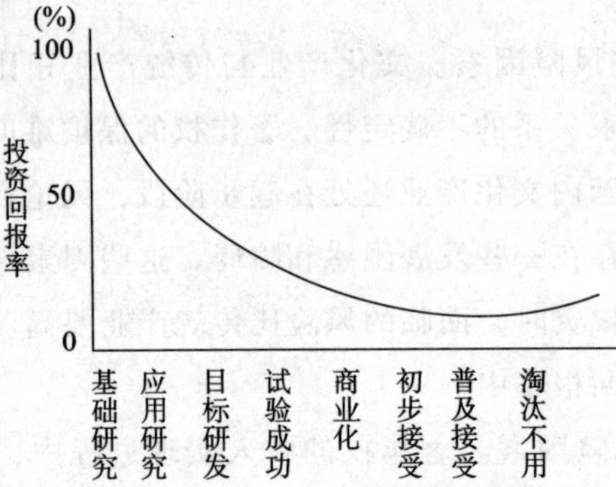

图3.16　软件著作权发展阶段的投资回报率分布

②折现率估算。根据《著作权资产评估指导意见》的规定，注册资产评估师运用收益法进行著作权资产评估时，应当综合考虑评估基准日的利率、资本成本以及著作权实施过程中的技术、经营、市场、生命周期等方面的风险因素，合理确定折现率。著作权资产折现率应当区别于企业整体资产和有形资产的折现率。在进行著作权资产折现率确定时，评估人员应该注意与著作权预期收益报酬率的口径保持一致。

经过长期的研究和实践，国际上建立起几个通用的著作权折现率的估算方法，有资本资产定价模型（CAPM）、风险累加模型和加权平均资本成本模型（WACC）。实务中评估人员应根据现实条件进行选择使用。

①资本资产定价模型（CAPM）。资本资产定价模型的假设前提：投资者对资产的收益和变化预期一致；投资者可以按照无风险利率进行借贷；所有资产可以交易，而且可以分割；投资者对报酬不用交税，没有交易成本；市场具有完全的可分性和流动性。

在这些假设前提下，任何资产的系统风险可以根据资产收益和市场整体收益的协方差来计算。在使用资本资产定价模型评估著作权的折现率时，考虑到影响著作权风险溢价的其他因素，基本的资本资产定价模型扩展为：

$$E(R_i) = R_f + \beta(RP_m) + RP_{cr}$$

其中，$E(R_i)$——一项资产、产权或给定投资i的预期回报率；

R_f——无风险报酬率；

β——贝塔系数；

RP_m——该整体的股权风险溢价；

RP_{cr}——著作权特有因素相关的额外风险溢价。确定该参数，需要结合不同作品特点及所涉及的著作权财产权利类型综合分析。

②风险累加模型。用来估算折现率的另外一种方法是风险累加模型。风险累加模型和资本资产定价模型的相似之处在于，资产的投资回报率都是由无风险回报率和相关风险溢价组成。其不同在于，没有使用反映系统风险的 β 系数，但在资本资产定价模型中，当 β 系数为 1 时，两种方法可以得出同样的折现率结果。

由于资本资产定价模型中的 β 系数可能包含了一些特殊行业的风险特征信息，因此，伊博森合伙企业也对累加模型进行了一些修正。伊博森合伙企业计算出了一系列基于 SIC 分类的行业风险溢价[①]。引入了行业特有风险溢价后，累加模型扩展为：

$$E(R_i) = R_f + RP_m + RP_s + RP_{cr} + RP_{in}$$

其中，R_i——投资的预期报酬率；

R_f——无风险回报率；

RP_m——评估对象所在市场的风险溢价；

RP_s——与规模相关的风险溢价；

RP_{cr}——与著作权特有因素相关的风险溢价；

RP_{in}——与行业相关的风险溢价。

和资本资产定价模型一样，累加模型估算出了股权资本的成本，因此，从累加模型中推导出来的折现率应该和收益额口径保持一致。

③加权平均资本成本途径（WACC）。加权平均资本成本途径是根据企业资产组合中每种资产的预期回报率的加权平均，来估算企业所有资产的平均回报率水平。企业所有资产一般包括负债和股权部分，如普通股权、优先股股权和长期计息债务。基本公式如下：

$$WACC = k_e \times W_e + k_p \times W_p + k_d\ (1 - t)\ W_d$$

其中，WACC——资本的加权平均成本；

① Ibbotson Associates, Ibboston SBBI Valuation Yearbook.

k_e——普通股权的资本成本；

W_e——普通股权在公司总资产中的比重；

k_p——优先股股权的资本成本；

W_p——优先股股权在公司总资产中的比重；

k_d——计息债务资本的税前成本；

t——有效的所得税率；

W_d——计息债务成本在公司总资产中的比重。

加权平均资本成本途径在著作权折现率的估算中，如果企业所有构成要素已知，且加权平均资本成本和目标著作权以外的所有资产的预期回报率可以被分离出来，就可以估算出目标著作权的预期回报率。基本公式如下：

$$k_{cr_{objective}} = \frac{WACC - k_{wc} \times W_{wc} - k_{ta} \times W_{ta} - \sum_{m=1}^{n} (k_{ip_m} \times W_{ip_m})}{W_{cr_{objective}}}$$

其中，WACC——企业的加权平均成本；

k_{wc}——企业的净运营资产的预期回报率；

W_{wc}——企业净运营资产占企业总资产的比重；

k_{ta}——企业的有形资产的预期回报率；

W_{ta}——企业有形资产占企业总资产价值的比重；

k_{ip_m}——企业除目标著作权以外的第 m 项无形资产的预期回报率；

W_{ip_m}——企业第 m 项无形资产占企业总资产价值的比重；

$k_{cr_{objective}}$——企业目标著作权的预期回报率；

$W_{cr_{objective}}$——企业目标著作权资产在总资产中的比重。

（二）著作权资产价值评估市场法分析

使用市场法评估著作权资产价值，是通过比较市场中类似的著作权交易信息获取目标著作权的价值。使用该方法的前提是：存在活跃的该类著作权交易市场，并能从中找到已发生的符合市场公平交易原则的可比交易案例，且价格信息可以通过某种渠道获取。

著作权资产价值评估中，如果可以从市场中获得可比交易案例和可靠的交易资料时，市场法是最直接、最具系统性的评估方法，可以得出令人信服的评估结果。使用市场法评估著作权资产价值，同样需要遵循一个系统的程序，包括收集、分类和验证资料、确定和应用定价倍数、选择方法、差异分析调整、确定评估值等步骤。

首先需要选取参考的可比性交易，收集和选择相关资料，然后对影响价值的差异因素进行调整，对交易的环境进行全面分析。比较目标著作权和参考著作权交易的要素，包括交易时间、权利种类或者形式以及限制条件、交易方的关系、竞争能力、剩余经济寿命、风险程度等方面的差异比较的要素需要根据市场证据进行检验，测试哪些要素可能对变化敏感及其如何影响到著作权的价值结果。

著作权资产价值评估中，应用市场法大多选择的是销售交易法，是根据实际市场交易中可比著作权资产的销售交易信息进行差异调整，估计评估倍数，从而得出目标著作权资产的评估价值，在可获得相关资料的前提下，销售交易法是最直接、最系统的价值评估方法。使用销售交易法对著作权资产进行价值评估时，应具备两个关键的条件：首先，应该存在一个充分活跃的著作权交易市场，存在并可获得至少 3 个与目标资产具有可比性的参照物；或者能够从有关方面获得可比参照物的评估信息资料，如著作权管理机关对著作权资产评估的登记信息。其次，可获得的参照物的价值决定因素应与目标著作权资产基本相同，并且这些决定因素的具体情况能够被收集并进行量化。

目前我国著作权交易中，著作权是作为企业整体或部门交易中的部分存在的，即使存在著作权单独交易，一般很少公开披露交易价格，市场中可获取的单独著作权交易信息也多为版税方面的信息，在使用收益途径评估著作权未来可获取的收益时，可以借鉴市场上相关形式著作权的版税信息进行可比分析，这涉及市场法和收益法的相关性和互通性。根据目前国际版税市场形势分析，版税的收取方式一般有一次性固定版税收入、按固定或变动版税率从销售收入中提取版税收入，一次性固定版税收入和版税率提成版税收入相结合的方式等。合适的版税率体现了著作权的使用对于著作权产品销售收益的贡献率。现实中，版税率一般在销售收入的 10% 左右，根据不同交易情况，版税率可以高达 80%～90%，也可以低至 1% 左右①。

使用市场法评估著作权资产价值，评估的难点是交易之间的可比性问题。即使存在相关著作权的交易价格信息，对于被评估著作权资产的价值也未必有借鉴意义。著作权作为一种重要的知识产权，不同于不动产，可以通过对比建筑面

---

① Russell L, *Parr Royalty rates for trademarks and copyrights*, 4th edition. IPRA, Inc.

积、建筑质量等因素。著作权涉及的因素有很多，主要包括：行业、市场份额、利润、新技术、包涵内容、进入障碍、成长前景、法律保护、剩余寿命等①。每种因素都会影响到著作权资产的价值。只有当这些因素特征都类似，才可以直接使用市场法。

采用市场法评估著作权资产价值虽然比较直接，但交易案例信息披露有限，且著作权作品之间被评估权利类型、使用范围、方式等存在的差异很难进行调整等因素，会限制其在实务中的应用。

（三）著作权资产价值评估的成本法

1. 成本法的基本原理概述

成本法的经济原理基础是替代性原则。著作权的自愿买主为目标知识产权支付的价格不会高于取得同等效用的替代著作权的价格。其基本公式为：

著作权资产评估值 = 著作权重置成本 - 著作权功能性贬值 - 著作权经济性贬值

或者，著作权资产评估值 = 著作权重置成本 × 著作权成新率

使用成本法评估著作权价值，同有形资产类似，首先需要计算著作权的重置成本，然后是分析和量化各项贬值要素，随后得出评估价值。

2. 成本因素分析

著作权资产成本具有虚拟性、弱对应性和不完整性，因此著作权的价值和成本之间没有必然联系，单纯使用成本衡量著作权的价值可能并不合适，因为著作权的高成本未必产生高价值，比较典型的是，作品在创作过程中的投入对价值的影响有可能是负面的。如国内目前的商业电影制作过程中，存在一个较为普遍的现象，明星演员的劳资报酬较高，如果投资方投入成本不增加，就必然导致电影制作过程中其他成本被压缩，包括编剧成本、拍摄成本、技术投入、宣传费用等，从而影响电影作品的整体质量，票房收入也会受到影响，著作权价值不能得到最大程度的体现。从中可见，成本和价值未必成正相关的关系，但同时也可以体现出，成本的组成要素在某些情况下却可以起到影响著作权价值的重要作用，如影响著作权成本的组成结构，从而影响著作权作品的最终价值构成。

著作权的成本是组成著作权价值的一部分。著作权实现收益的前提是著作权作品

---

① Gordon V. Smith, Russell L, *Parr Valuation of Intellectual Property and Intangible Assets.*

在生产制作过程中的投入，包括财力、物力的投入，也包括人力资本的投入，其中含有创作者的脑力劳动的付出。这部分价值虽然很难用经济价值衡量，但在条件具备的情况下，却能促进著作权收益和价值的实现。因此，研究著作权价值评估问题，就不能不考虑著作权的成本，其中涉及著作权重置成本和贬值因素的量化问题。

著作权的成本与生产著作权的过程有关。对于著作权成本的计算存在主观性和不确定性，尤其是难以确定整个著作权开发过程中多少成本应该计算在估算价值之内。

估算著作权的成本，还应该分清是自创著作权还是外购著作权。自创著作权的重置成本是根据著作权生产过程中所消耗的费用估算，外购著作权的重置成本则是根据购买时的相关费用估算，二者所依据的数据信息来源不同。

（1）自创著作权的重置成本，由创制该著作权所消耗的物化劳动和活劳动费用构成，基本公式为：

著作权的重置成本 = 材料成本 + 人工成本 + 间接成本

①材料成本包括著作权开发过程中，有形要素的支出和应计额，如计算机磁盘、电影或录音带母带、工程图纸等。通常情况下，材料成本在著作权开发总成本中占据的比例不大，但也不容忽视。

②人工成本在著作权的开发总成本中通常占很大比重，包括与著作权开发有关的人力资本的耗费和应计额，如支付给员工的工资和合同商的货币报酬，人工成本应该在评估基准日以现行成本进行评估。

③间接成本通常包括相关税收、额外收入和附加福利、管理和监督工作、支持和秘书工作以及公用工程和经营费用。

（2）外购著作权的重置成本，包括著作权的购买价和购置费用，一般有购置的原始记录，或者可以参照现行的交易价格，评估相对容易。

著作权重置成本 = 著作权购置成本 ×（评估时物价指数/购置时物价指数）

外购著作权的购置成本包括买入价和相关税费。

3. 贬值因素分析

同有形资产一样，著作权的贬值包括功能性贬值和经济性贬值。功能性贬值是指由于著作权无法完成其最初设计功能，随着时间的推移，著作权无法像过去一样，成功地发挥效用，从而使价值降低。技术性贬值是由于技术进步导致著作权价值降低，由于设计或技术的改进，新的重置著作权资产能比目标著作权资产产生更大的效用，这时就会产生技术性贬值。著作权作品可能会因为技术过时而产生技术性贬值，也可能会因为形式或风格的变化发生功能性贬值。

对于功能性贬值和技术性贬值的估算，需要考虑超额开发成本和超额经营成本两个要素。超额开发成本是比较目标著作权的现行开发成本和历史成本，超额经营成本是比较目标著作权的现行使用保持成本和最初开发出来时的使用保持成本。

经济性贬值（又称外部贬值）是指由于著作权现行使用以外的事件或条件、无法控制的影响造成目标著作权价值降低，如国家相关发展政策的影响、市场需求的变化等。经济性贬值对于著作权资产价值评估而言，是连接成本法和其他收益法的重要纽带。由于成本法很难直接考虑到著作权的收益、风险、市场竞争等因素对价值的影响，因此经济性贬值的量化就显得十分重要，然而问题在于实际上经济性贬值很难被单独计算和准确量化。

激烈的市场竞争可能会使得著作权的价值受到损害，如 2010 年，中国两大电子商务企业京东网和当当网展开了一场激烈的价格大战，图书价格大打折扣，在对消费者降低图书价格的同时，实际上也在压缩图书出版商的利润。如此一来，图书出版商的利润降低、成本上升，必然会影响到一些图书著作权的价值，市场竞争的变化最终损害的是图书著作权的市场价值，造成著作权的经济性贬值。

著作权的价值体现在与之维系的产品或服务的销售业绩上，当产品在市场上出现过时现象，消费者对其需求出现明显降低，与之相关的著作权价值可能也会出现贬值。预测著作权的收益时，其中一项很重要的工作是预测与之相关的产品/服务生命周期，当产品/服务的生命周期结束时，著作权的价值降低，如果著作权未能有其他的用途开发和转移，其生命也随之结束。

另外，著作权总是和一定的科技、文化创意因素相联系的。尤其对于文化产业而言，著作权作为文化创意的载体，其中的文化创意若出现过时的现象，著作权也很难持久。

一般情况下，经济性贬值的确定和量化可以在重置成本减去功能性贬值后的评估值基础上，估算著作权是否能在预期剩余使用寿命期间内产生合理的报酬率，如果可以，则表明没有明显的经济性贬值，反之，则明显存在经济性贬值。

4. 成新率因素分析

在评估实践中，由于著作权的有形损耗通常不存在，对于无形损耗可以采用一定的综合折算比率，即成新率。成新率的确定应该注意到著作权的使用效用和时间的非线性关系，如商标的效用随着企业的发展可能存在非线性递增趋势，专利的效用随着技术的进步可能存在非线性递减趋势。针对著作权表现出的更多更复杂的特征，评估人员需要根据具体著作权的类型和特点进行分析。

成新率的估算一般有两种方法，专家鉴定法和剩余经济寿命法。专家鉴定法，是指邀请相关领域的专家，对目标著作权的先进性、适用性进行判断分析，从而确定其成新率。剩余经济寿命法是评估人员通过对著作权资产尚可使用的经济年限进行预测和判断，根据著作权资产的市场竞争状况、可替代性、技术进步和更新趋势作出综合性预测。其计算公式为：

成新率＝剩余使用年限/(已使用年限＋剩余使用年限)×100%

5. 成本法评估存在的问题

虽然从理论上讲可以采用成本法评估著作权资产的价值，但难点一是作品的重置成本对应作品的全部著作权利，当需要评估全部著作权财产权利中的某一个或某几项权利组合价值时，如何将重置成本对应的全部权利价值分配到被评估著作权利上。二是很多个人创作作品并没有完整的投入成本资料记录，因此会出现要么重置成本难以反映其实际投入，要么没有原始证据支持的重置成本难以被各方采信。三是著作权贬值额的确定没有成熟、公认的标准，因此容易引起各方质疑。因此成本法并不是著作权价值评估的首选方法。

（四）著作权资产价值评估方法中的期权定价法

著作权具有报酬无限性和风险有限性，同时又具有时效性。这些特征正是期权的要素特征，因此对著作权资产的评估可以采用期权定价模型。传统三种方法的一个重要共性是用静态的观点来评估著作权的价值，认为资产的价值是一个确定的值。而现实中很多著作权的价值会随着时间、地点、风险或机会而改变，其价值是个变量，用期权定价方法来评估著作权的价值在一定程度上体现了这一特点。Trigeorgis（1993）提倡在使用“期权思维”评估无形资产时，同时考虑管理者的弹性因素对价值的影响，也就是管理者应对风险的管理策略和执行能力。他将净现值法（NPV）扩展为策略性净现值法（Strategic NPV），即无形资产的投资价值包括被动管理假设下的传统净现值和主动积极管理下的期权价值。国外有很多相关的实证分析对此进行了论证，认为这种方法有效地解决了一些不确定性问题。

期权法是将著作权价值看作企业的投资机会来评估。任何一种机会若要成为有价值的期权，相关的资产就必须具有某种程度的排他性。著作权恰好具有排他性和垄断性的特点，使权利人的收益具备增长的潜力。著作权可以看成是购买期权，产品的期望利润流现值（或更基础的变量）是其标的资产，著作权使用的有效期是期权的最后执行时间，利用著作权作品进行投资生产的初始投资支出是期权的执行价格。由于在著作权有效期内的任何时间投资者都可以投资于著作权开发，因此著作权实际上可被看成是一个美式期权。著作权中蕴含了各种实物期权，包括扩张、延迟、放弃以及转换期权。

期权定价方法有数值分析法、解析方法和近似计算法三类。数值分析法有二项式期权定价模型（BOPM）、蒙特卡罗模拟法等；解析方法主要有 Black - Schole 模型和计算复合期权的 Geske 模型；近似计算法如 B - A - W 的美式期权模型等。其中主要期权定价方法一个是数值分析法中的二项式期权定价模型，二是解析法中 Black - Scholes 期权定价模型。

大部分情况下，著作权不同类型的财产权利价值实现可能不具备连续性、稳定性，一些财产权利可能在未来一定条件时，才具备开发利用价值。这时就可以考虑采用实物期权方法评估其价值。根据《实物期权评估指导意见（试行）》的要求，评估实物期权，应当按照识别期权、判断条件、估计参数、估算价值四个步骤进行。

1. 识别期权。应当全面了解有关资产的情况以及资产未来使用前景和机会，识别存在的不可忽视的实物期权，明确实物期权的标的资产、期权种类、行权价格、行权期限等。

2. 判断条件。应当根据有关参数所需信息的可获取性和可靠性，判断是否具备评估条件。不具备实物期权评估条件时，应当终止实物期权评估。

3. 估计参数。实物期权评估中的参数通常包括标的资产的评估基准日价值、波动率、行权价格、行权期限和无风险收益率等。

4. 估算价值。应当根据实物期权的类型，选择适当的期权定价模型，常用的期权定价模型包括布莱克 - 舒尔斯模型、二项树模型等。对测算出的实物期权价值，应当进行必要的合理性检验。

（五）著作权资产价值评估方法之间的比较和选择

著作权资产价值评估方法的选择有其适用前提及使用限制。各种方法的原理、优缺点和适用情形，如表 3.6 所示。

表 3.6　　著作权资产价值评估方法比较

方法	描述	优点	缺点	适用情形
市场法	著作权价值参考其他（自愿买卖双方达成的）可比交易的市场价格。	最符合市场价值的定义； 方法直接系统，可得出令人信服的评估结果。	著作权市场发展尚处于初步阶段，公开市场信息的获取、分类和验证难度较大； 著作权之间缺乏可比性； 取决于市场交易的活跃程度。	诉讼赔偿/许可交易/转让定价等，电视剧作品目前具有一定应用的基础。
收益法	著作权价值为未来经济收益的现值。	最为常用、最易理解、最易操作的方法； 体现著作权的收益特性； 信息资料相对容易获得。	建立在很多变量分析的基础上，需要大量的研究工作； 需要评估师丰富的评估经验和知识储备。	诉讼赔偿/许可交易/转让定价等。
成本法	著作权价值为重置该项著作权的成本。	当无法使用市场法和收益法时使用，或对于收益法或市场法的辅助分析； 作为著作权价值分析的起点。	成本不等于价值； 没有考虑到著作权的收益特性和市场价值； 著作权的成本因素和贬值因素较难量化； 成本投入资料不确切，投资成本难与各种特定权利对应。	诉讼赔偿/保险评估/全新著作权估价； 对于电影、电视剧集体创作作品，全部著作权价值时可以参考。
实物期权法	具备期权特征且相关参数能够量化时，可选择。	能够体现多种类型著作权财产权利非连续、不稳定情况价值实现特征。	基准日价值需要采取其他方法确定，波动率、行权价格、行权期限需要有较多主观判断。	目前无现金流、未来拟进行开发，且有较明确的开发计划的财产权利。

从理论上说，根据这些不同的方法和原理得出的评估结果应该是趋于一致的，并且在使用这些方法评估著作权价值时，不同方法之间会出现相互交叉融合的结果。

此外，不同评估方法中参数确定时需要获取的资料、获取数据的可靠性对评估方法的选取也有决定性的影响（见表 3.7）。

表 3.7　　　　主要参数对著作权资产价值评估方法选择的影响

评估方法	具体方法	数据类型	需要获取的资料	对评估方法的影响
市场法		可比较的交易价格或价值乘数	收集可比交易案例 受交易案例数量、信息公开程度及可比性的制约	市场法可作为辅助验证，作为定价方法需要谨慎
收益法	总体	未来财务信息	剔除企业特殊事项影响后的预测资料	收益法能否采用还取决于其他资料
		折现率	可以使用累加法； 使用 CAPM 模型计算得出，可以使用 WACC 计算得出。	收益法
收益法	许可费节省法	许可费率	1. 可比许可协议的详细资料（相似交易比较）	可作为主要评估方法
			2. 行业平均数据	
			3. 经验法则	
			4. 投资回报率分析（市场法）	
	增量收益法	增量收益	需要在市场上找到一个无著作权的类似企业，但可能无法获得该企业的财务预测数据	使用限制较多
	超额收益法	超额收益	需要其他资产对现金流贡献的资本价值	使用限制较多
成本法		重置成本	无法获得确切的成本投入资料，且投资成本难以与全部著作权价值中各种特定权利相对应	使用限制较多
实物期权法		基准日价格	需要采用其他三种方法确定	需要其他三种评估方法辅助
		波动率	历史及未来收益波动情况	采用主观判断，准确性受影响
		行权价格、行权期限	需要明确的开发计划	

二、文化企业著作权资产评估实务

（一）不同类型作品著作权资产评估对象的识别

著作权资产评估对象是指著作权中的财产权益以及与著作权有关权利的财产

权益，著作权资产评估对象相对于其他无形资产更加复杂。界定评估对象时，要考虑权利人（著作权人受让及被许可权益）、使用形式［法定许可、授权许可（专有、非专有）］、权利形式（具体许可形式和许可内容）、权利种类，要关注评估对象的基本情况（时间、地域等限制条件，作品类别，发表状况、使用状态、登记情况以及著作权的保护期限）、权利组合形式、法律状态（权利人信息、权利人变更情况、著作权质押情况和涉及诉讼情况）、质押（登记证书）及出资（登记情况）关注要点等。鉴于著作权财产权利类型复杂、作品类型多样，我们可以首先按照权利和作品类型两个维度构建一个著作权资产价值评估对象矩阵，作为著作权资产价值评估对象识别的基础。

1. 著作财产权利类型维度

《著作权法》所保护的著作财产权亦称为著作经济权利，是指作者本人或者授权他人采取一定的方式使用作品而获得物质报酬的权利。著作财产权利类型维度包括复制权、发行权等 12 种明确的权利，按照传播方式与使用方式不同，进行如下分类（见图 3.17）。

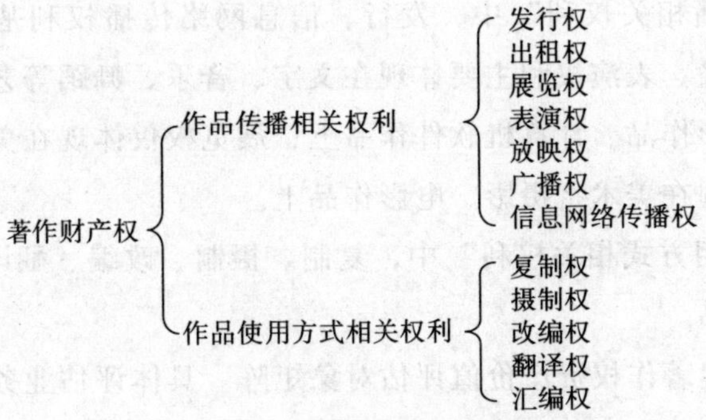

图 3.17　著作财产权权利分类

发行权、出租权、信息网络传播权等 7 类权利均涉及作品的传播方式，而作品的传播也是著作权价值得以实现的手段和途径，称其为“作品传播相关权利”。复制权、摄制权等 5 类权利，主要涉及作品表现和使用形式的变化，称其为“作品使用方式相关权利”。

2. 著作权作品类型维度

根据《中华人民共和国著作权法实施条例》（以下简称“实施条例”）、《计算机软件保护条例》，作品类型维度包括文字作品、口述作品、音乐作品、戏剧作品、曲艺作品、舞蹈作品、杂技艺术作品、美术作品、建筑作品、摄影作品、电影作品和以类似摄制电影的方法创作的作品、图形作品、模型作品、计算机程序、文档15类以及与邻接权对应的图书和期刊的版式设计、表演、录音录像制品、广播电视节目4种作品，共19类。

这些作品类型在表现形式、载体、创作方式和难度、创作流程和投入成本等方面有各自的特点和差异，其价值也受上述特点的影响。这些作品的分类是现阶段社会发展的产物，会随着社会的发展而不断变化。

3. 著作权资产价值评估对象矩阵

根据以上两个维度的分析，我们可以构建出一个12×19的著作权资产价值评估对象基本矩阵，其中的元素即为著作权资产价值评估对象——XX作品XX权。

按照不同作品的特点以及各种权利的定义，并不是每一种作品都具有上述12项权利，因此我们还需要通过分析每种作品不同权利的存在基础，确定最终的评估对象，构建出目前著作权资产价值评估的全部对象。

在“作品传播相关权利”中，发行、信息网络传播权利基本可体现在绝大部分作品上；广播、表演权利主要体现在文字、音乐、舞蹈等艺术类作品上；出租权仅体现在电影作品、计算机软件作品上；展览权仅体现在美术作品、摄影作品上；放映权体现在美术、摄影、电影作品上。

在“作品使用方式相关权利”中，复制、摄制、改编、翻译、汇编5种权利适用于大部分作品。

因此可以构建著作权资产价值评估对象矩阵。具体评估业务中，则需要根据特定的经济行为、评估目的确定评估对象，可能是上述矩阵中的某一个元素——单项权利，也可能是几个元素组成的集合——权利组合。

（二）著作权资产清查重点及实务

著作权资产原始作品及衍生作品类型多样，财产权利复杂，作为意识形态领域涉及行业监管政策较多。因此对著作权资产的清查重点应该在对是否符合行业监管政策、权利内容及运营模式的了解等方面。

1. 核对权利证书

著作权资产权利是否清晰、完整、合法，相应的权利证书是非常重要的依据。《中华人民共和国著作权法实施条例》（国务院令［2002］第359号）第六条规定："著作权自作品创作完成之日起产生"；《作品自愿登记试行办法》（国家版权局1994年12月31日发布，1995年1月1日开始实施）第二条规定："作品实行自愿登记。作品不论是否登记，作者或其他著作权人依法取得的著作权不受影响"。

作品的著作权不以著作权登记为生效要件，公司投资制作作品自创作产生之日或自其协议取得之日起，即依法单独或与其他权利人共同拥有作品的著作权。但有登记证书的作品在相应的经济行为中产权会得到更好的保护和利用。

因此，对著作权资产的权利清查，一方面是获取权利登记证书，对于没有登记的作品，则需要核对其相应的合同、协议或原始投资资料。发行人自主选择办理作品著作权登记，是否办理著作权登记对发行人行使和保护著作权不产生实质影响。因此，对于未进行著作权登记并取得《著作权登记证书》的作品，确定著作权最终依据为投资方的投资合同和各方出具的著作权声明书等。对于权利不能明确的作品，则需要律师的专业意见。

同时，对于不同类型的文化企业，生产（制作）文化产品或提供文化服务，还需要有相应的特许资格。比如影视作品的生产，分别需要获得《电视剧发行许可证》(甲/乙)、《电视剧制作许可证》(甲/乙)、《电影片公映许可证》、《摄制电影许可证》，引进电影、电视剧的资格等。

2. 核对著作权合同

针对特定的经济行为，著作权合同是非常重要的权利文件。通过著作权合同，评估人员能够了解基本要素（合同号、签订日期、我方公司名称、对方公司名称、片名）、作品情况［作品名称和内容、集数、片长（分钟）］、权利及限制（播出区域、授权期限、授权权利类型、网络播映权、图书出版权、音像出版权、IPTV等新媒体、形象使用权）等内容，对于划分收益范围、确定收益期限、确定收益来源具有比较重要的作用。其中的价格情况（单价、许可使用费、三费（磁带、复制、邮寄）、合同总金额等对采用市场法、成本法也具有一定的参考意义。

3. 账务清查

评估人员通过对被评估著作权资产账务清查，主要了解其原始入账时间，金额及其构成内容，与合同的一致性，是否对外许可（销售），对应合同是否一致，是否有质押、担保、摊销情况，账面价值，对应其他收益——广告等。这些资料一方面是为了履行评估程序，另一方面也是为采用各种评估方法提供一个基本的参考。比如对于外购形成的著作权资产，评估人员可以了解其原始购置价值，为进行市场比较打基础；对于自创形成的著作权资产，可以了解其成本构成内容，为采用成本法评估提供参考。

在进行账务清查时，需要特别关注和识别企业账外著作权资产。文化企业特别是成立时间比较长的国有文化企业，往往会积累大量的账外著作权资源。对于这些著作权，评估人员需要按照权利类型和作品类型两个维度建立一个著作权清查明细表，将企业的各项著作权对应的权利类型、作品情况进行登记清查，对于基准日后仍然拥有相应权利的作品，在清查表中明确填报其基准日之后仍然拥有的权利类型、期限、使用范围、使用方式等内容，从而作为对其进行价值评估的基础。

4. 著作权运营模式

前面也提出，不同的著作权运营模式对企业著作权资产价值的实现有重大影响。因此，通过对被评估企业著作权运营模式的深入了解，评估人员无论采取何种评估方法，都具有非常重要的参考价值；对于著作权运营产业链长的企业，对其原始作品著作权价值评估，就需要根据其运营模式，考虑衍生产品的开发收益和相应风险以及是否存在期权价值；对于著作权分销运营的企业，则需要考虑作品著作权传播权利各种实现方式的投资、收益及风险。

（三）评估报告披露事项

评估报告的披露，需按照《评估准则——评估报告》、《著作权资产评估指导意见》的规定进行。

1. 作者和著作权权利人的基本情况的披露

作者的创作水平、知名度等对作品著作权价值有较大影响。著作权权利人开发、利用作品的能力及运营模式对作品著作权价值影响也不可忽视。

2. 评估对象的详细组成情况

这包括作品基本情况、作品的类别、作品的创作形式，涉及的演绎作品的详细情况。

作品自身特点作为著作权价值的一个影响因素，需要披露给报告使用人，一方面体现出评估师分析著作权价值的过程，另一方面能够使其对著作权价值有比较清晰地认识。

3. 评估对象包含的财产权利限制条件

评估对象包含的财产权利类型较多，且不同的具体权利其使用方式、期限、区域等也都会影响著作权价值。因此，对同一项权利使用条件的限制不同，其价值也会产生差异。

4. 与著作权有关的权利情况

与著作权有关的权利主要是指作品的邻接权，即出版者对其出版的图书和期刊的版式设计享有的权利，表演者对其表演享有的权利，录音录像制作者对其制作的录音录像制品享有的权利，广播电台、电视台对其播放的广播、电视节目享有的权利。这些是新的作者对原始作品再加工所产生的衍生作品的著作权利。由于这些衍生作品依赖于原始作品，因此其著作权与原始作品著作权之间存在交叉。出版者、表演者、录音录像制作者、广播电台、电视台行使权利，不得损害被使用作品和原作品著作权人的权利。

当然，这种情况只是在原始作品有相应衍生作品的情况下才会存在。按照目前的著作权法规，只有图书和期刊、表演、录音录像制品、广播、电视节目这几类作品才具有邻接权。

5. 著作权和与著作权有关权利事项的登记情况

如前所述，权利是否登记、登记内容等对作品权利的利用也会产生影响。

6. 作品含有其他无形资产的情况

很多情况下，作品著作权需要与其他资产一起产生收益，体现价值。对于区分有形资产比较容易，但对于清晰辨识共同作用的无形资产则需要评估师进行更多的工作。因此，披露其他无形资产情况，便于报告使用者清晰了解所评估著作权资产价值的构成。

7. 作品产生收益的方式、著作权剩余法定保护期限以及剩余经济寿命、影响著作权资产价值的法律因素、技术因素、经济因素的分析过程等内容，是评估师量化著作权资产价值的重要工作，也是使报告使用者认可接受评估结论的重要依据。这也是我们前面重点分析的内容。因此，对这些内容的披露，是评估报告的核心。

8. 使用的评估假设以及限定条件

任何评估结论都是在特定假设前提下成立的，并且一些评估项目的结论还会受到一定条件的限制。把这些情况说清楚，有利于报告使用者正确、合理使用评估报告。

9. 著作权资产许可、转让、诉讼以及质押等情况

该项要求与第3项“评估对象包含的财产权利限制条件”有类似的地方。许可、转让、诉讼、质押实际都是对著作权资产财产权利的一种限制，但由于财产权利涉及多种，许可、转让、诉讼、质押可能仅涉及全部权利，也可能涉及部分权利，它们与评估对象可能会完全重合，也可能部分重合或与其无关。因此，对这些内容的披露，更容易使报告使用者了解评估对象价值的全面影响因素。

总之，对评估过程的充分披露，是评估师与报告使用者之间全面沟通的重要信息，体现了评估师的工作成果，有利于评估师重新审视评估过程的逻辑性、完整性，方便报告使用者充分理解评估结论内涵，从而合理使用报告。

第四节　本章小结

一、内容介绍

本章对文化企业的核心无形资产——著作权资产评估进行了深入分析。著作权资产类型复杂，涉及作品多样，是文化企业无形资产评估的重点和难点。因此，在总体介绍基础上，本章详细论述了不同类型作品著作权资产的价值影响因素以及在价值评估时如何对其量化。本章还全面介绍了著作权资产评估的各种方法、参数及其适用性，结合实践提出了文化企业著作权资产评估实务操作的重点。

二、研究结论

1. 文化企业核心无形资产是著作权资产，其发展壮大的过程也是著作权资产与商标、专利、品牌等无形资产相互融合、共同发挥作用的过程。

2. 对著作权资产进行评估需要根据不同作品类型和著作权财产权利类型两个维度，构建评估对象基本矩阵，清晰界定评估对象。

3. 准确评估著作权资产价值离不开对不同类型作品特点及其市场的准确把

握和对著作权价值影响因素的深入理解。

4. 根据不同评估方法的特点，确定参数所需要的资料、数据，分析和选择合理的评估方法是著作权资产价值评估的基础。

5. 文化企业著作权资产评估实务中，评估人员需要关注权利证书和著作权合同，全面清查账外著作权资产，了解企业著作权运营模式，充分披露相关信息。

第四章　文化企业抵（质）押评估

第一节　文化企业抵（质）押融资现状分析

一、文化企业抵（质）押融资渠道

文化企业的融资渠道主要有3种：一是债权性融资，向金融机构借款，即间接融资；二是股权性融资，通过引入风险投资或者在金融市场上发行股票或融资证券，即直接融资；三是政府扶持资（基）金。近年来的文化资产抵（质）押贷款尤其是著作权质押贷款的实践经验表明，文化资产抵（质）押贷款是中小文化企业解决资金问题的重要途径之一。

目前，开展面向中小文化企业的文化资产抵（质）押业务的银行逐渐增多。其中具有代表性的、影响较为广泛的是北京银行的“创意贷”。“创意贷”是北京银行为支持文化创意企业及文化创意集聚区建设量身定制的特色金融组合产品。针对文化创意九大行业及文化创意集聚区推出10类子产品，满足处于不同发展阶段文创企业的融资需要。“创意贷”的主要特点：一是涵盖范围广，涵盖了文艺演出、出版发行、影视制作、动漫网游、广告会展、艺术品交易、设计创意、文化旅游、文化体育休闲等九大类文化创意行业以及文化创意集聚区10项子产品；二是担保方式新，除传统抵押担保方式外，北京银行针对文创企业轻资产的特点，创新推出版权、商标权、专利权等无形资产质押担保方式。

交通银行的“融智通”，业务也适合于中小文化企业质押贷款，与“创意贷”相似，同样具有覆盖范围广，允许中小企业以著作权等无形资产进行质押担保等特点。

但是，能够取得贷款的文化企业数量仍然十分有限，大部分文化企业仍然缺乏有效的融资渠道，资金问题没有得到有效的解决。

二、中小文化企业抵（质）押融资瓶颈分析

（一）企业方面

现阶段，我国文化企业，尤其是中小文化企业具有的以下难题导致银行不愿以文化资产抵（质）押的形式向文化企业发放贷款。

1. 文化企业赢利模式不够清晰，银行难以把握

赢利模式是指企业以赢利为目标，根据经营环境和自身资源，将市场、产品、服务、人力及资本等要素进行匹配组合与管理的过程和方法。选择正确的赢利模式是企业能够持续经营的前提之一。不同的赢利模式又有各自的特点，所对应的赢利周期、经营风险各不相同。文化企业赢利模式多样性与复杂性的特点，使银行很难把握，提高了银行与文化企业间的信息不对称程度，增大了银行贷款的难度。

2. 中小文化企业资信状况不高

中小文化企业成立初期资产数量少、信用等级低，符合银行贷款条件的少。而且相当多的文化企业缺乏良好的公司治理结构，财务管理基础较为薄弱，信息不透明，财务报表不规范，信贷风险难以控制。此外部分中小企业恶意逃避银行债务，加剧了银行的恐贷心理。据比较权威的机构调查，在没有得到贷款的中小企业里面，23.5%是由于这些企业存在未按时支付银行利息的情况，有逃债、废债现象，由于信用不好，而未能获得银行贷款①。上述不良行为也影响到中小文化企业的银行贷款。

3. 中小文化企业人力资源稳定性差，工作团队流动性大

人的因素在文化企业的发展中至关重要。人力、智力、理念和创意的灵活投入，决定了文化企业有别于其他企业的发展架构。一个项目的完成过程往往会伴随着成员的自由流动，这种松散式的合作模式决定了文化企业工作团队具有较强的流动性。中小文化企业由于项目人力资源存在较强的流动性，给企业发展带来

① 赵海宽：《全国政协九届五次会议在人民大会堂举行第二次记者招待会》上的讲话。

较大的不确定性，因此伴随着较高的风险，银行出于控制风险的考虑，往往回避对中小文化企业进行贷款。

4. 中小文化企业的核心资产特性复杂，价值波动大

文化企业强调原创性和知识性，知识资本投入大。文化资产种类较多，有电影、电视、图书著作权和艺术品等。不同的文化资产具有不同的资产特性，不同的价值影响因素。文化资产价值评估的难度较大，体现出有形资产与无形资产的复杂的相互作用关系，需要科学的评估方法和丰富的评估实践。而且，文化资产具有很强的知识产权附加值，其价值主要是由其所具有的无形价值决定的，因而大部分文化资产都具有价值波动大的特点。这些特点使中小文化企业较难从银行获得贷款。

（二）银行方面

银行开展贷款业务，最关心的就是贷款的回收风险。因此，银行回避文化资产抵（质）押贷款，也是出于对文化资产带来的风险缺乏深刻的理解和有效的控制方法。文化资产质押贷款业务中影响最大的风险主要来自以下几方面：

1. 信息不对称，风险与收益不对等

文化企业与银行间的信息不对称，使我国的商业银行在为文化企业提供贷款服务方面存在较多障碍。斯蒂格利兹和韦斯以信贷市场信息不对称为基础建立的理论模型论证了银行向中小企业贷款存在着均衡信贷配给的现象，而信息不对称导致的逆向选择和道德风险是产生均衡信贷配给的根本原因。据现代货币金融学理论，由信息不对称所引起的逆向选择和道德风险问题，不仅会导致金融市场难以有效运作，形成资金配置的低效率，而且会增加银行的贷款风险。文化企业相对于银行具有信息优势，当银行在面向文化企业贷款时，必然会产生“高风险、高成本”的问题。银行若贷款，风险显著增加，而收益却不会有相应的增加，使得许多中小文化企业都被排斥在信贷市场之外。

同时，中小文化企业的发展前景本身不确定，在企业发展的早期阶段，风险因素多，收入不确定性大，与商业银行的贷款原则不相符。相比之下，银行对中小文化企业贷款的单位成本远高于其他企业。商业银行在贷款上的风险偏好，决定了贷款形式的融资难以有效满足文化企业，尤其是中小文化企业的高风险投资以及长期性资金需求。为了满足长期资金周转的需要，一些文化企业不得不采取短期贷款多次周转的办法，从而增加了企业的融资成本。

2. 信用制度及抵押担保体系尚不健全

信用制度和担保制度是维持企业信贷活动正常进行的外部约束机制，而目前我国的这种融资支撑体系尚不发达。突出表现为社会信用制度不健全、融资担保体系不完善等。我国融资市场过剩与短缺并存，一方面金融机构和投资公司有大量资金没有合适的投资方向，另一方面文化企业却又无法获得这部分资金。

由于创业时间短，大多数中小文化企业的自有资金先天不足、自身积累薄弱、资信水平较低和抗风险能力较弱，难以满足商业银行信贷标准的要求。为弥补这种高风险可能带来的损失，无论是大银行还是中小银行，都会使用抵押和担保贷款形式。然而，绝大多数文化企业属于中小企业，对于银行来说，其信用风险相对较高，能够提供的抵（质）押担保有限。大部分文化企业固定资产少，缺乏足够品质的抵（质）押品。尽管全国很多城市都有对著作权等文化资产进行抵（质）押贷款的金融产品，但整体的信用制度及担保体系仍不健全。

3. 文化资产抵（质）押贷款信贷风险控制难度大，银行缺乏有效的管理方法

风险是银行放贷时最为关注的问题。从本质上说，信贷风险管理是解决银行资本的有限性与业务发展无限性之间矛盾的有效工具，是合理配置资源、提高银行资产组合效益的关键。虽然我国商业银行的风险管理水平有显著的提高，但是文化资产的抵（质）押是近年来新兴的业务类型，对其理论的研究及实践经验都十分欠缺，至今仍没有形成一套操作性强的信贷风险控制理论。文化资产价值属性的复杂性与量化难度高的特点，导致文化资产抵（质）押贷款业务中信贷风险的合理识别与有效控制都需要深入的理论研究和高超的技术手段。银行界对文化资产抵（质）押的风险理论仍处在探索阶段，尚没有形成阶段性的理论成果。

（三）中介机构方面

1. 专业中介机构与银行的合作机制不够完善

我国商业银行的贷款业务主要通过担保及抵（质）押作为风险控制的手段。其中抵（质）押贷款主要以土地使用权、房地产等价值便于识别而且变现容易的资产作为抵（质）押物。围绕着传统的贷款模式，银行与担保公司、房地产评估公司等中介服务机构已经摸索出较好的合作模式，并建立了比较紧密的合作关系。但是对于知识产权、文化资产等新兴的抵（质）押贷款模式，并没有形

成成熟的运作模式。政府、银行、中介机构各自的角色定位仍不明确，银行与中介机构缺乏有效的合作机制。中介机构尤其是资产评估机构缺乏发挥其专业化的价值评估能力的平台与机遇，中介机构与银行间就文化资产抵（质）押贷款业务的合作十分有限，使银行缺少了重要的咨询与服务提供者，降低其信贷风险的控制能力，抑制了文化资产抵（质）押贷款业务的开展。

2. 文化资产价值评估的专业化水平有待提高

文化资产兼具有形资产、无形资产的价值属性，文化资产的价值评估具有较大的复杂性。现阶段，对于文化资产的评估理论与评估方法仍处于探索与研究阶段，尚未形成成熟的评估体系。因此，资产评估机构等中介机构的专业水平与评估结果的科学性有待提高。

三、文化企业抵（质）押贷款的可行性分析

文化企业抵（质）押贷款能够顺利运作的关键，是银行的贷款风险能够得到清晰的认识和有效的控制。只有在此基础上银行才有开展文化资产抵（质）押贷款的热情与动力。现阶段，对于有效的控制文化资产质押贷款的三大风险：估值风险、法律风险、处置风险，已经具备了一定的基础性条件。

（一）评估理论的深入研究

文化资产是无形资产和有形资产的有机结合，其中，文化资产的有形成分的价值评估相对简单，理论比较完善。而文化资产中的无形成分，如著作权、商标权等价值的评估则由于无形资产价值自身的专业性和复杂性，导致无形资产评估理论难点多、问题多、评估结论的合理性受到质疑。但是，随着近年来无形资产评估理论的深入研究，理论界和实务界已经对无形资产的价值属性、价值特性、价值评估方法等有了较深入的认识。基本上总结出了比较有效的无形资产价值评估理论，并产生阶段性的理论成果。在评估准则体系建设方面，2001 年财政部发布了中国第一部《资产评估准则——无形资产》。2008 年以来，中评协发布了修订后的《资产评估准则——无形资产》、《专利资产评估指导意见》、《商标资产评估指导意见》及《著作权资产评估指导意见》，标志着我国已经从主要关注准则总体系建设和具体准则制定工作，发展到追求建立一种在具体实体性准则之下，具有分层次有机联系，较为完备实用的无形资产评估准则子系统的高度。在具体的无形资产评估方法研究方面，新方法、新模型的探索不断出现，如成本重

置模型、超额收益模型、增量收益模型、利润分成模型、期权定价模型等。不同的模型针对不同的适用情景能够进行比较准确的价值评估。相关评估准则的发布与无形资产评估理论探索为指导无形资产评估奠定了基础。

（二）相关法律制度已经构建

文化资产抵（质）押贷款业务的有效开展，必须建立在比较完善的法律政策制度的基础上。文化资产抵（质）押贷款能够合法地开展有两方面法律制度保障：一方面是与质押贷款相关的担保法、物权法等法律制度；另一方面是与文化资产确权相关的著作权法等法律制度。

在担保法、物权法方面，我国从20世纪90年代就开始了对无形资产质押融资可行性的探索。1995年颁布的《担保法》规定依法可以转让的专利权、商标专用权、著作权中的财产权可以质押，并规定这些权利必须是“可转让的”，必须订立书面的质押合同，质押必须“向其管理部门办理出质登记”。质押自登记日起生效。《物权法》也作出规定，债务人或者第三人可以转让的注册商标专用权、专利权、著作权等知识产权中的财产权可以出质；由此可见，从法律层面而言，以文化资产进行质押贷款已经具备了相应的条件。

在著作权法方面，我国的著作权法是1991年颁布的，从1991年6月1日起实施。随着科学技术的进步、社会文化的发展，为适应新的社会及经济格局的变化，2001年我国对著作权法进行了第一次修改，2010年进行了第二次修改。经过两次修改后的著作权法将著作权中的经济权利明确划分为12种，包括复制权、发行权、出租权、展览权、表演权、放映权、广播权、信息网络传播权、摄制权、改编权、翻译权、汇编权。同时对权利人权利的限制条件进行了明确，包括以下几方面：地域的限制、时间的限制、强制许可、法定许可。由此可见，著作权法对著作权权利人的权力界限与权利保护不断完善，为著作权进行质押构建了良好的法律基础。

（三）文化资产交易日趋活跃

目前，文化资产的交易逐步升温，日趋活跃，为文化资产作为质押物进行财产处置，实现质押物的有效变现创造了良好的条件。首先，文化市场需求巨大。文化产业“十二五”规划设定的产值目标是“五年倍增”，年均增速14.9%。其次，文化产权交易所规范发展，全国主要城市基本上都成立了文化产权交易所。中宣部等五部委还专门发文，要求中央文化企业国有产权交易须进入上海、深圳文化产权交易所进行交易。借助这些文化产权交易平台，可以广泛征集卖家和买家，充分发现市场价格，提高文化产权交易效率。从而为包括风险投资在内的各类出资主体进入文化产业，提供便捷、规范、有效的服务和支持，使交易方式由“非常态”转变为“常态”。这些无形资产交易平台的出现，将会极大地提高抵（质）押文化资产的流通性，为推广文化资产的抵（质）押业务提供了更加有力的条件。

（四）政府扶持力度不断加大

针对文化企业融资难、贷款难的问题，各级政府不断出台各项政策进行扶持与补贴，鼓励文化企业的发展与壮大。

2008 年，财政部设立文化产业发展专项资金，采取贷款贴息、项目补助等方式，扶持文化产业项目。2013 年，文化产业发展专项资金规模达到 48 亿元人民币。

2010 年中央九部委联合下发了《关于金融支持文化产业振兴和发展繁荣的指导意见》，提出了进一步改进和提升对我国文化产业的金融服务，支持文化产业振兴和发展繁荣。在银行抵（质）押贷款方面要求积极开发适合文化产业特点的信贷产品，加大有效的信贷投放。完善授信模式，加强和改进对文化产业的金融服务。

2011 年 7 月 6 日，由财政部、中银国际、中国国际电视总公司等共同发起设立了国内首只国家级文化产业投资基金——中国文化产业投资基金。该基金总规模为 200 亿元，拟以股权投资方式，投向新闻出版发行、广播电影电视、文化艺术等领域。

据不完全统计，截至 2012 年初，全国文化产业投资基金已超百支，资金总规模超过 1330 亿元。将来，各级政府还会通过项目补贴和贷款贴息、保费补贴、搭建文化产业发展投融资平台等方式，引导和带动金融资本和其他社会资本投入文化产业。

第二节　文化企业抵（质）押贷款的运作模式及适用性分析

一、知识产权质押贷款实践运作模式

在探索文化资产抵（质）押贷款的运作模式时，可以借鉴相对成熟的知识

产权质押贷款的运作模式。文化资产与知识产权都具有价值波动大、估值困难、未来收益不确定性大等特点。更主要的是，从银行的角度来看，文化资产与知识产权所具有的风险特性与应采用的风险控制方法大致相同，通过分析不同的知识产权质押贷款运作模式的优缺点，可以提炼出针对不同文化企业及文化资产有效的质押运作模式。

现有的知识产权质押模式中，政府发挥了非常重要的作用。正是在政府各种政策的积极推动下，商业银行才有不断开展知识产权质押贷款这种高风险类型的贷款业务。总结起来，现有的知识产权质押融资模式主要包括以下几种：

（一）政府行政推动型

四川省内江市的知识产权质押贷款是采取了政府行政推动型这种模式，本书称之为“内江模式”。

1. 主要特点

其主要特点是政府选择重点扶持的企业，指定本地金融机构发放知识产权质押贷款，直接促成了企业利用知识产权从银行获取质押贷款。

2. 主要成效

内江模式的知识产权质押贷款发放速度快，中间环节少，可以直接缓解企业资金困难。

3. 主要不足

由于是在政府行政命令下发放的贷款，内江模式没有完全按照市场行为来对企业的资质、质押物进行准确评估；同时，也没有建立风险预防和监控措施，容易导致发放的知识产权质押贷款成为金融机构的不良贷款，从而使贷款方获益可能性变小，积极性降低。

（二）政府创造外部环境推动型

湖南省湘潭市开展的知识产权质押贷款就是这种模式，本书称之为“湘潭模式”。

1. 主要特点

一是在推动知识产权质押贷款的开展过程中，政府主要从政策上为商业银行开办知识产权质押贷款营造环境。湘潭市出台了《湘潭市专利权质押贷款管理办法》、《湘潭市商标专用权质押贷款管理办法》，并推动当地中国银行制定了《中国银行湘潭分行专利权质押贷款业务操作暂行办法》，从政策上为知识产权质押贷款的开展提供了良好的外部环境，同时也从管理层面、操作层面为知识产权质押贷款提供了政策依据。

二是政府关注。当时的湘潭市政府有关领导对于开展知识产权质押贷款，解决科技型中小企业融资难的问题非常关注，因此，推动当地科技局、知识产权局、工商局和本地商业银行推出了这项业务。

2. 主要成效

金融机构根据自身贷款评审标准，选择资信优良、知识产权市场价值相对明确的企业发放贷款，为商业银行进行有关业务创新奠定了一定基础。为了进一步降低知识产权质押贷款的风险，湘潭市的金融机构还要求企业提供的知识产权必须是处于实质性实施阶段，具有一定的市场潜力，并已形成经营规模。

3. 主要不足

一是政府直接支持力度较小，影响了银行业务的持续开展。由于政府对于知识产权质押贷款的支持力度减弱，同时没有指定专门的部门来推动知识产权质押贷款业务的进一步开展，导致科技等相关部门无法进行协调；由于不能为知识产权质押贷款提供资金直接支持，降低贷款风险，使得商业银行等金融机构开展知识产权质押贷款的积极性降低，直接影响这项业务的持续开展，导致呈现高开低走态势。

二是对那些银行难以判断其知识产权价值的企业，获取贷款的可能性较小，贷款业务量受到影响，对于具有融资瓶颈的科技型中小企业意义不大。由于湘潭模式的贷款风险全部在银行，因此，湘潭市的银行在发放知识产权质押贷款时，除了要求企业用知识产权质押贷款外，还要求企业用土地、厂房等进行抵押。

（三）政府出资分担风险型

四川省成都市的知识产权质押贷款是在政府资金支持下开展的，本书称之为“成都模式”。

1. 主要特点

一是政府为知识产权质押贷款提供担保。政府设立专门资金支持银行开展知识产权质押贷款业务，政府资金分担了很大比例的贷款违约风险。对于违约风险，政府承担90%的损失，银行承担10%的损失。具体由成都市生产力促进中心向银行的短期借款提供连带责任担保，企业以自有知识产权质押给成都市生产力促进中心进行反担保，并以企业业主信用以及其他方式承担无限担保责任。

二是政府大力支持项目孵化和创业投资。成都市生产力促进中心负责本市科技型中小企业的孵化培育，同时该中心还成立了一家具有创业投资功能的公司，对处于初创期和成长期的科技型中小企业进行股权投资和公司管理服务，在挑选企业和项目上积累了经验。

2. 主要成效

对很多科技含量高、经济技术意义较大，但自主知识产权价值难以确定的企业而言，成都模式提高了其获得银行贷款的可能性，尤其是科技部门支持的一些企业，涉及行业分别是软件企业、制造业、制药、环保等行业，质押的知识产权包括发明专利、商标和软件著作权等。贷款企业分别处于初创期、成长期等发展阶段，贷款用途限于生产性流动资金专用。这些资金为企业的发展提供了有力的支持，也为成都市生产力促进中心和成都银行进一步开展知识产权质押贷款业务奠定了基础。

3. 主要不足

政府设立的这类资金规模一般较小，覆盖面偏小，支持方式比较单一，影响了知识产权质押贷款规模的扩大。

（四）政府补贴融资成本型

北京市政府支持知识产权质押贷款的方式就属于这种类型，本书称之为“北京模式”。

1. 主要特点

一是政府设立专门资金补贴贷款利息，降低企业融资成本。对获得知识产权质押贷款的科技型中小企业，政府采取财政资金补贴贷款利息的方式来支持企业。北京市科技型中小企业技术创新资金优先用于贴息支持，对以发明专利申请贷款的企业补贴贷款成本的70%，对以实用新型专利、驰名商标申请贷款的企业补贴贷款成本的50%，对以普通商标申请贷款的企业补贴贷款成本30%。北京市中关村知识产权促进局还制定了《示范园区知识产权专项资金使用管理办法》，对于符合条件的高新技术企业实行贷款贴息的项目按照当年所需支付利息的50%予以补贴，每个企业每年贴息额不超过20万元。

二是由专门中介机构来操作实施，并承担违约风险。在北京模式中，引入了中介机构来实施知识产权质押贷款的评估和审查、监控事宜。如果出现贷款违约风险，首先由中介机构承担全部风险；然后中介机构再处置不良资产。交通银行北京分行的“展业通”知识产权质押贷款就是与中介机构律师事务所、资产评估公司，再加一家担保公司合作实施的。资产评估公司负责对知识产权进行评估，律师事务所对企业进行法律审查，同时引进保险公司对贷款提供保险，担保公司对贷款提供担保，这 3 家机构承担了银行发放贷款的全部风险，使得银行可以放心发放贷款。

2. 主要成效

在中介机构的参与下，企业获取贷款的灵活性大大增加，企业利用知识产权融资量迅速增加。

3. 主要不足

北京模式的成功实施，主要在于参与的中介机构与金融机构有多年的良好合作关系，中介机构的专业化咨询服务有效地分散了银行的贷款风险。由于这种模式主要依赖中介机构的专业化技能，推广还需要借助中介机构的力量。

现有的 4 种主要知识产权质押融资模式的特点总结如下（见表 4.1）：

表 4.1　　不同知识产权质押模式的特点及优缺点

模式类型	主要特点	主要成效	主要不足
政府推动型	政府直接指定	速度快，环节少	市场调节作用弱
政府创造外部环境推动型	政策扶持	便于已有一定规模的、可持续性强的企业贷款成功	支持力度较小，业务持续性不强
政府出资分担风险型	设立专门资金及服务机构分担风险	便于价值难确定的高新技术贷款成功	资金规模小，覆盖面小，支持方式单一
政府补贴融资成本型	补贴贷款利息，降低融资成本。引入中介机构承担违约风险	贷款灵活性增加，知识产权融资量增加	对中介机构的专业性及抗风险能力要求较高

二、文化企业抵（质）押贷款模式的适用性分析

上述 4 种典型的知识产权质押融资模式各有特点，互有短长，借鉴到文化资产抵（质）押贷款时要考虑适用性的问题。而区域性文化消费发展阶段及文化企业自身的成长阶段是进行适用性分析时需要重点关注的两个问题。

（一）区域性文化消费发展阶段

地方政府主导下的文化资产抵（质）押运作模式必然有一定的适用范围，

因此，相关政策的制定必须要因地制宜，依据各地的文化发展水平及特点选择适合本地的文化资产抵（质）押运作模式，其中最值得关注的因素就是区域性文化消费水平。

一个区域的文化消费水平与该区域的经济发展水平呈现一定的正向关系，即经济发展水平越高的地方人们的文化消费水平也越高。在这种情况下，地方政府在制定相应的区域性抵（质）押贷款运作模式时，应重点关注本区域的经济发展水平以及与之对应的文化消费水平，从而选择最适于本地区的运作模式。

（二）文化企业自身的成长阶段

根据企业生命周期理论，企业有着不同的发展阶段，不同的发展阶段对资金的需求紧迫性以及资金的需求量是完全不同的。因此，地方政府在制定文化资产抵（质）押贷款运作模式时应充分考虑本地区的文化企业发展状况，本地区的文化企业成长阶段，合理选择运作模式。

综合考虑以上两个问题，可以对已有的4种知识产权质押贷款的运作模式进行针对文化资产的适用性分析（见表4.2）：

表4.2　　文化资产抵（质）押贷款运作模式适用性分析

运作模式	适用的文化消费水平	适用文化企业发展阶段
政府推动型	中低阶段	初创期、发展期、成熟期
政府创造外部环境推动型	中高阶段	发展期、成熟期
政府出资分担风险型	中低阶段	初创期、发展期
政府补贴融资成本型	中高阶段	发展期、成熟期

第三节　文化企业抵（质）押贷款的信贷风险与控制

一、信贷风险及其控制的一般理论

（一）信贷风险表现形式

信贷风险是一种复杂性较高的风险类型。它不是具体某一类的个别风险，而是诸多风险类型的综合体，包括信用风险、市场风险、操作风险、流动性风险、法律风险和声誉风险等不同的表现形式①。

1. 信用风险

贷款是银行的主要业务，贷款活动要求商业银行对借款人的信用水平作出判断。但是，这些判断并非总是正确的，借款人的信用水平也可能因为各种原因而下降。于是，银行总是面临交易对手无法履约而损失贷款的风险，即信用风险。

2. 市场风险

市场风险是因市场价格波动而导致表内外头寸损失的风险，包括利率风险、股东头寸风险和外汇风险等。在我国，利率风险是商业银行信贷业务最主要的市场风险表现形式。它是指商业银行的信贷资产在市场利率出现不利波动时所面临的风险。它不仅影响银行的盈利水平，而且影响其信贷资产和表外金融工具的经济价值。利率风险的主要形式有：重新定价风险、收益曲线风险、基准风险和期权性风险。

3. 操作风险

操作风险是指不完善或有问题的内部程序、人员及系统或外部事件所造成损失的风险，包括道德风险、技术风险和模型风险等。信贷业务最大的操作风险在于内部控制的失效。这种失效状态可能是业务失误、欺诈，未能及时作出反应而导致的银行财务损失，或使银行的利益在其他方面受损，具体如银行交易员、信贷员、其他工作人员越权、从事职业道德不允许的或风险过高的业务。

4. 流动性风险

流动性风险是银行无力为负债的减少或资产的增加提供融资，即当流动性不足时无法以合理的成本增加负债或变现资产以获得足够的资金，包括筹资风险、资产价值不足风险等，从而影响其赢利水平。在极端的情况下，流动性不足可能会使银行因挤兑而倒闭。信贷资产的流动性风险突出表现在信贷资产与负债期限机构的错配带来的风险。

5. 法律风险

商业银行信贷业务会承受不同程度的法律风险，这主要包括因不完善、不正确的法律意见和文件而造成同预计情况相比信贷资产质量下降的风险；同时，现

① 吴青：《信用风险的度量与控制》，对外经济与贸易大学出版社 2010 年版。

有法律可能无法解决银行信贷业务经营中有关的法律问题，影响银行和其他商业机构的法律有可能发生变化。

6. 声誉风险

声誉风险产生于操作上的失误，它是指违反有关法律法规和社会道德规范以及发生其他严重影响社会公众对银行信心的事件等。声誉风险对商业银行的损害极大，因为银行的业务性质要求它能够维持存款人、贷款人和整个市场的信心。

（二）信贷风险管理的程序

贷款风险控制流程是银行在从贷款风险判别到贷款风险估价和处理的过程中所形成的一套规范的管理程序①，可分为以下几个步骤：

1. 贷款风险的识别

贷款风险识别即对贷款预期风险和事实风险的类型及其根源作出判别。贷款风险识别是风险控制流程的第一阶段，风险识别正确与否对风险控制成败关系极大。一般来说，正确识别贷款风险将为成功的风险控制奠定基础。相反，如果对贷款风险作出错误的识别或判断，或者对一些重大的风险潜因和征兆有所疏漏，那么，无论贷款风险控制的后续工作做得多么精细，多么严密，导致贷款风险控制失败也是不可避免的。贷款风险判别的基本要求：一是正确判断贷款风险类型；二是准确寻找贷款风险根源。当然，这两者又是相互联系和制约的，不可孤立地去进行分析和评价。

2. 信贷风险的分析与评估

信贷风险的分析与评估即对贷款风险发生的可能及其损失规模作出评价。它是银行贷款风险控制流程的第二阶段，是贷款风险控制的重点，又是难点，其地位是十分重要的。贷款风险评估的基本要求：一是估计贷款风险发生的可能性；二是度量贷款风险可能造成的损失规模。分析与评估贷款风险的方法应以定量分析为主、定性分析为辅。大量定量工具可以用来进行风险分析与评估，比如情景设计、敏感性分析、决策树、计算机模拟、专家打分及现有数据的分析等。

3. 贷款风险的处理

贷款风险处理即在识别和评估贷款风险之后，采取有效措施对贷款预期风险进行防范，以及对贷款事实风险加以消除，将风险损失降到最低程度。贷款风险

① 吴青：《信用风险的度量与控制》，对外经济与贸易大学出版社2010年版。

处理是贷款风险控制流程的第三阶段。从一定程度上说，它是贷款风险控制的出发点和归宿。贷款风险处理的基本要求：一是采取有效措施防范贷款预期风险；二是采取各种方法和措施对贷款的事实风险进行消除。

贷款风险的控制流程可以总结为图 4.1。

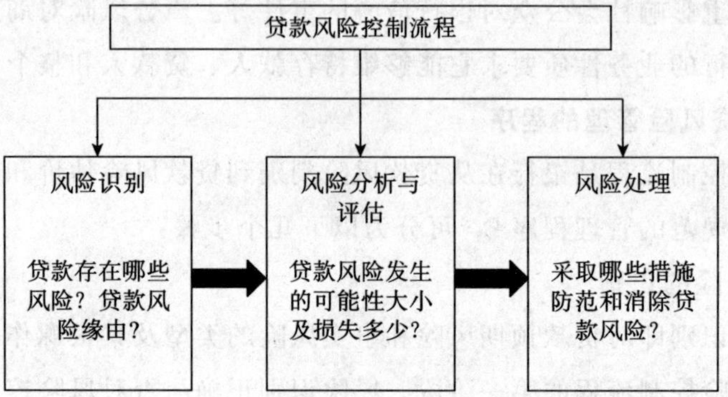

图 4.1　贷款风险控制流程

二、文化企业抵（质）押贷款的风险及其管理

（一）文化资产抵（质）押贷款风险的特征

文化资产抵（质）押融资风险除了具有风险的一般特征外，还具有文化资产价值属性所带来的一些特征：

1. 文化资产风险的来源点比较多

文化资产大多具有无形资产的属性，而无形资产的无形性、复杂性导致文化资产的价值风险来源较多，其中最主要的起决定性作用的 3 种风险就是估值风险、法律风险、处置风险，每一种风险的处置都较为复杂，从而导致文化资产的风险管理具有相当的难度。

2. 文化资产风险管理比较困难

正是因为文化资产风险来源点较多，需要考虑防范风险的角度也较多，才导致文化资产的风险管理比较困难。银行需要更多的文化企业经营的相关知识及文化资产价值评估的相关知识，然而这些知识的有效获取不是短时间内就能实现的。

（二）文化资产抵（质）押贷款风险管理的目标

银行进行文化资产抵（质）押贷款风险管理，要考虑实现以下几个目标：

首先，确保企业用于进行抵（质）押的文化资产权属关系符合法律、法规及相关规范性文件的要求。

其次，给文化资产的风险进行合理度量，确保银行承受的风险与收益成正向关系，把风险控制在合理水平。

最后，尽量做到贷款风险成本最小化。合理的利用各种分析与评估手段控制风险。

（三）文化资产抵（质）押贷款风险管理的流程

文化资产抵（质）押贷款的风险管理流程同样遵循着风险识别、风险评估、风险处理的流程。

1. 文化资产抵（质）押贷款风险的识别

银行在开展文化资产抵（质）押贷款业务中，最为突出的风险主要表现为以下 3 方面：

（1）估值风险。估值风险是文化资产抵（质）押贷款面临的最主要风险，文化资产价值的复杂性导致文化资产价值合理评估的难度较大，增加了文化资产抵（质）押贷款业务的风险性。

（2）法律风险。文化资产抵（质）押融资权益关系更加复杂，更难确定。文化资产的处置周期相对较长，由执行时间拖延而降低抵（质）押价值的可能性较大，需要银行支付很高的处置成本。

（3）处置风险。大部分文化资产的专有性较强，导致文化资产的变现能力较差，迅速回笼资金的可能性较低。

2. 文化资产抵（质）押贷款风险的分析与评估

（1）文化资产抵（质）押贷款的风险分析

①估值风险。文化资产的复杂性及多样性导致文化资产估值风险的分析很难总结出一套成熟的规范，在此仅以著作权的估值风险为例加以说明：

首先，著作权的价值评估本身存在风险。著作权的评估直接关系到著作权质押的设定及实现。因为著作权具有的非物质性、权利矩阵的复杂性使著作权的价值只有通过评估才能得到确定。评估体系的准确性和适用性将对著作权的价值产生重大影响。

其次，银行由于无法直接占有质押的著作权而存在信贷风险。对银行而言，保证资金的安全性、流动性是其资产运用的要求。著作权客体的非物质性决定了银行不能直接占有质押的著作权。而且，著作权价值具有不稳定性，容易受到各方面因素的影响而发生波动，这些因素又是银行难以直接控制的。

第三，著作权资产评估本身存在很强的专业性和复杂性。著作权质押评估中著作权资产具有可移性、变现性、风险性及地域性等特征，这些复杂因素都要求评估人员有较高的专业素质、理论知识与实践经验，否则难以胜任。著作权质押评估在具体操作中，除对传统业务中的价值影响因素进行分析以外，还应考虑额外的价值影响因素，如法律因素、经济因素、风险因素、目前以及未来经济效益、企业综合实力等，影响因素的增多带来了变量的增多，也为评估过程带来了更多的不确定性。

②法律风险。首先，我国与文化资产相关的法律，存在权利人确认方面规定不全的问题。比如我国境内的法律法规对著作权保护的基本特点是著作权由于创作而自动存在，不必进行注册（软件著作权可以向国务院著作权行政管理部门认定的软件登记机构办理登记）。因此，当利用著作权的财产权进行融资时存在潜在的权利人不确定风险。其次，法律法规之间存在冲突。比如我国著作权法中有关职务成果的规定与计算机软件保护条例中相应规定的冲突等。最后，中国是一个多法域的国家，在多法域国家必然存在区际法律的冲突，中国内地与港、澳、台地区很多法律具有中国区际民商法律冲突的一般特征，包括与文化资产相关的法律。

③处置风险。当企业的投资经营所得无法按时还本付息，而企业又没有其他方法可以还债的情况下，银行就需要对作为抵（质）押物的文化资产进行变现来实现债权，企业也需要文化资产变现来偿还债权以防止银行对企业的破产诉讼。

根据文化资产的特性及文化资产交易的实际情况来看，除艺术品外大部分文化资产顺利实现变现的困难很大。首先，著作权等大部分文化资产属于专有性很强的资产，这类文化资产的交易很难实现。其次，文化资产变现过程中文化资产的清算价值评估和复杂的转让手续都需要付出一定的成本。最后，文化资产的交易市场仍然有限，交易量不大。

（2）文化资产抵（质）押贷款的风险评估

对于文化资产抵（质）押贷款的风险，可以对文化资产抵（质）押贷款所面临的不同发生可能性、不同后果风险进行评估①。

① 吴青：《信用风险的度量与控制》，对外经济与贸易大学出版社 2010 年版。

首先，对文化资产抵（质）押贷款中的风险进行等级分类（见表4.3）。

表4.3　　风险的可能性评价

等级	风险事件发生的可能性	备注
1	极小	风险事件几乎不会发生
2	不太可能	风险事件很少发生
3	可能	风险事件在某些情况下发生
4	很可能	风险事件在较多情况下发生
5	基本确定	风险事件几乎肯定会发生或常常发生

其次，对风险产生的影响或后果进行评估（见表4.4）。

表4.4　　风险影响或后果

后果等级		绩效以及利益均衡	备注
1	极低	极小或没有影响，正面绩效非常好，利益均衡效果很好	对关键的职责、目标和绩效标准以及利益相关者的利益影响极小或没有影响，所以关键的职责完成的很好，达成的目标比预期要好，出现了高水平的绩效，利益分配的很合理，极少会出现利益倾斜
2	低	影响较小，但会降低正面绩效表现，利益均衡能够维持	对关键职责、目标和绩效标准以及利益相关者的利益有较小影响，但是能够较好地完成关键职责，达成目标，实现绩效标准，利益相关者的利益能够达到均衡，只是偶尔会出现利益倾斜
3	中	影响一般，但会大大降低正面绩效表现，在一定程度上，利益均衡有些被破坏	对关键职责、目标和绩效标准以及利益相关者的利益有一定程度的影响。关键职责基本完成，目标基本达成，绩效标准也基本实现，利益均衡有些被破坏，存在利益倾斜问题，但是并不能或偶尔引发利益相关者的冲突
4	高	影响较大，会导致无正面绩效表现，利益均衡破坏较严重	对关键职责、目标和绩效标准以及利益相关者的利益有较大影响。关键职责完成的不太好，有些目标没有达成，有些绩效标准也没有实现，利益均衡受到较严重的破坏，从较大程度上引发利益相关者之间的利益冲突
5	极高	影响很大，绩效非常差，利益均衡受到极大破坏	对关键职责、目标和绩效标准以及利益相关者的利益影响重大。关键职责没有完成，目标没有达成，绩效标准也没有实现，利益均衡受到特别大的破坏，引发利益相关者之间的利益冲突非常严重

最后，根据风险发生的可能性和风险的影响及后果制作风险评价矩阵和风险等级表对贷款风险进行量化（见表4.5、表4.6）。

表4.5　　风险评估矩阵

后果等级 / 可能性等级		极低	低	中	高	极高
		1	2	3	4	5
基本确定	5	5（5×1）	10（5×2）	15（5×3）	20（5×4）	25（5×5）
很可能	4	4（4×1）	8（4×2）	12（4×3）	16（4×4）	20（4×5）
有可能	3	3（3×1）	6（3×2）	9（3×3）	12（3×4）	15（3×5）
不太可能	2	2（2×1）	4（2×2）	6（2×3）	8（2×4）	10（2×5）
极小	1	1（1×1）	2（1×2）	3（1×3）	4（1×4）	5（1×5）

表4.6　　风险等级表

风险等级	分值	备注
低度	1～2	风险很小，可以极少关注或忽略
较低	3～4	风险很小，可以偶尔关注
中度	5～10	一般风险，需要引起一般关注
高度	12～16	风险较大，需要引起高度关注
极高	20～25	风险很大，需要引起极大关注

风险评估图主要用于定性分析某一风险是否会对文化资产质押贷款产生重大影响，并与风险发生的可能性联系起来，这种方法能够为评估出来的风险进行优先次序排序提供一个基本框架。如图4.2所示，与图中点2相比，点1具有重大影响且发生的可能性较高。

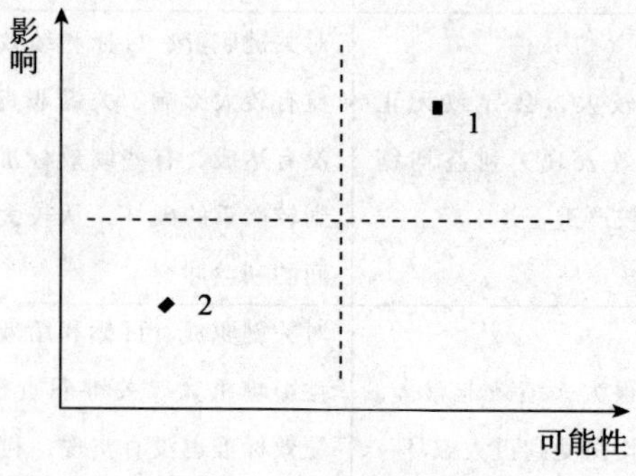

图4.2　风险评估图

3. 文化资产抵（质）押贷款风险的应对措施

总体而言，银行不愿开展文化资产抵（质）押贷款业务，很重要的原因之一就是文化企业大多是中小企业。企业自身的财务状况、生存状况、现金流状况都不容乐观，使银行的贷款风险过大。在这种情况下，应该通过相应的制度设计，促进中小文化企业进行大规模的并购重组，形成一定数量的、有一定规模的文化企业，从而产生相应的规模效应，提高文化企业的抗风险能力及赢利能力，降低银行的放贷风险，促进文化资产质押贷款业务的开展。

针对具体的风险类型，可以采取应对措施：

（1）提高文化资产评估理论水平，应对估值风险。文化资产包含有形资产、无形资产等方面的属性，而在不同的文化资产中不同的属性又发挥着不同的影响和作用，因而具有较大的复杂性。虽然现阶段有形资产、无形资产的评估理论都已经达到一定的理论高度，但是文化资产具有自己独特的特点，因而不能完全借鉴现有的评估理论，必须针对文化资产特有的特点进行深入的评估理论研究，形成一套能够说服银行界的评估理论方法与评估实施规范，使文化资产抵（质）押贷款业务中的评估风险得到有效的降低，促进文化资产抵（质）押贷款业务的开展。

（2）提高文化资产质押登记机构的权威性，应对法律风险。现阶段，文化资产质押贷款中的重要类型著作权质押仍存在着质押登记部门法律主体地位层次低的问题。商标质押在国家商标局进行，专利质押登记在知识产权局进行，著作权质押合同登记由国家版权局授权中国版权保护中心受理，可以通过立法等方式，进一步提高法律地位。

（3）进一步完善文化资产交易制度，应对变现风险。文化资产进行抵（质）押后变现难的问题之所以存在，是由于大部分文化资产的交易场所与交易制度虽然已经具备一定的基础，但仍然存在很大的提升空间。加快文化产权交易场所的建设，完善相关文化产权交易与文化产权保护的法律法规建设，是有效控制文化资产变现风险的治本之策。

第四节　抵（质）押贷款中的文化资产评估

一、国内文化资产抵（质）押资产评估中存在的主要问题

由于文化资产评估实践的不成熟以及银行开发文化资产抵（质）押的局限性，文化资产抵（质）押贷款的资产价值确定方面仍存在诸多问题，主要体现在：

（一）不通过专业评估确定抵（质）押物价值

资产评估在国外的发展已经有上百年的历史，但引入中国不过20余年。一些银行不够重视资产评估，很多文化资产抵（质）押贷款的发放不经过评估程序，由银行与借款企业“协商”作为银行发放贷款的依据。

（二）市场价值类型应用的局限性

目前的抵（质）押物评估主要是基于市场价值，市场价值代表的是评估时点的价值。随着时间的推移，抵（质）押物的市场价值可能会发生变化，甚至会发生巨大的变化。当抵（质）押资产的市场价值下降到一定程度时，可能会使银行贷款丧失安全保障。在抵（质）押资产评估过程中，无论采取的是市场法、成本法还是收益法，都很难准确预测抵（质）押物价值的长期性和变现性所带来的影响。评估价值所反映的时点性与抵（质）押贷款所涵盖的期间存在着某种矛盾，这一问题长期以来没有得到解决。

（三）风险揭示不够充分

抵押资产评估目的的特殊性决定了抵（质）押资产评估结果必须服务于提高银行贷款安全的基本目标。因此，应对抵（质）押资产评估过程中可能引起贷款风险的主要因素进行披露，在现有的抵（质）押资产评估中，下列事项的披露和风险提示不够充分：

1. 对产权问题的提示

文化资产的产权属性具有很大的复杂性。很多文化资产的权利都不是单一的而是一个权利束，需要对相关权利及权利人进行明确与确权。由于在抵（质）

押期间，被质押资产必须保持产权的相对稳定性，因此，在资产评估时必须核实抵（质）押人对拥有产权的真实性。只有排除了任何产权方面的不真实因素，抵（质）押权人的合法收益才能得到保护。对不能提供有效的权利证明，不能确认其资产权益的情况，评估师必须客观地、全面地披露其风险。对于权证记载事项不一致、不明确的，应要求抵（质）押人予以说明并进行披露。

2. 对资产变现特性的提示

由于抵（质）押需要考虑到未来发生的变现可能，银行在一定意义上更需要关注资产的变现特性。变现特性主要考虑资产的市场特性，如是否为市场化程度很高的资产，是否为市场中经常交易的标准化资产，是否存在二手交易市场，该市场是否存在大量的短期投机性交易等。对于市场化程度不高的资产会限制参与竞买的买家数量。投机性资产的短期变现效果可能较好，但长期变现能力就存在极大的不确定性。

3. 对资产价值长期性或可持续性的提示

能否长期保持物质形态和价值形态的稳定性，对于抵（质）押资产的担保作用至关重要。例如，电影著作权的价值长期性相对而言价值衰减严重，如果用完成第一次放映后的电影著作权进行质押，其价值不高。如果贷款双方协商同意进行抵押，评估师必须进行重点披露。

（四）人为干预造成抵（质）押物价值虚高

资产评估是一项社会公正性工作。要保证评估结果的客观公正，就必须保持其形式与实质上的独立性，不能以客户最大满意为目标，其收费应与评估项目的范围大小、难易、风险程度等挂钩，否则就有可能导致评估师为了获取更高利益，违反评估原则和职业道德，评估值虚高，损害有关利害关系人的利益。

二、市场价值与清算价值的分歧

在国际评估准则中，市场价值定义如下：“自愿买方与自愿卖方在评估基准日进行正常的市场营销之后，所达成的公平交易中某项资产应当进行交易的价值的估计数额，当事人双方应当各自精明、谨慎行事，不受任何强迫压制。”而清算价值是指以评估对象处于被迫出售、快速变现或其他非正常市场条件为依据判断的资产价值估计数额。《资产评估价值类型指导意见》中将清算价值定义为资产评估价值类型中的一种，属于市场价值类型以外的一种价值。

在现阶段的银行抵（质）押贷款的资产评估中，就评估中的价值类型的选取一直存在着市场价值与清算价值的分歧。《资产评估价值类型指导意见》规定：注册资产评估师执行以抵押为目的的资产评估业务，应当知晓担保法等相关法规及金融监管机关对抵押价值的有关规定和要求。并根据担保法等相关法规及金融监管机关的规定选择市场价值或其他价值作为抵押评估的价值类型。本书将从科学性、可操作性、风险责任承担3个角度对这个问题进行分析，并给出相关建议。

（一）市场价值与清算价值的讨论

1. 科学性方面：清算价值比市场价值更符合资产抵（质）押贷款的特定情境

根据市场价值的基本定义可以得出市场价值的实现需要以下一些前提条件：买卖双方在不受任何外力胁迫下自愿交易、存在充分竞争的交易市场、市场价格公平透明等。而根据清算价值的定义清算价值评估是资产所有者在某种强制约束力的作用下在限定的时间内限定的区域内最快实现变现的价值。由此可见，市场价值是通用型的价值类型，适用性广而准确性不高。而清算价值是特定情境下的价值，虽然使用的范围较市场价值窄，但是在特定情境下的价值估算的准确性更高。抵（质）押物价值的评估就是评估企业在无力按时偿还银行贷款时被迫在特定时间特定情境下变卖抵（质）押物时，抵（质）押物所具有的价值，在国外也称为抵押价值类型。因为更符合清算价值所适用的特定情境，因而在抵（质）押评估业务中采用清算价值或抵（质）押价值更具有科学性。

以抵（质）押价值为贷款决策依据，可以保证在整个贷款合约期间，贷款都将覆盖在抵（质）押资产价值之下，银行贷款安全得以保证。图4.3具体反映了抵（质）押价值、市场价值、银行贷款三者之间的关系。[①]

假设在时点1，某抵（质）押资产的市场价值为A，以抵（质）押贷款比率70%（LTV）为标准发放银行贷款数额为B，该抵（质）押资产的抵（质）押价值为C，以抵（质）押贷款比率70%（LTV）为标准发放银行贷款数额为D。

---

① 参考：孙晓霞、刘萍：《资产评估与金融风险防范》，经济科学出版社2009年版。

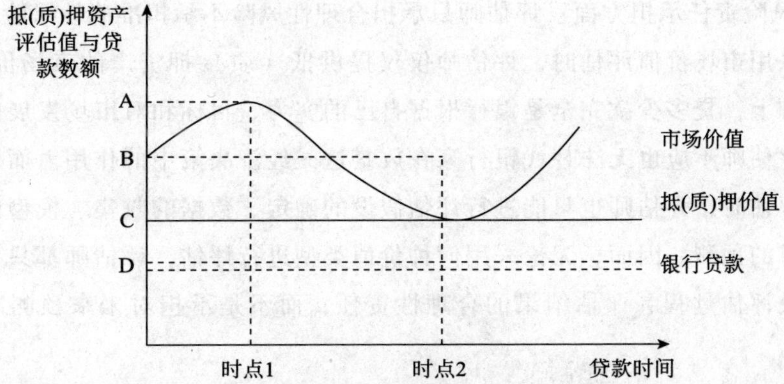

图 4.3　抵（质）押价值、市场价值与银行贷款关系

等到时点 2 贷款到期时，抵（质）押资产的市场价值降到了银行贷款数额以下，此时 LTV 值超过了 100%。抵（质）押资产的市场价值低于贷款余额，借款人出于自身财务效益最大化的考虑，可能放弃还款，发放的银行贷款 B 显然将暴露在风险之中，蒙受损失。相反，以抵（质）押价值为决策基础方法的贷款 D，仍然全部覆盖在抵（质）押价值之下，LTV 值仍然保持在时点 1 发放贷款时的水平（70%），银行贷款是安全的。

理论上，根据市场价值与抵（质）押贷款比率的乘积调整银行贷款的数额同样可以保证银行贷款的安全。但在实务中，一笔贷款合约签订后，不可能再进行调整。另外，根据 LTV 的变动理论也可对贷后风险进行实时监控，但前提是需要随时都知道抵（质）押资产的市场价值变化情况。因贷前抵（质）押资产的市场价值是通过评估得到的，贷后若要实时掌握市场价值的话，同样需要实时评估，而这从技术上与成本上几乎都是不可能的。所以，对银行而言，要保证贷款的安全，其发放抵（质）押贷款的依据只能是抵（质）押资产的抵（质）押价值，而不能是抵（质）押资产的市场价值。

2. 可操作性方面：市场价值比清算价值更具可操作性

市场价值是各国评估业务中最重要也最常用的价值类型，评估师和客户普遍习惯于市场价值。而清算价值的评估需要评估师对未来的特定情境进行各种假设，并需要大量经验数据及复杂的计量模型及统计模型才能保证评估结果的科学性，难度很大而且评估成本高。因此，在现有的基础条件下，市场价值的评估相对于清算价值的评估更具可操作性。

3. 风险责任承担方面：评估师只承担合理性风险不承担准确性风险

当采用市场价值评估时，评估师仅仅提供抵（质）押资产的市场价值意见，在此基础上，贷多少款完全是银行根据自己的实力、目标和对市场发展的判断去决策，评估师不应也无法替代银行家在放贷这一经济决策中的作用。而当采用清算价值评估时，评估师也只能进行评估假设的确定、数据的收集、模型的构造及评估结果的预测。因而，无论采用何种价值类型进行评估，评估师都只应承担评估方法及评估过程、评估结果的合理性责任，而不是承担对未来预测准确性的责任。

（二）抵（质）押评估实践中价值类型的选取建议

在抵（质）押贷款评估中应该构建起贷款全流程的评估体系，在贷款的不同阶段，从科学性、可操作性、风险承担责任 3 个角度综合考虑，选择更合理的价值类型，具体如下：

1. 贷款申请阶段：以市场价值作为评估报告，以清算价值作为咨询报告。贷款申请阶段，对抵（质）押资产进行评估时，以当时的市场条件的市场价值作为正式的评估报告的价值类型。在基础数据完善，条件符合的情况下可以引入清算价值同时为抵（质）押资产进行评估，评估结果可以作为咨询报告供银行参考，为银行抵（质）押资产长期价值提供一种专业的判断。

2. 贷后管理阶段：抵（质）押贷款发放后，银行应实时监控抵（质）押资产的市场变化，随时观察抵（质）押资产对贷款的风险覆盖作用，并采取有效措施，以合理规避风险。

3. 违约处置阶段：需要将抵（质）押物进行变现，采用清算价值进行评估。当企业不能按时偿还贷款发生违约时，银行在处置抵（质）押资产以优先受偿的过程中，应考虑抵（质）押资产处置的时间条件、地域条件、市场条件等限制条件下变现的可能性，采用清算价值的价值类型对抵（质）押资产进行评估。

三、文化资产抵（质）押贷款评估需要重点关注的因素

（一）电影著作权质押贷款评估中需要重点关注的因素

1. 相关许可的取得情况

我国现行的电影监管政策实行电影摄制业务的许可制度，包括电影制作资格准入许可、电影摄制行政许可、电影内容审查许可等。能否获得相关的许可，是

电影能否摄制完成并最终上映的前提。招商银行在进行文化资产抵（质）押贷款业务时总结的三大风险"拍摄许可风险"、"拍摄完工风险"、"影片销售风险"中，就包括许可的问题。可见，在进行文化资产质押贷款评估业务中，评估师应重点审查相关的许可文件，许可文件的有无将直接影响电影著作权资产的价值评估。

2. 质押贷款电影著作权的具体权利

在用电影著作权资产进行质押时存在实际已存在的著作权和期待著作权等问题。在资产清查时应认真审阅相关合同与权利证明，明确用来进行质押的电影著作权具体包括哪些权利，这对著作权的价值存在着较大的影响。比如用于质押的电影著作权中是否包括电影歌曲的著作权，对电影著作权的价值就有影响。电影放映之后影片的价值衰减很大，但是电影的歌曲很可能成为流行歌曲而不断产生收益。因而，是否拥有电影歌曲的著作权将影响整个质押电影著作权的价值。由此可见，明确用于质押的电影著作权的具体权利和范围是十分必要与重要的。

3. 经营管理团队的运作能力与水平

电影的摄制过程由两大团队构成：一个团队是艺术团队，包括导演、演员、摄影等人员，负责电影的艺术水平与文化品位。另一个团队是运营团队，包括制片人、财务、发行方等人员，负责电影的资金保证及拍摄过程中的后勤保证以及发行宣传等问题。一个电影能够顺利拍摄完成、取得预期的票房收入，运营团队的运作能力及水平至关重要。很多电影公司都是项目制运作，一个电影运营团队的水平往往就代表了一个公司的水平，因此，评估过程应该仔细审查运营团队的经验是否丰富、已有的成功实例有哪些、运营团队的人员组成、是否专业等。经营管理团队的水平对电影著作权的价值有很大影响。

4. 基础财务数据的完整性与透明性

电影拍摄过程经常采用项目制运营，造成相关财务数据不规范、不完整，尤其是小成本制作更是存在着这样的问题。但是，越是有成功经验、越是规范的电影公司，就会更注重相关财务数据的记录与规范性。因为通过财务数据的分析能够有效地进行成本分析与整体控制，有助于公司的可持续发展。通过对相关财务数据的查看与分析，可以判断相关团队与公司的管理水平与抗风险的能力，从而对相应的风险有一个判断，对电影著作权质押贷款的风险有一个判断。

（二）电视剧著作权质押贷款评估中需要重点关注的因素

1. 相关许可的取得情况

我国现行的电视剧监管制度同样实行许可准入制度。包括电视剧制作资格准入许可、电视剧摄制行政许可、电视剧内容审查许可、电视剧播出审查许可等。电视剧能够摄制成功并最终播放，上述的许可缺一不可，因而评估师在评估中应重点清查以上许可证明，确定电视剧能够顺利完成并放映，具有可进行质押的基本条件。

2. 质押贷款电视剧著作权的具体权利

在用电视剧著作权进行质押时也存在实际已存在的著作权和期待著作权等问题。在资产清查时应认真审阅相关合同与权利证明，明确用来进行质押的电视剧著作权具体包括哪些权利，对著作权的价值存在着很大的影响。

3. 电视剧制作企业的情况

不像电影行业制作与发行放映有不同的专业公司完成，电视剧的制作方与发行方基本上都是同一个影视公司，最大的放映终端就是电视台。因而影视公司与电视台的合作关系如何，对影视剧的最终收益有很大的影响。另外，影视公司的规模与能力也对电视剧的摄制水平与完工风险有很大的影响，可见电视剧的制作企业对电视剧著作权的价值有非常大的影响，因而对电视剧制作企业的深入分析十分重要。

4. 已放映情况

电视剧的放映收益周期有自己的特点，可以分为地面频道放映、首轮卫星频道放映、次首轮卫星频道放映等几个阶段，每个阶段的收益值相差很大。以电视剧著作权进行质押可能存在多种情况，有可能贷款企业用于出质的电视剧著作权已经完成了地面频道放映及首轮卫星频道放映两个阶段，那么电视剧著作权的价值将有很大程度的衰减。由此可见，电视剧的已放映情况对出质的电视剧著作权的价值有很大的影响。

5. 网络新媒体收益情况

近一两年，网络新媒体成为电视剧收益的新的增长点，电视剧一集动辄上百万元的著作权费屡见不鲜。虽然近来电视剧网络播放著作权的价格有所回落，但是网络新媒体产生的电视剧著作权收入仍然是不可忽视的。因此，网络新媒体的著作权收入的多少，对用于出质的电视剧著作权价值有很大影响。

（三）动漫著作权质押贷款评估中需要重点关注的因素

1. 动漫制作团队的经验与水平

动漫产品是对技术要求很高的文化产品类型，因此，动漫制作团队的技术水平、制作经验将直接影响动漫产品的艺术性与可观赏性。高水平的动漫团队生产卖座的动漫产品的可能性非常大，而一般水平的动漫制作团队制作出高水平的动漫产品的可能性微乎其微。近年来国内动漫公司产出的卖座的动漫产品仅有《喜羊羊和灰太狼》、《蓝猫》等屈指可数的几个。与之相对，国外的大型动漫制作公司，生产的动漫产品大部分都能带来不错的收益与社会认知度，比如新西兰的 Huhu 动漫制作公司，其制作的绝大部分动漫产品（Buzz & Poppy，Life at the Pond，Turbo Dogs 等）都能在美国等西方国家取得不错的收视率，产生可观的收益。因此，动漫制作团队的水平对动漫著作权的价值有非常大的影响。

2. 动漫产品的制作周期

动漫产品的制作周期一般都耗时较长，好的 3D 动画电影至少要一个制作团队耗费 3～5 年的时间。2008 年热播的《功夫熊猫》，好莱坞梦工厂团队耗时 4 年制作完成，国内动画电影《风云决》制作周期也长达 5 年。由于动漫产品的制作中包括诸多的细节设计与处理，长时间的试错与工作是不可避免的，因而，动漫产品的制作质量和制作水平与制作周期有一定的正向关系，短时间制作出来的动漫产品很难具有很高的水平，因此，动漫产品的制作周期对动漫产品的著作权价值是有一定影响的。

3. 发行放映渠道

动漫产品具有周期长、产业链长、可产生收益方式多等特点。但产生收益的前提是动漫产品主要人物具有较高知名度与认知度，从而带动相关产品的销售。而动漫产品的最终放映渠道将对动漫人物的知名度与认知度有较大影响。能够在卫星电视台放映的动漫产品的影响度，将远远大于只能在地方电视台放映的动漫产品，因此，动漫产品的放映渠道对动漫著作权的价值有一定影响。

（四）艺术品抵（质）押贷款评估中需要重点关注的因素

1. 艺术品有形因素的价值比例

艺术品包括有形属性、无形属性，不同的艺术品两种属性所占的比例有很大的差异。比如玉雕艺术品，其有形的成分玉石本身就有很高的经济价值，专家精湛的雕刻艺术起到的是锦上添花的效果。而书画艺术品，其有形成分纸张的价值可以忽略不计，艺术品的价值完全是书画家艺术价值的体现。因此，在不同类型艺术品抵（质）押评估中，要分析有形属性和无形属性在艺术品价值中的比例，该价值比例对估值的准确性和风险性有很大影响。

2. 艺术品价值波动的历史数据

艺术品种类繁多，价值差距很大，且受到宏观经济环境影响较大。不同的社会经济环境，艺术品的价值可能有很大的波动性。因此，收集用于抵（质）押的艺术品的历史价格数据和计算艺术品价格的波动性，对控制贷款风险，估计艺术品价值有重要的意义。

3. 艺术品鉴定评估人员的专业化水平

艺术品的价值需要相关专家进行鉴定、估价。已经开展过艺术品抵（质）押贷款业务的银行曾采取“60%规范流程+20%仪器鉴定+20%专家鉴定”的模式对艺术品的价格进行估值，艺术品评估专家的专业化水平对艺术品的价值有很大影响。

（五）图书著作权质押贷款评估中需要重点关注的因素

1. 作品质量

作品的质量是作品生命力的源泉。一部优秀的作品拥有更大的市场和更长的延续性，往往具有不可替代性。如《红楼梦》、《哈姆雷特》等中外名著，在其领域内，其他作品无法取代它们；它们虽已处于公有领域，却仍拥有最广泛的读者和市场。高质量的作品因其不可替代性而具有更高的商业价值。当然，部分不良商家利用人们的“崇名”心理蓄意炒作、抬高作品价格的事情时有发生，在评估著作权商业价值时要能慧眼识珠。

2. 作品的版本

出版商出版作者的作品一般都会购买一段时间的著作权。拥有在该时间区间内的复制和出版发行权。如金庸的武侠小说著作权隔几年一卖；也有一次性永久买断著作权的情况，如英国企鹅出版集团买断《狼图腾》的全球英文著作权。不管哪种著作权时间的处理方式，都会有作品的新版本出现。新版作品意味着更新的版式设计和装帧处理，纸张、印刷质量都会提高，不仅观赏性更高，而且更便于阅读欣赏；作者也往往会对新版本作品进行修改，对旧版中出现的错误和疏忽进行修正，并补充新内容，因此，新版作品内容质量也会得到很大提高。一般而言，新版作品与旧版作品出现的时间距离越近，作品的可替代性就越高，商业价值就会降低。在评估著作权资产商业价值时，考虑新版作品的出现是必要的。较好的做法是，从著作权人那里取得较长时间的著作权，并提高出版作品的质量，使其不易被新版超越。

3. 作品性质

作品有很多种类，不同性质作品的著作权的独立程度不同，这类作品一般是特殊作品，其许可、转让等可能要得到多个主体的同意。如演绎和汇编作品就存在双重著作权；不仅演绎人和汇编人从事演绎和汇编行为要取得原作品权利人同意并向其支付经济报酬，而且他人使用演绎作品和汇编作品要取得演绎作者、汇编作者和原作品著作权人的双重同意，并支付报酬。再如合作作品就存在多个著作权主体的情况等。

4. 许可转让的次数

许可转让的次数。这里许可转让的次数是指著作权再许可、再转让的次数。一般而言，著作权再许可、再转让后的后续合同所获得的权利不可能超过上一次著作权交易合同所获得的权利。并且前权利人出于自身利益最大化的考虑，往往在合同中附加限制条款，使后续权利人的权利大打折扣。因此，著作权许可转让的次数对著作权商业价值的影响不可忽略。

四、推动中小文化企业抵（质）押融资的模式选择与政策建议

（一）构建有效的文化企业抵（质）押贷款运作模式，有效发挥资产评估等中介机构的专业优势

1. 银行与担保公司相结合的运作模式

通过引入担保公司为文化企业的抵（质）押业务进行担保，降低银行的贷款风险，提高银行开展相关业务的积极性。这种模式一方面引入新的风险承担方，提高了文化企业抵（质）押贷款申请的成功率，另一方面通过担保公司的中介服务，简化了贷款申请的程序与审批手续，加快了贷款发放的时间。但简单采用这种模式也存在问题，引入风险分担机构并没有降低或者控制风险，只是将风险进行转嫁，而且担保公司往往要求文化企业提供反担保。因此，这种模式并没有体现出通过抵（质）押贷款，完成对文化企业资产价值发现的重要功能，没有体现出对于文化企业本身特点的针对性。

2. 银行与资产评估等中介机构相结合的运作模式

通过引入专业化的资产评估机构对中小文化企业的核心无形资产进行价值评估，协助银行判断作为抵（质）押物的无形资产价值，同时发挥担保和律师事务所的专业作用，提高银行对贷款风险的把控能力，提高银行开展此类业务的积极性。这种模式一方面使中小文化企业能够通过自身的核心资产进行贷款，提高了中小文化企业集中精力发展核心业务的积极性，另一方面借助评估机构的专业能力，完成文化企业无形资产价值的显现化、可量化的过程，同时结合担保公司、律师事务所的作用，形成多个中介机构与银行分担风险的模式，从而提高银行的信贷风险管理水平，促进了资金的有效融通。

3. 其他模式

除了以上两种模式，还有企业间联保、资产打包、信用贷款等几种模式。“企业间联保”模式易使中小企业因为别人的错误承担连带责任，中小文化企业的抗风险能力有限，经营外的额外支出很可能导致企业资金链的断裂。“资产打包”模式适用于自身拥有房地产等固定资产的大型文化企业，中小文化企业除核心无形资产外很少有高价值的资产可供打包。“信用贷款”模式是银行针对经营信誉好的大型企业开展的业务模式，中小文化企业规模小、实力弱，缺乏充足的信用记录。

综上所述，银行与资产评估等中介机构相结合的模式是现阶段更为有效的运作模式，因为这种模式既挖掘了文化企业无形资产的真正价值，又使其成为企业实现融资的核心，有利于提高文化企业核心竞争力。

（二）政策建议

1. 合理发挥政府的作用，建立风险补偿机制

首先，应构建由政府相关部门、银行、专业中介机构为主体的融资平台，帮助更多的中小文化企业通过企业的核心资产获取银行的贷款。其次，政府为了提高中小文化企业申请文化资产抵（质）押贷款的积极性，降低相应的风险，可以给予一定的贷款贴息和中介费用补贴。最后，为了激励银行等金融机构能够成为中小文化企业发展的助推器，政府可以考虑拿出一部分财政资金作为文化资产抵（质）押贷款的风险补偿金，如果出现不良贷款，政府可以一定比例和范围内承担相应的损失，完善相关的风险补偿机制。

2. 抵（质）押贷款与风险投资相结合，实现投贷联动

风险投资重点关注企业的发展潜力与核心竞争力，而文化资产抵（质）押

贷款过程中的专业评估结论，可以为风险投资选择企业提供参考。如果中小文化企业能够通过评估机构的评估，顺利地从银行申请到贷款，说明该企业的核心文化资产具有一定竞争力与发展潜力，风险投资就可以在银行贷款的基础上进行投资，实现投贷联动，使真正有核心竞争力的中小文化企业拥有充足的运营资金，实现良性、跨越式的发展。

3. 挖掘核心资产价值，发挥资产评估等中介机构的作用

银行投放信贷资金，首先要考虑资金安全。文化企业的无形资产由于变现能力低，银行对于著作权等无形资产的还贷风险始终存有疑虑。而评估的价值发现和担保、律师的风险防范功能，可以帮助解决这一问题。在相关政策制定过程中，应建立银行、资产评估机构、担保公司、律师事务所“四位一体”的风险分担模式，通过建立风险共担的文化企业融资风险防范体系，降低文化企业融资风险，为中小文化企业通过银行贷款融资提供保障。

第五节　本章小结

一、内容介绍

本章对文化企业抵（质）押中的资产评估问题进行了研究。主要研究了文化企业抵（质）押运作模式、文化企业抵（质）押贷款的风险管理、文化企业抵（质）押贷款中的资产评估等几个方面的问题。重点分析和论述了文化企业抵（质）押融资业务开展中已有的可行性条件及仍存在的瓶颈问题、现有的抵（质）押运作模式在文化资产上的适用性分析、文化企业抵（质）押业务中的风险特性及管理措施、文化企业抵（质）押业务中资产评估的价值类型选取策略及不同类型文化资产进行抵（质）押评估时应重点关注的价值影响因素等几个问题，并研究了文化企业抵（质）押融资模式的选择，就如何发挥政府和中介机构作用提出了政策建议。

二、研究结论

1. 文化企业抵（质）押融资难是由文化企业、文化资产、银行多方面的原

因造成的。

2. 文化企业抵（质）押贷款可供参考的运作模式有政府推动型、政府创造外部环境型、政府出资分担风险型、政府补贴融资成本型几种，每种类型都有其各自的特点及适用条件。

3. 文化资产抵（质）押贷款的风险主要包括估值风险、法律风险、处置风险，可以通过风险识别、风险分析与评估、风险应对几个步骤有效的对文化资产抵（质）押贷款中的风险进行控制。

4. 文化资产抵（质）押贷款应该实行贷款全流程的评估监管，其中贷前适用市场价值进行评估，贷后适用动态跟踪进行评估，清算时适用清算价值进行评估。

5. 不同类型的文化资产有其各自的价值特性，对影视作品、动漫产品、图书著作权、艺术品等不同的文化资产进行评估时应重点关注各文化资产的特性。

6. 提出了银行与资产评估机构相结合的运作模式，并建议合理发挥政府作用，建立风险补偿机制；抵（质）押贷款与风险投资相结合，实现投贷联动；挖掘核心资产价值，发挥资产评估等中介机构的作用。

第五章 文化企业上市、并购重组中的资产评估

第一节 我国文化企业上市、并购重组概况

一、我国文化产业上市公司概况

加快发展文化产业，需要扩大文化企业的直接融资规模。2005 年 12 月 23 日中共中央、国务院颁布《关于深化文化体制政策的若干意见》，首次提出：“允许转制企业文化单位吸收部分社会资本进行股份制改革”。2006 年之后，随着中小板及创业板开闸，文化企业上市呈现快速发展态势，支持了文化产业振兴和发展繁荣。

截至 2012 年 12 月 31 日，按照国家统计局颁布的《文化及相关产业分类（2012）》统计，沪深证券交易所 A 股共有文化产业上市公司 105 家，其中属“文化产品的生产”的企业 67 家，“文化相关产品的生产”的企业 38 家①。

（一）文化产业上市公司按类别划分基本情况

1. 按行业分类

根据《文化及相关产业分类（2012）》，文化产业分为两部分：文化产品的生产和文化相关产品的生产。其中文化产品的生产又划分为七个大类：新闻出版

① 对于涉及多个经营业务的企业，以《文化及相关产业分类（2012）》中所列类别的经营收入占全部收入比例为标准，超过 50% 比例的划归为文化企业，作者注。

发行服务、广播电视电影服务、文化艺术服务、文化信息传输服务、文化创意和设计服务、文化休闲娱乐服务和工艺美术品的生产；文化相关产品的生产划分为三个大类：文化产品生产的辅助生产、文化用品的生产和文化专用设备的生产。按照上述大类行业标准，105 家文化产业上市公司的分布如表 5.1 所示。

表 5.1　　　　文化企业按大类行业标准划分分布表

分　类	上市企业家数
一、新闻出版发行服务	16
二、广播电视电影服务	7
三、文化艺术服务	0
四、文化信息传输服务	21
五、文化创意和设计服务	12
六、文化休闲娱乐服务	5
七、工艺美术品的生产	6
八、文化产品生产的辅助生产	7
九、文化用品的生产	24
十、文化专用设备的生产	7
合　计	105

十个大类中，文化艺术服务行业整个大类尚无上市公司，该子行业主要涉及的内容包括：文艺创作与表演服务、图书馆与档案馆服务、文化遗产保护服务、群众文化服务、研究和社团服务、文化艺术培训服务和其他文化艺术服务。从事这些服务的企业在满足持续盈利、独立性和财务收入等方面的上市条件还需要进一步探索。

在新闻出版发行服务业中有 16 家上市公司，主要集中在出版和发行服务业，目前尚无从事新闻服务的企业上市，这与国家政策限制有关。见表 5.2。

表 5.2　　　　新闻出版发行服务业上市公司一览表

序号	证券代码	证券名称	按中类分类
1	000504. SZ	ST 传媒	一（二）出版服务
2	000719. SZ	大地传媒	一（二）出版服务
3	000793. SZ	华闻传媒	一（二）出版服务

续表

序号	证券代码	证券名称	按中类分类
4	002181. SZ	粤传媒	一（二）出版服务
5	002362. SZ	汉王科技	一（二）出版服务
6	300148. SZ	天舟文化	一（二）出版服务
7	600373. SH	中文传媒	一（二）出版服务
8	600551. SH	时代出版	一（二）出版服务
9	600633. SH	浙报传媒	一（二）出版服务
10	600757. SH	长江传媒	一（二）出版服务
11	600825. SH	新华传媒	一（二）出版服务
12	600880. SH	博瑞传播	一（二）出版服务
13	601098. SH	中南传媒	一（二）出版服务
14	601801. SH	皖新传媒	一（二）出版服务
15	601928. SH	凤凰传媒	一（二）出版服务
16	601999. SH	出版传媒	一（二）出版服务

在广播电视电影服务业中有7家上市公司，主要为电影和影视录音服务，无广播电视服务的企业上市。见表5.3。

表5.3　广播电视电影服务业上市公司一览表

序号	证券代码	证券名称	按中类分类
1	300027. SZ	华谊兄弟	二（二）电影和影视录音服务
2	300104. SZ	乐视网	二（二）电影和影视录音服务
3	300133. SZ	华策影视	二（二）电影和影视录音服务
4	300251. SZ	光线传媒	二（二）电影和影视录音服务
5	300291. SZ	华录百纳	二（二）电影和影视录音服务
6	300336. SZ	新文化	二（二）电影和影视录音服务
7	600088. SH	中视传媒	二（二）电影和影视录音服务

在文化信息传输服务业中有21家上市公司，细分的三个中类：互联网信息服务、增值电信服务（文化部分）、广播电视传输服务均涉及。见表5.4。

表 5.4　　文化信息传输服务业上市公司一览表

序号	证券代码	证券名称	按中类分类
1	002095. SZ	生意宝	四（一）互联网信息服务
2	300033. SZ	同花顺	四（一）互联网信息服务
3	300059. SZ	东方财富	四（一）互联网信息服务
4	300178. SZ	腾邦国际	四（一）互联网信息服务
5	300226. SZ	上海钢联	四（一）互联网信息服务
6	300235. SZ	方直科技	四（一）互联网信息服务
7	600637. SH	百视通	四（一）互联网信息服务
8	601519. SH	大智慧	四（一）互联网信息服务
9	603000. SH	人民网	四（一）互联网信息服务
10	002261. SZ	拓维信息	四（二）增值电信服务（文化部分）
11	300002. SZ	神州泰岳	四（二）增值电信服务（文化部分）
12	300288. SZ	朗玛信息	四（二）增值电信服务（文化部分）
13	000156. SZ	华数传媒	四（三）广播电视传输服务
14	000665. SZ	武汉塑料	四（三）广播电视传输服务
15	000839. SZ	中信国安	四（三）广播电视传输服务
16	000917. SZ	电广传媒	四（三）广播电视传输服务
17	002238. SZ	天威视讯	四（三）广播电视传输服务
18	600037. SH	歌华有线	四（三）广播电视传输服务
19	600831. SH	广电网络	四（三）广播电视传输服务
20	600832. SH	东方明珠	四（三）广播电视传输服务
21	601929. SH	吉视传媒	四（三）广播电视传输服务

文化创意和设计服务业有 12 家上市公司，细分的四个中类：广告服务、文化软件服务、建筑设计服务、专业设计服务均涉及。见表 5.5。

表 5.5　　文化创意和设计服务业上市公司一览表

序号	证券代码	证券名称	按中类分类
1	002400. SZ	省广股份	五（一）广告服务
2	300058. SZ	蓝色光标	五（一）广告服务
3	300071. SZ	华谊嘉信	五（一）广告服务
4	600386. SH	北巴传媒	五（一）广告服务

续表

序号	证券代码	证券名称	按中类分类
5	300052. SZ	中青宝	五（二）文化创意和设计服务—软件开发
6	002148. SZ	北纬通信	五（二）文化创意和设计服务—软件开发 邮电通信业（行业）
7	300315. SZ	掌趣科技	五（二）文化创意和设计服务—软件开发 邮电通信业（行业）
8	002292. SZ	奥飞动漫	五（二）文化软件服务
9	300113. SZ	顺网科技	五（二）文化软件服务
10	002116. SZ	中国海诚	五（三）工程勘察设计
11	002699. SZ	美盛文化	五（四）专业设计服务
12	300008. SZ	上海佳豪	五（四）专业设计服务

文化休闲娱乐服务主要集中在景区游览服务，有5家上市公司。见表5.6。

表5.6　文化休闲娱乐服务行业上市公司一览表

序号	证券代码	证券名称	按中类分类
1	000069. SZ	华侨城A	六（一）景区游览服务
2	300144. SZ	宋城股份	六（一）景区游览服务
3	600706. SH	曲江文旅	六（一）景区游览服务
4	600749. SH	西藏旅游	六（一）景区游览服务
5	600593. SH	大连圣亚	六（一）景区游览服务

工艺美术品的生产主要集中在珠宝首饰及有关物品制造，有6家上市公司。见表5.7。

表5.7　工艺美术品生产行业上市公司一览表

序号	证券代码	证券名称	按中类分类
1	000587. SZ	金叶珠宝	七（一）工艺美术品的制造（珠宝首饰）
2	002173. SZ	千足珍珠	七（一）工艺美术品的制造（珠宝首饰）
3	002345. SZ	潮宏基	七（一）工艺美术品的制造（珠宝首饰）
4	002574. SZ	明牌珠宝	七（一）工艺美术品的制造（珠宝首饰）
5	600086. SH	东方金钰	七（一）工艺美术品的制造（珠宝首饰）
6	600612. SH	老凤祥	七（一）工艺美术品的制造（珠宝首饰）

文化产品生产的辅助生产有7家上市公司，主要集中在印刷复制业。见表5.8。

表 5.8　　文化产品辅助生产行业上市公司一览表

序号	证券代码	证券名称	按中类分类
1	000812. SZ	陕西金叶	八（二）印刷复制服务
2	002117. SZ	东港股份	八（二）印刷复制服务
3	002191. SZ	劲嘉股份	八（二）印刷复制服务
4	002229. SZ	鸿博股份	八（二）印刷复制服务
5	002599. SZ	盛通股份	八（二）印刷复制服务
6	600836. SH	界龙实业	八（二）印刷复制服务
7	601515. SH	东风股份	八（二）印刷复制服务

文化用品的生产企业上市家数最多，有 24 家上市公司涉及细分行业也较多，如视听设备制造家数就达 9 家之多。见表 5.9。

表 5.9　　文化用品生产行业上市公司一览表

序号	证券代码	证券名称	按中类分类
1	002103. SZ	广博股份	九（一）办公用品的制造
2	002301. SZ	齐心文具	九（一）办公用品的制造
3	002678. SZ	珠江钢琴	九（二）乐器的制造
4	300329. SZ	海伦钢琴	九（二）乐器的制造
5	002348. SZ	高乐股份	九（三）玩具的制造
6	002502. SZ	骅威股份	九（三）玩具的制造
7	002575. SZ	群兴玩具	九（三）玩具的制造
8	300043. SZ	星辉车模	九（三）玩具的制造
9	002105. SZ	信隆实业	九（四）游艺器材及娱乐用品的制造
10	002605. SZ	姚记扑克	九（四）游艺器材及娱乐用品的制造
11	000016. SZ	深康佳 A	九（五）视听设备的制造
12	000100. SZ	TCL 集团	九（五）视听设备的制造
13	002351. SZ	漫步者	九（五）视听设备的制造
14	002429. SZ	兆驰股份	九（五）视听设备的制造
15	300182. SZ	捷成股份	九（五）视听设备的制造
16	600060. SH	海信电器	九（五）视听设备的制造
17	600203. SH	福日电子	九（五）视听设备的制造
18	600839. SH	四川长虹	九（五）视听设备的制造
19	600870. SH	ST 厦华	九（五）视听设备的制造
20	600599. SH	熊猫烟花	九（六）焰火、鞭炮产品的制造

续表

序号	证券代码	证券名称	按中类分类
21	002078. SZ	太阳纸业	九（七）文化用纸的制造
22	002235. SZ	安妮股份	九（七）文化用纸的制造
23	600966. SH	博汇纸业	九（七）文化用纸的制造
24	002319. SZ	乐通股份	九（八）文化用油墨颜料的制造

文化专用设备的生产企业有7家上市公司，主要集中在广播电视电影专用设备的制造。见表5.10。

表5.10　　文化专用设备生产行业上市公司一览表

序号	证券代码	证券名称	按中类分类
1	000801. SZ	四川九洲	十（二）广播电视电影专用设备的制造
2	000909. SZ	数源科技	十（二）广播电视电影专用设备的制造
3	002052. SZ	同洲电子	十（二）广播电视电影专用设备的制造
4	002519. SZ	银河电子	十（二）广播电视电影专用设备的制造
5	300028. SZ	金亚科技	十（二）广播电视电影专用设备的制造
6	300079. SZ	数码视讯	十（二）广播电视电影专用设备的制造
7	300264. SZ	佳创视讯	十（二）广播电视电影专用设备的制造

2. 按上市板块分类

中国第一家文化产业上市公司是在深圳证券交易所上市的深康佳A(000016. SZ)，属文化用品生产中的视听设备的制造；文化产品生产类的第一家上市公司是1994年在上海证券交易所上市的东方明珠（600832. SH）。在2006年之前，实际上市的企业很少，一直到深圳证券交易所中小板、创业板开闸，文化企业上市逐渐增多。2006年至2012年12月期间上市的家数达85家，占105家的八成以上。其中在中小板和创业板上市59家。

从上市板块看，主板占据了四成的比例，其次是创业板和中小企业板。从趋势看，越来越多的文化企业选择创业板，这与文化企业的特点以及股票发行与上市的管理制度有关。一定程度上讲，中小板和创业板的设立，为文化企业上市提供了机会。如果考虑上市公司重组情况，其中有19家通过重组方式进入文化产业。按成为文化产业上市公司的时间排序，在主板、中小板和创业板上市的家数如图5.1所示。

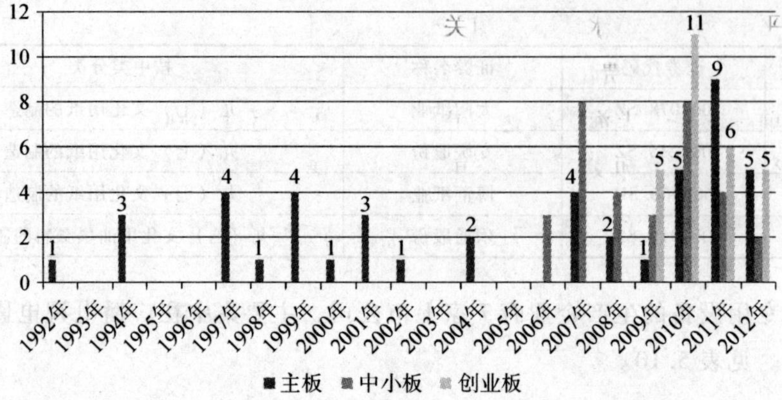

图 5.1 文化企业按交易板块分类年度上市分布情况图

3. 按地域分类

从地域分布看，105 家文化产业上市公司分布在 20 个省份，其中：广东、北京、浙江和上海分别以 25 家、17 家、14 家和 13 家，居前四位，合计占比高达 66%。见图 5.2。

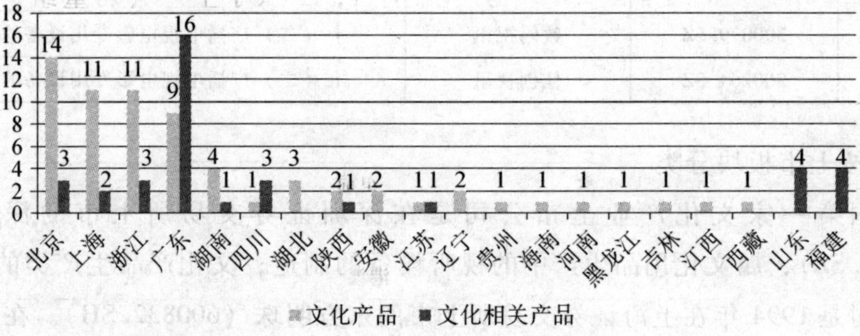

图 5.2 文化企业上市公司地域分布情况

根据国家统计局公布的 2011 年地区生产总值数据①，广东、浙江、上海和北京分别位列 1、4、11、13 位；从人均 GDP 来看，上海、北京、浙江和广东分别为 8.26 万元、8.17 万元、5.92 万元、5.08 万元，位列 2、3、5、7 位；从 2011 年各地区居民消费水平绝对数看，上海、北京、浙江和广东分别以 35439 元、27760 元、21346 元和 19578 元，位列 1、2、3、5 位。表明文化企业的发展程度

① 数据来源：http：//www.stats.gov.cn/tjsj/。

与经济水平和人均消费水平呈强相关性。国际经验表明，在人均 GDP 达 3000 美元/年时，对于文化消费的需求明显增加，在 5000 美元/年时，会出现井喷式的需求。目前，北京、上海等发达省市人均 GDP 已超过 10000 美元，由此，文化消费对文化产业发展和文化企业上市产生了显著的拉动作用。

若按文化产品和文化相关产品来看各省市的上市公司情况，北京、上海、浙江和广东在文化产品生产方面的企业家数分别以 14 家、11 家、11 家和 9 家居前四位；在文化相关产品生产方面，广东以 16 家的数量遥遥领先于其他地区，比列第二位的 4 家高出很多。

（二）文化产业上市公司按上市方式划分基本情况

在 105 家文化产业上市公司中，有 86 家通过首次公开发行成为上市公司，另外 19 家通过并购重组上市。

最早通过借壳方式上市的公司是博瑞传播（600880. SH）。除 2000 年、2001 年各有 1 家企业外，其余重大重组行为均发生在 2007 年之后。这与 2005 年开始的股权分置改革，实现全流通有密切关系。同时 2008 年 4 月《上市公司重大资产重组管理办法》（证监会令 53 号）的出台，加快了上市公司重组步伐。见表 5. 11。

表 5. 11　　文化产业上市公司重组情况表

证券代码	重组后名称	重组前名称	重组完成时间
600880. SH	博瑞传播	四川电器	1999 年
000504. SZ	ST 传媒	港澳实业	2000 年
600831. SH	广电网络	ST 黄河科	2001 年
600825. SH	新华传媒	华联超市	2007 年
000793. SZ	华闻传媒	G 燃气	2007 年
600086. SH	东方金钰	*ST 多佳	2007 年
600386. SH	北巴传媒	北京巴士	2008 年
600551. SH	时代出版	G 创新	2008 年
600612. SH	老凤祥	第一铅笔	2009 年
000665. SZ	湖北广电	武汉塑料	2010 年
600373. SH	中文传媒	鑫新股份	2010 年
000719. SZ	大地传媒	SST 鑫安	2011 年
600633. SH	浙报传媒	双鹿电器	2011 年

续表

证券代码	重组后名称	重组前名称	重组完成时间
600637. SH	百视通	广电信息	2011 年
600749. SH	西藏旅游	西藏圣地	2011 年
600757. SH	长江传媒	* ST 源发	2011 年
000587. SZ	金叶珠宝	* ST 光明	2011 年
600706. SH	曲江文旅	ST 长信	2012 年
000156. SZ	华数传媒	* ST 嘉瑞	2012 年

（三）文化产业上市公司在证券市场的份额

截至 2012 年 12 月 31 日，沪深证券交易所全部 A 股上市公司家数 2494 家，其中文化产业上市公司 105 家，所占比例 4.21%。文化产业上市公司的总市值 5529 亿元、流通市值 3164.39 亿元，占全部 A 股上市公司的比例为 2.42% 和 1.76%，表明文化产业上市公司对证券交易市场的影响还较小。文化上市企业的总资产金额 5499.55 亿元、归属母公司的净资产 2327.08 亿元，相比全部 A 股上市公司的比例仅为 0.46% 和 1.45%，表明文化产业上市公司的资产规模不大，与文化企业特点相符，大多属轻资产企业，反映到资产方面，金额较小。如果仅从文化产品生产企业来看，比例更小，总市值和流通市值占比为 1.82%、1.23%。见表 5.12。

表 5.12　　文化产业上市公司在证券市场中的相关数据统计①

项目	企业家数	总市值（亿元）	流通市值（亿元）	总资产（亿元）	净资产（亿元）
全部上市公司	2494	228523.34	180131.68	1208310.88	160982.00
文化上市企业	105	5529.00	3164.39	5499.55	2327.08
比　例	4.21%	2.42%	1.76%	0.46%	1.45%
其中：文化产品企业	67	4162.60	2219.05	2985.25	1540.58
比　例	2.69%	1.82%	1.23%	0.25%	0.96%
文化相关产品企业	38	1366.40	945.34	2514.30	786.50
比　例	1.52%	0.60%	0.53%	0.21%	0.49%

数据来源：根据中国证监会、中国证券业协会和万得资讯网站数据统计、测算。

① 数据来源：根据中国证监会、中国证券业协会和万得资讯网站数据统计、测算所得。

以2012年12月31日数据统计，全部A股上市公司股价的净资产倍数（PB）和净利润倍数（PE）为1.76和13.86，而文化产业上市公司相应的PB和PE值为2.38和23.84，高出全部A股上市公司平均值的35.22%、73.26%。这从另外一个侧面表明证券市场对于文化企业无形资产价值和成长性的认可。

二、我国文化产业上市公司并购重组概况

本书研究我国文化企业上市并购重组行为，主要指符合证监会《上市公司重大资产重组管理办法（2011年修订）》之规定，通过并购重组审核委员会审核的重大资产重组。

（一）并购重组总体概览与重点行业分述

在沪、深两市通过并购重组上市的19家文化企业中，涉及的资产交易规模总计达251.37亿元。其中沪市13家，交易规模179.48亿元，深市6家，交易规模71.89亿元。见图5.3。

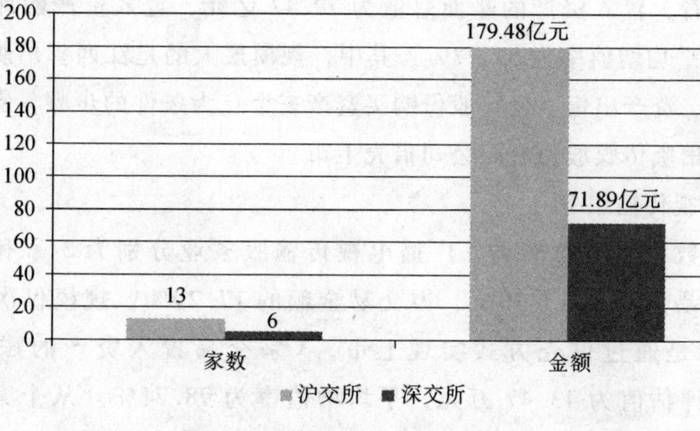

图5.3 文化企业通过重大并购重组家数及交易规模

通过重大资产重组上市的19家文化企业中，重组后导致公司主业发生重大变化的有18家，占94.74%，未发生变化的1家，占5.26%。从重组规模看，交易总额最大的行业是出版服务业，规模高达129.75亿元，占全部交易总额的51.62%；次多的行业是广播电视传输服务、交易总额为43.47亿元，占交易总额的17.29%。见表5.13。

表 5.13　　沪深 A 股文化企业重大资产重组行业情况一览表

行业	交易总额（亿元）	占比	单数（家）	占比	平均交易额（亿元）
出版服务	129.75	51.62%	9	47.37%	14.42
广播电视传输服务	43.47	17.29%	3	15.79%	14.49
互联网信息服务	43.28	17.22%	1	5.26%	43.28
珠宝首饰	23.23	9.24%	3	15.79%	7.74
景区游览服务	9.15	3.64%	2	10.53%	4.58
广告服务	2.49	0.99%	1	5.26%	2.49
合计	251.37	100.00%	19	100.00%	13.23

1. 出版服务

出版服务业成为沪深 A 股市场重组规模最大，借壳上市家数最多的行业。从交易规模看，重组标的资产高达 129.75 亿元，占全部文化企业重组交易标的总额的 51.62%。从定价方式看，9 家上市公司重组资产均采用评估结果定价。从评估增值水平看，置入资产的账面总值为 79.47 亿元，置入资产的评估结果为 129.75 亿元，平均增值率为 63.27%。其中，规模最大的是江西省出版集团公司通过股份收购、资产出售、发行股份购买资产三个互为条件的步骤，实现以核心资产中文天地出版传媒股份有限公司借壳上市。

2. 广播电视传输服务

从交易宗数、交易总额看，广播电视传输服务业分别为 3 家和 43.47 亿元，占全部交易宗数的 15.79%，占交易金额的 17.29%，规模仅次于出版服务业。企业均是通过借壳方式实现上市，3 宗交易置入资产的账面价值为 21.88 亿元，评估值为 43.47 万元，平均增值率为 98.71%。从个案看，2012 年重组上市的华数传媒，置入新媒体业务和杭州地区有线电视网络业务资产，增值率达 460%。

3. 珠宝首饰

3 家通过重组上市的珠宝首饰业企业，置入资产的账面价值为 9.74 亿元，评估值为 23.23 亿元，平均增值率为 138.39%。3 家企业重组前后行业变化分为两类：一类是从非珠宝首饰转化为珠宝首饰；二类是行业性质未发生变化。

表 5.14 沪深 A 股文化企业重大资产重组子行业的资产增值概况

行业	置入资产账面值（亿元）	置入资产评估值（亿元）	平均增值率
出版服务	79.47	129.75	63.27%
广播电视传输服务	21.88	43.47	98.71%
互联网信息服务	12.13	43.28	256.75%
珠宝首饰	9.74	23.23	138.39%
景区游览服务	5.90	9.15	55.20%
广告服务	—	2.49	
合计	129.12	251.37	94.68%

从6个子行业置入资产的平均增值率来看，互联网信息服务最高，为256.75%，珠宝首饰和广播电视传输服务都超过90%，最低的行业景区游览服务为55.20%，整体平均达94.68%。

在19家并购重组上市公司中，民营资本控股的3家，2家为珠宝首饰业，1家为景区游览服务业。在绝大多数并购重组企业中，国有资本担当主导者，较高的资产增值率表明，在资产证券化的过程中实现了国有资产的保值增值，提高了国有及国有控股企业的整体竞争力和运行效率。

（二）文化产业上市公司并购重组特点

19家重组上市公司在交易类型、交易目的、行业特点、实施效率、主体性质等方面呈现出以下特点：

1. 资产注入、资产出售、资产置换等多种方式结合，其中非公开发行股票购买资产成为并购重组的主导方式，股份支付的手段创新给并购重组打开了新的空间。见表5.15。

表 5.15 文化产业上市公司重大并购重组按业务类型分类统计

并购/重组类型	家数	比例	交易规模（亿元）	比例
资产注入	8	42.11%	87.87	34.96%
资产出售，资产注入	5	26.32%	99.00	39.38%
资产置换，资产注入	4	21.05%	55.53	22.09%
资产置换	2	10.53%	8.98	3.57%
合计	19	100.00%	251.37	100.00%

从表5.15可以看出，定向增发（包括有资产置换情况下的定向增发），从家数上所占比例为63.16%，从交易规模上所占比例为57.05%。资产出售及发行股份购买资产，在家数上所占比例为26.32%，在规模上所占比例为39.38%。

单纯的资产置换，在家数上所占比例为10.53%，在规模上所占比例为3.57%。

按业务类型的平均交易规模来看，平均值均未超过20亿元，其中资产置换平均值仅4.49亿元，而占并购重组主导地位的定向增发平均值约为10.98亿元。各交易类型的评估值及平均增值率差异也很明显。资产出售及资产注入平均增值率高达160.01%。见表5.16。

表5.16　　文化产业上市公司重大并购重组平均交易规模及评估值情况

并购/重组类型	家数	交易规模（亿元）	平均规模（亿元）	账面值（亿元）	评估值（亿元）	平均增值率
资产注入	8	87.87	10.98	55.23	87.87	59.09%
资产出售，资产注入	5	99.00	19.80	38.08	99.00	160.01%
资产置换，资产注入	4	55.53	13.88	29.32	55.53	89.39%
资产置换	2	8.98	4.49	6.50	8.98	38.20%
合计	19	251.37	13.23	129.12	251.37	94.68%

2. 以挽救危机为交易目的的被动式并购重组，占据绝对多数。

19家重组上市公司中，以挽救危机为交易目的的上市公司家数为17家，占全部的89.47%，以行业整合为目的的1家，为老凤祥；以产业转型为目的的1家，为北巴传媒。行业整合、产业升级为交易目的的积极式并购重组较少，原因是文化企业的并购重组往往达不到重大重组条件未进行披露。

3. 有较多的出版服务企业加入并购重组，或实现借壳上市，而退出企业的行业无规律性。

19家重组上市公司中，重组前的行业达10多个，重组后主业变为6大类：出版服务、广播电视传输服务、互联网信息服务、珠宝首饰、景区游览服务、广告服务。其中以出版服务居多。见表5.17。

表5.17　　文化企业上市公司重大并购重组前后所属行业变化对照

重组前	置入资产	家数
电器制造	出版服务	2
房地产	出版服务	1
家用电器	广播电视传输服务	1

续表

重组前	置入资产	家数
商业连锁	出版服务	1
城市燃气	出版服务	1
化纤纺织	工艺美术品的制造（珠宝首饰）	1
城区客运	广告服务	1
新材料	出版服务	1
文具制造	工艺美术品的制造（珠宝首饰）	1
材料加工	广播电视传输服务	2
金属加工	出版服务	1
化工业	出版服务	1
电子制造	互联网信息服务	1
宾馆业	景区游览服务	1
纺织业	出版服务	1
家具制造	工艺美术品的制造（珠宝首饰）	1
信息产业	景区游览服务	1

4. 国有和国有控股企业主导的上市公司重组比例较高。

按照重组主体的所有制性质分类，国有和国有控股企业主导的上市公司重组比例较高。从资产购买方（被重组方）看，其控股股东主体为民营性质的占15.79%，国有性质的占84.21%。国有性质的企业比民营企业高68.42%，表明国有资本在并购重组中扮演主要角色；从资产出售方（重组方）看，主体性质为国有、民企的分别占比89.47%、10.53%，表明具有国有性质的企业向上市公司置入资产的家数远远高于民营企业。

5. 资产重组在省内完成的居多，体现国有资产重组的行政主导性。

19家重组上市公司中有14家在以省为界的区域性内完成，跨省并购的企业为5家，体现了某些国有资产重组的行政性，也体现了地方国资迫切希望做大做强的愿望。如广电网络，原第一大股东黄河机器制造厂，与重组后的大股东陕西省广播电视信息网络有限责任公司同为省属企业，通过无偿股权划转，后者成为控股股东，然后置入有线网络部分传输设备、广告代理权等文化传媒类资产，既避免了上市公司的退市，又使当地优质资产证券化。

第二节　文化企业改制上市资产评估

文化企业的改制上市是推动文化产业成为国民经济支柱性产业的重要环节。股份制改造设立股份有限公司，根据《中华人民共和国公司法》的规定，“作为出资的非货币性资产应当评估作价，核实财产，不得高估或者低估”。由于股票发行时，并没有规定需要进行资产评估，因此，文化企业改制上市资产评估主要指股份改制环节的评估。

下面从文化企业改制的特点，结合实例来阐述文化企业改制设立股份公司资产评估需要注意的问题，以及相关评估方法。

一、文化企业改制的特点

（一）企业改制上市，登陆资本市场有助于优化自身经营机制及分散风险，加快发展步伐，提高自身价值

首先，筹集资金，企业通过在资本市场上发行股票，把分散在社会上的闲置资金集中起来，形成巨额的、可供长期使用的资本，用于支持社会化大生产和规模经营；其次，分散风险，将企业经营风险部分地转移和分散给投资者，实现风险的社会化；再次，转换机制，国有文化企业改制成股份公司，分离企业的所有权和经营权，来自股东的监督、资本市场的压力和来自社会的监督，促使上市公司必须改善和健全内部运作机制；最后，优化资源配置，通过一二级市场股票的流动性，资金逐渐流向效益好、发展前景好的企业。

（二）改制方式主要以整体改制和整体变更为主，部分文化企业由于行业监管政策限制须进行资产剥离

企业改制的方式主要有整体改制、部分改制、共同改制和整体变更。从已上市和筹备上市的文化企业可以看出，其改制方式主要以整体改制和整体变更为主。

文化企业改制上市，既要确保符合行业监管政策，又需要尽量满足上市规则中关于主业资产完整改制上市的条件。

通常而言，整体上市符合政策导向，但从实践情况来看，部分文化企业由于其特殊性又必须进行资产剥离。如：政策限制的资产、承担公益职能的资产、与主业关系不大的辅业资产等。例如，文化企业拥有的饭店、会议中心、旅游等与主业关系不大的辅业资产；文化企业承担公益职能的资产，例如专门出版少数民族文字的出版社、地广人稀的少数民族地区的新华书店等。

例如，中南出版传媒集团股份有限公司在改制过程中剥离资产主要包括：

一是政策不允许进入资产的剥离。主要是指《潇湘晨报》社采编业务相关资产。《潇湘晨报》社采编业务及相关资产与公司现有资产和业务有联系，根据《潇湘晨报》社与《潇湘晨报》经营公司签署的《关于潇湘晨报社经营性业务的授权经营协议》约定，作为取得经营性业务授权之对价，《潇湘晨报》经营公司按照授权经营业务范围的年度实际到账广告总收入（有效刊发部分）17%的比例向《潇湘晨报》社支付费用。

二是非主营业务资产、非经营性资产及产权存在瑕疵的资产。该类资产与公司现有资产和业务没有联系。

（三）文化企业改制时对非公有资本进入有相应的政策

文化企业改制上市与一般企业上市最大的区别在于特殊的政策，即关于民营资本、外资投资进入文化产业的限制。但随着文化企业改制上市的发展，政策也有所松动。如国家放宽了投资领域，凡国家法律法规未明确禁止的文化领域，非公有资本均可以进入。目前，国家积极鼓励和支持非公有资本进入以下文化行业和领域：文艺表演团体、演出场所、博物馆和展览馆、互联网上网服务营业场所、艺术教育与培训、文化艺术中介、旅游文化服务、文化娱乐、艺术品经营；动漫和网络游戏、广告、会展、电影电视剧制作发行、广播影视技术开发运用、电影院和电影院线、农村电影放映；书报刊分销、音像制品分销、包装装潢印刷品和其他文化印刷品印刷；文化产品和文化服务出口业务；文化艺术类民间组织；出版物印刷、可录类光盘生产、只读类光盘复制等文化行业和领域。

非公有资本可以投资参股下列领域国有文化企业，出版物印刷、发行，新闻出版单位的广告、发行，广播电台和电视台的音乐、科技、体育、娱乐方面的节目制作，电影制作发行放映。并且，非公有资本可以建设和经营有线电视接入网，参与有线电视接收端数字化改造。从事上述业务的文化企业国有资本必须控股51%以上。非公有资本可以控股从事有线电视接入网社区部分业务的企业。

非公有资本不得投资设立和经营通讯社、报刊社、出版社、广播电台（站）、电视台（站）、广播电视发射台（站）、转播台（站）、广播电视卫星、卫星上行站和收转站、微波站、监测台（站）、有线电视传输骨干网等；不得利用信息网络开展视听节目服务以及新闻网站等业务；不得经营报刊版面、广播电视频率频道和时段栏目；不得从事书报刊、影视片、音像制品成品等文化产品进口业务；不得进入国有文物博物馆。

2009年国务院颁布《文化产业振兴规划》明确"支持有条件的文化企业进入主板、创业板上市融资，鼓励已上市的文化企业通过增发、定向增发等再融资方式进行并购重组，迅速做大做强"。具体分析来说：

1. 图书出版业

保持国有绝对控股的基础上整体上市没有障碍。出版传媒上市时，基于政策因素，人民出版社等几个出版社没有纳入上市范围；但是，中南传媒整体上市时，将包括湖南人民出版社在内的全部出版社都装入了上市公司。

2. 报刊业

目前上市的报纸还没有将采编业务与经营性业务整体上市的先例，只是将经营性业务上市。不过，一些不具有时政敏感性的消费娱乐类、专业类报纸，正积极争取将采编业务和经营性业务整体上市，例如《体坛周报》。正如图书出版社一样，期刊的编辑和经营性业务在保持国有绝对控股的基础上整体上市已经没有障碍了。

3. 广播影视

目前，广播电台、电视台等还不能整体纳入上市范围，采编与频道必须由电视台掌握，按制播分离的原则，以及采编与经营分离原则进行重组。广播电视传输网络原则上仍要保持国有绝对控股，并禁止外资进入。影视剧制作、发行、放映已经基本对民营资本放开，例如华谊兄弟。

4. 互联网

国家对外资进入互联网服务领域的限制还比较严格，如新浪、搜狐等门户网站都是通过"协议控制"的模式在境外上市，即持有互联网经营牌照的主体是内资公司，境外上市主体通过一系列协议而不是股权关系控制内资公司。

同时，文化体制改革中国家有一系列的税收优惠政策，涉及企业所得税、增值税、营业税、房产税、城建税及关税等。所以文化企业改制也要关注主营业务是否依赖税收优惠。

（四）同业竞争和关联交易问题相对较多

由于部分出版内容意识形态较强，无法放入上市公司，所以可能形成同业竞争；出版业务和发行业务往往也很难一并上市，所以形成较多的关联交易。

企业改制设立股份公司引入战略投资者时，经常会选择行业内的企业，例如上游供应商和下游客户，虽然这样可以稳定客户关系，开拓业务发展空间，但很容易形成关联交易和同业竞争。

例如，吉视传媒（601929. SH），与控股股东之间存在关联交易。其中电视节目传输属于最主要的经常性关联交易。电视台依托广电网络传输电视节目，广电网络运营商通过传输广播电视节目向用户收取基本收视维护费，两者相互依存，由此导致股份公司与控股股东存在电视节目传输方面的经常性关联交易。为了规范关联交易行为，保护公司上市后中小投资者的利益，公司与吉林电视台、长春电视台就电视节目传输签署了传输协议，按照现有市场标准收取传输费用①。

（五）土地来源方式较多，权属完善难度大

文化企业（特别是新华书店系统、广播电视系统企业）通常拥有大量地段良好的划拨土地和房产，在改制上市过程中问题较为突出。

国有文化企业土地多数为划拨土地，由于历史原因，往往存在土地权属不完善、土地登记用途不规范、出让地无合同或未交齐出让金等诸多问题。

例：中南传媒（601098. SH）改制涉及的土地处置②。

2008 年 12 月 20 日，湖南省国土资源厅、湖南省财政厅出具《关于湖南出版投资控股集团有限公司土地估价报告备案和土地资产处置方案的批复》（湘国土资函［2008］464 号），同意进入股份公司的土地共 402 宗，其中，出让地 106 宗；划拨土地 296 宗。根据湘政函［2008］146 号文及湖南省省属国企改革领导小组会议纪要［2008］第三次）文件精神，补缴土地价值按备案评估价的 25% 核定，土地备案价的 75% 根据湖南省人民政府同意的《关于省属国企改革划拨土地使用权处置价值上缴问题的请求》（湘国企改革办［2008］89 号）精神，留给湖南出版集团作为改制成本支出或者增加出版集团的国有资本金，湖南出版集团整体改制方案将 106 宗原出让土地使用权和 296 宗新出让土地使用权作为企业

① 吉视传媒首次公开发行股票（A 股）招股说明书。
② 中南传媒首次公开发行 A 股股票招股说明书。

国有资产依法进入改制后的股份有限公司。

（六）文化企业改制要解决国有股权被稀释的可能性

通过“金股”等特殊的制度安排，能够解决整体上市与“文化安全”两者之间的矛盾，而且类似的制度安排在国外也有实例可以借鉴。所谓金股是指在股东大会上可对股份公司重大的事项行使一票否决权，这一制度安排有助于解决文化产业企业上市制度困境，在公司章程中设计这样的特别条款，确保国有出资人即使在股权被稀释的情况下，也不会丧失对董事会的控制力。

二、文化企业改制上市评估概况

一般情况下，文化企业从改制设立股份公司到最终上市，包括这期间的一系列增资、重组等都会涉及资产评估行为，下面对沪、深两市105家文化企业的评估情况进行综述。

（一）评估次数

在105家文化产业上市公司中，有16家企业上市没有进行过评估或报告中没有披露，多数是通过整体变更设立股份公司，少数以货币出资发起设立股份公司。它们都是通过首次公开发行的方式上市的。

其余89家企业在上市过程中进行了评估，其中评估次数最多为在创业板上市的宋城股份（300144. SZ），前后共进行了10次评估，多数为产权转让。89%的企业在上市之前都进行了1到2次的评估，因为文化企业上市一般要经过改制设立股份公司到最终发行上市，其中涉及的有关经济行为都有评估的要求。见图5.4。

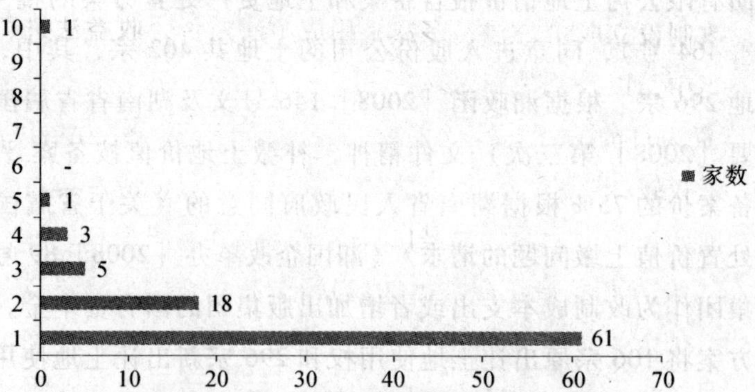

图5.4 文化企业上市评估次数分布图

根据不同的评估目的可以发现，以改制为目的的评估次数最多，占比

41.3%。这也体现了我国文化企业自身发展的特殊性。见表5.18。

表5.18　　文化企业上市评估不同目的下评估次数表

评估目的	改制	增资	资产重组	发行上市	其他	合计
评估次数	57	17	47	11	6	138

（二）评估方法

资产评估主要评估方法有收益法、市场法和成本法。而这89家文化企业涉及的138次评估当中，绝大多数采用了成本法和收益法，仅有6家企业采用了市场法。在最终评估结论的选择时，采用成本法定价的有99次，占比72%；采用收益法定价的有26次，占比19%。采用市场法定价的只有2次，占比1%。如图5.5所示。

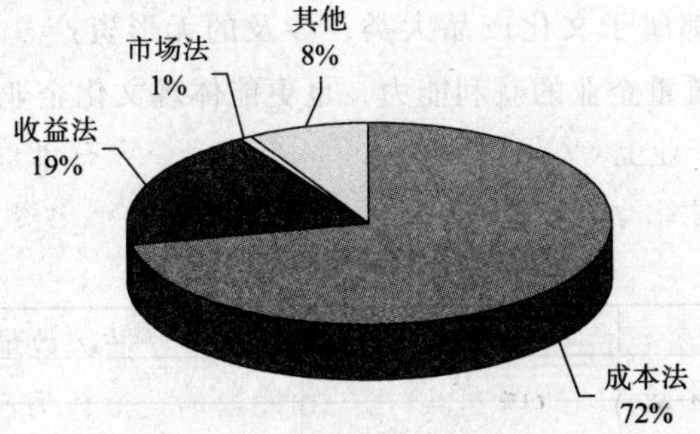

图5.5　文化企业上市评估中评估方法定价情况表

1. 根据评估目的分析

文化企业改制设立股份公司，多数采用成本法定价，收益法进行验证。在上市的文化企业当中，以改制为目的的评估，有45家企业采用了成本法定价，占比79%；以增资为目的的评估，成本法和收益法定价各占一半；资产重组，包括资产置换、股权转让收购、债务重组等，定价方法也是成本法占据主导；而以发行上市为目的的评估中，全部都是以成本法定价。见图5.6。

2. 根据《文化及相关产业分类（2012）》分析

据统计，文化企业各子类行业成本法定价的比例占65%以上，其中文化专用设备的生产和文化产品的辅助生产两个子类，全部都是采用成本法定价。收益法定价占比较高的主要为文化信息传输服务、新闻出版发行服务和广播电视电影

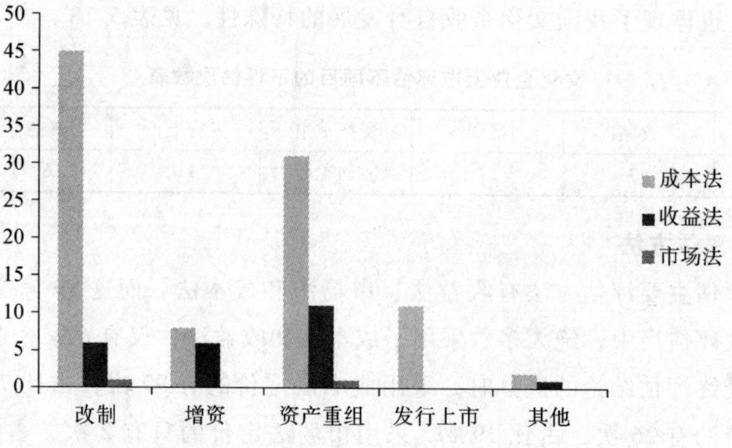

图 5.6　文化企业上市不同评估目的下的评估定价方法

服务。这 3 个子类都属于文化产品大类，涉及的无形资产、土地使用权评估较多，收益法定价更看重企业的获利能力，也更能体现文化企业未来发展潜力。见表 5.19。

表 5.19　　　　文化企业分行业评估方法汇总表

子行业分类	成本法	收益法	市场法
新闻出版发行服务	19	6	0
广播电视电影服务	7	3	0
文化专用设备的生产	5	0	0
文化信息传输服务	17	9	0
文化创意及设计服务	10	2	0
文化休闲娱乐服务	11	1	0
工艺美术品生产	6	0	1
文化产品的辅助生产	12	0	0
文化用品的生产	12	5	1
合计	99	26	2

（三）增减值情况

据统计，89 家披露了资产评估情况的文化企业当中，除 8 家企业的评估值较账面值减值外，其余均体现为增值。评估减值的情况主要为：资产重组时置出资产，资产转让或者资产剥离。以新闻出版发行服务类减值相对较高，其中粤传媒（002181. SZ）资产转让时涉及的 7 家企业有 5 家都出现了大幅度的减值。见表 5.20。

表 5.20　　评估出现减值的文化企业情况表

企业名称	所属行业分类	评估目的	评估定价方法	减值率
中文传媒	新闻出版发行服务	资产重组(置出资产)	成本法	-22.69%
出版传媒	新闻出版发行服务	股权收购	成本法	-5.89%
粤传媒	新闻出版发行服务	资产转让	成本法	评估涉及7家企业中5家发生了减值
歌华有线	文化信息传输服务	发行上市	成本法	-0.06%
广电网络	文化信息传输服务	资产重组(置出资产)	成本法	-3.04%
北巴传媒	文化创意及设计服务	改制	未提及	-0.78%
		发行上市	成本法	-1.70%
省广股份	文化创意及设计服务	改制	加和法	-7.20%
宋城股份	文化休闲娱乐服务	资产转让	成本法，市场法	-2.65%

注：粤传媒5家企业减值率分别为-939.4%，-59.23%，-357.08%，-228.58%，-11.8%。

三、文化企业改制设立股份公司的资产评估

（一）设立股份公司需要评估的资产范围

企业改制设立股份公司，可经整体变更或整体改制成为股份公司。一般来说，整体变更前的企业形式是有限责任公司，整体变更后的股份有限公司可看作是原有限责任公司的继承；整体改制前的企业形式可以是有限责任公司，也可是国有企业、事业单位或集体企业，整体改制后设立的股份有限公司属于新设公司，与原公司不存在必然的继承关系。整体变更时以审计的净资产折股，而不以评估值验资折股；但整体改制一般以评估值验资、折股。如果不涉及资产剥离，整体变更的债权债务由变更后的股份公司自然继承；而整体改制过程中的债务转移需要取得债权人的同意。整体变更是将原来有限责任公司的全部资产或主要资产纳入股份公司的范围，可以对部分非核心经营性资产进行剥离；整体改制也可能剥离非经营性资产，只将经营性资产纳入股份公司的范围。由于整体改制属于新设公司，因此，对于原公司剥离的非经营性资产的规模和占总资产的比例没有特殊限制。

鉴于文化企业的特殊性，一般都是整体改制后设立新的公司，整体改制一般以评估值验资、折股，资产评估显得尤为重要。

（二）资产评估的一般流程

一般来说，资产评估通常包括以下程序：

1. 评估双方明确评估业务基本事项；

2. 评估双方签订业务约定书；

3. 评估师编制评估计划，获得双方认可；

4. 评估师现场调查，并收集评估资料；

5. 评估师评定估算；

6. 编制和出具评估报告，工作底稿归档。

（三）资产评估应注意的事项

1. 资产评估的合规性。企业及资产评估机构应当按照资产评估管理的有关法规、制度和准则规范进行资产评估，并按规定的资产评估报告格式制作资产评估报告。

2. 资产评估结论使用的有效期。资产评估结论一般自评估基准日起一年内有效，超过有效期的，原资产评估报告无效，须重新进行评估。

3. 资产评估机构的资质。企业在聘请资产评估机构时，应当注意其是否具有与评估对象相适应的资质条件。

4. 资产评估机构未向同一经济行为提供审计业务服务。

5. 资产评估报告中应当根据评估对象、价值类型、资产收集情况等相关条件，分析资产评估基本方法的适用性，恰当选择评估方法，形成合理评估结论，应当科学合理使用评估假设，并在评估报告中披露评估假设及其对评估结论的影响。

6. 评估结论的使用必须与所对应的经济行为保持一致。如，中央文化企业改制设立股份有限公司的评估结论仅适用于其工商注册登记，不得用于引入战略投资者和首次公开发行上市①。

（四）资产评估方法的选择

企业在改制设立股份公司时，为确定出资资产的价值，通常采用成本法进行评估，收益法作为验证。市场法由于可比案例获得困难，较少采用。

在设立股份公司后、上市前，往往还会进行一系列的增资。由于文化企业涉

① 引自《中央文化企业国有资产评估管理暂行办法》第二十二条。

及较多的无形资产，为充分体现企业整体价值，采用收益法评估的企业较多，并选择收益法的评估结果作为最终值。

例：中南传媒设立和增资的两次资产评估①。

（1）设立时的资产评估。

中南传媒设立时，由湖南出版集团委托资产评估机构，以2007年12月31日为评估基准日，就湖南出版集团拟整体重组、联合其全资子公司投资发起设立股份公司所涉及的纳入股份公司的资产及相关负债进行了评估。

本次资产评估采用了资产基础法和收益法两种方法，评估师根据两种方法和其采用条件、评估目的的匹配程度，选取资产基础法的结果作为评估报告的最终评估结果。

本次评估中净资产评估值与账面值相比，评估增值率为149.97%。主要增值的原因为：公司本部及下属子公司所拥有的固定资产和无形资产（土地使用权）评估值较账面值增值较大。土地使用权评估增值在于土地取得时间较早，划拨地无账面值，出让地付的出让金较低，近年随着经济以及房地产业的快速发展，土地价格不断升高，形成评估增值。

本次评估纳入评估范围的长期股权投资单位计14家，其中11家属于需要改制的全民所有制企业，考虑到本次评估目的是设立股份有限公司，同时也要为11家全民所有制单位改制为公司制提供工商登记和注册服务，因此，对11家全民所有制单位，采用资产基础法评估，确定中南出版传媒集团股份有限公司对各股权单位出资的价值。对于另3家已改制成为有限责任公司的单位，则采用收益法评估结果作为中南出版传媒集团股份有限公司对其出资的价值。

（2）2009年增资时的资产评估。

根据2009年3月11日湖南省财政厅的有关批复，中南传媒向华菱钢铁等5家投资者发行1.98亿股人民币普通股。为此，中南传媒委托资产评估机构，以2008年12月31日为评估基准日，对中南传媒进行了资产评估。

本次分别采用资产基础法和收益法两种方法进行评估。收益法评估值增值率43.41%，资产基础法评估增值率24.23%。最后选择收益法结果作为最终评估值。原因在于成本法结果难以客观、合理反映被评估单位所拥有的市场客户资

① 中南传媒首次公开发行A股股票招股说明书。

源、品牌、营销网络、特许经营权、人力资源等无形资产在内的企业整体价值。结合此次评估目的是为增资扩股引入新股东提供价值参考依据，交易双方所关注的是企业整体价值，采用收益法，可以避免资产基础法评估中存在的局限，能够更全面、合理地反映企业的整体价值。

（五）文化企业改制资产评估特别关注事项

文化企业和其他企业的显著区别是，著作权、品牌等无形资产在市场竞争中的地位日益突出，已经成为出资、质押等经济行为的重要标的。因此，需要加强对无形资产的评估，并重点关注土地使用权、知识产权和品牌等无形资产价值的评估。

1. 土地使用权的评估

文化企业改制为股份公司时不仅涉及出让地的评估，还会涉及划拨地的评估，根据企业类型和改制的需要，可以采用出让、租赁、作价入股、授权经营和保留划拨等方式进行处置。

2. 知识产权的评估

文化企业是知识产权的生产者、使用者和传播者。例如，作者写成小说，通过出版社出版，经编剧改编为剧本，制片人制作成电影，手机电视服务提供者将其重新剪辑成简短的手机电视，手机用户将其下载后又上传到电影网站分享，如此反复的传播过程，涉及传统媒体和新媒体的各个环节的知识产权问题，需要尤为重视。文化产业作为新兴产业，其无形资产涵盖的范围广，内容比较复杂，以著作权为例，不同的行业涉及的著作权也有差异，如涉及出版行业的著作权多以专有出版权表现，电影则主要表现为发行权、放映权等，每个细分行业没有固定的评估元素，使得评估存在一定困难。并且文化产品不是一般的物质性产品，而是涉及艺术、文化和生活娱乐的产品，主要满足人们精神上的需要。产品的类型、产品的创作者、使用状态、登记情况、收益方式等都会影响文化产品的价值，需要在评估中加以关注。

3. 品牌价值的评估

有些文化企业在多年经营过程中，积聚和培育了有影响力的品牌，品牌能够为企业赢得稳定而持久的市场，有利于扩大市场份额，带来更好的经济效益。因此，在企业改制评估时，要通过运用适当的评估方法加以评估，并体现在企业整体价值中。

此外，文化企业进行股份制改制时，为了防止出资不实的问题，必须进行评估。从现有阶段看，实践中主要是配合工商部门的需要，一般只采用成本法（资产基础法）对资产和负债进行评估。由于进行股改的文化企业多是为上市做准备，所以应在评估时考虑企业的赢利模式和获利能力，除著作权资产外，还要考虑企业商标权、特许权和市场渠道等无形资产的价值，这些都无法通过成本法体现出来，需要加强收益法的应用。

第三节　文化企业并购重组中的资产评估

从目前上市的105家文化企业来看，有86家企业是通过发行上市，19家是通过并购重组方式借壳上市。从沪、深两市整体情况看，并购重组的上市公司总数及交易资产总量均呈上升趋势，甚至一些年度并购重组总量超过首发上市的总量。

一、文化企业并购重组资产评估的整体状况分析

（一）并购重组涉及资产评估业务的主要特点

1. 以资产评估结果作为并购重组交易定价基础是交易各方主要的选择。19家重大资产重组上市公司，除1家置出资产是以协议价格确定的外，其余的置入资产和置出资产均以评估值定价。

2. 并购重组中上市公司置入的增值率显著高于置出的增值率。沪深两市19家上市公司的重大资产重组涉及注入资产的有17家，账面值合计122.62亿元，经评估后的资产价值为242.39亿元，评估增值率平均为97.67%，其中注入资产价值最大的是百视通，账面值12.13亿元，评估后资产价值43.28亿元，评估增值率256.75%。

涉及置出资产的有12家，除1家置出资产是以双方协议价格确定的，无账面值披露外，其余11家账面值合计39.83亿元，经评估后的资产价值为48.89亿元，评估增值率平均为22.75%。最大的增值率为192.79%，最小增值率-35.10%。增值最大的是白猫股份（浙报传媒重组前），主要原因是账面未反映的商标等无形资产以及土地增值所致。置出资产价值最大的是广电信息（百视通

重组前)，评估值为30.99亿元，增值率25.63%。

置出净资产评估值与注入净资产评估价值相比，仅为19.62%，说明通过增发股份将优质、盈利资产注入上市公司，实现资产上市是重大资产重组的主要推力和重要构成。

3. 并购重组中购买资产的评估方法采用成本法和收益法结合为主，评估结果定价两种方法各占一半，出售资产以成本法为主，较为单一。注入资产的评估方法中，2005年前，一般采用单一的成本法或收益法，在2005年执行《企业价值评估指导意见（试行)》后，均采用两种方法进行了评估，其中主要采用成本法和收益法两种方法结合，以成本法和收益法评估结果定价各占一半；而置出资产均采用了成本法，并以成本法结果进行定价。

4. 并购重组评估市场集中度较高，“属地”色彩明显。19家上市公司购买、出售资产共涉及30家独立法人企业进行了资产评估，其中13家是由注册地在北京的评估机构承做，占比43.33%；其余17家由注册地非北京的评估机构承做，占比56.67%，均为企业所在地的评估机构。

（二）并购重组资产评估需要关注的问题

1. 并购价值类型的选择

文化企业并购重组资产评估，应针对并购行为的性质，进一步研究明确价值类型。并购交易中，目标企业拥有不同层次的价值：目标企业账面资产价值、目标企业市场价值、并购双方协同作用后的价值、目标企业的战略投资价值。评估实践中，主要采用了市场价值类型，反映自愿交易双方在理性情况下正常公平交易的价值数额，这种价值类型强调了交易的公允性。

作为市场化的并购而言，站在并购企业角度，通常更看重并购双方的协同价值，该价值体现在并购企业与目标企业合并后产生的规模经济效益、外部交易的内部化、生产要素的重新组合，以及共享企业的商标、专利、技术、销售渠道等方面，该价值等于目标企业自身价值加上协同作用而新增的价值，更客观地反映并购的实质，但对协同价值的评估也避免过于乐观，否则当预期的协同作用价值未出现时，因为已付出较高的代价，会对收购公司经营产生不利的影响。

并购目标企业最高层次为战略价值，主要包括扩展新市场，寻找新的利润增长点，扩大市场占有率，冲破贸易堡垒，消除竞争，提高垄断地位等。当今国际资本市场上企业间的并购行为很多是发生在战略需求层次上，随着我国文化产业的发展，企业间的战略并购也在增多，并购的战略价值越来越受到重视。

2. 重大资产重组中价值的影响

目前，上市公司发行股份购买股东资产时，相对于控股股东而言，重大资产重组中的上市公司一方往往处于劣势、弱势或不平等地位，对资产的交易定价、交易方式没有对等的话语权，反映在购买股东资产的评估增值率显著高于出售资产的评估增值率。部分项目评估方法的选用以及评估结果受到交易关联性、重组方案设计的局限性等多种因素影响，并影响到了最终的评估增值率。

二、并购重组资产评估中有关评估方法研究

（一）并购重组中评估方法应用结构

企业价值评估中，虽然收益法的运用一直趋于上升，但成本法仍占据主导地位，而市场法运用则仍是寥寥无几。

1. 关于成本法的应用分析

在持续经营假设前提下，运用成本法对企业价值进行评估存在一定的局限性。成本法是以企业要素资产的再建为出发点，无法把握持续经营企业价值的整体性和各单项资产的整合效应。

2. 关于市场法的应用分析

类似资产成交价格等可比数据的缺乏限制了企业整体价值评估时市场法的运用。一是被评估企业与参照企业之间的“可比”性和个体差异问题。二是企业交易案例的差异。三是不存在一个可以共享的企业交易案例资料库。四是案例和交易的发生时间、市场条件和宏观环境又各不相同。评估人员对这些影响因素的分析也会存在主观和客观条件上的障碍。

3. 关于收益法的应用分析

并购重组外部环境的不成熟影响了企业整体价值评估收益法的准确性。收益现值标准基于被并购企业未来收益的可获取性，我国的市场经济体制有待于进一步完善，投资体制、价格体系、市场环境等方面也在发生变化，企业未来收益额与资产之间的比例关系尚不能合理确定。在近期内，对被并购企业的整体资产进行评估时，多数项目仍选择以成本法为主，辅助以收益法。

（二）并购重组中评估方法运用特点

1. 评估方法的运用丰富多样

评估机构需要根据不同评估对象的特点和所处的市场条件选择最能客观反映资产价值的评估方法，有利于提高评估结果的合理性，有助于客观地发现价值。如单项资产评估，因难以单独计算单个生产要素收益，收益法的使用受到限制；整体资产评估，评估的是资产综合体的预期获利能力，较适合采用收益法。无形资产由于自身难以复制的特征，存在成本耗费与效用的非对称性，适合采用收益法评估。通用性的资产可在公开市场出售，较适宜采用市场法；而专用性资产由于缺乏公开出售的条件，无法采用市场法，成本法更适合。对于并购重组项目中的企业整体价值评估，成本法、收益法、市场法均得到了运用；单项资产评估方法的运用更是多样，以著作权收益法评估为例，就有增量收益法、超额收益法、许可费节省法等。

2. 根据并购重组原因不同，灵活运用评估方法

其一，被并购企业在生产经营方面表现良好，获利能力较好，资产评估适以收益现值为标准；其二，被并购企业经营管理较差，长期处于微利状态，发展前景有限，资产评估应通常以重置成本为标准；其三，被并购企业经营不善，长期亏损，无发展前途，资产评估可以考虑以清算价格为标准。如置出资产相关企业通常经营不善，在涉及资产置出的项目中，都采用了成本法评估并定价；而置入资产相关企业通常经营状况较好，17 个置入资产项目中多数项目选择了成本法和收益法两种方法。

3. 评估方法逐步与国际接轨，为上市公司国际并购奠定基础

作为国际上最为常用的估值方法，收益法在并购重组中的运用日益普遍，意味着国内上市公司并购重组在评估方法方面已逐步与国际接轨，将会增强评估报告在涉外项目中的可用性，在估值方面为实施跨国并购奠定基础。17 个置入资产项目中，有 11 个项目选用了收益法进行企业整体价值评估。而在运用成本法进行企业整体价值评估时，对于其中许多重要资产的估值，也大量采用了现金流折现法，特别是在对无形资产、房地产评估方面。在定价方面，出版服务业以成本法结果居多，而广播电视传输服务以收益法结果居多。值得一提的是，三家珠宝首饰业，全部选择了成本法定价，对这些企业的主要资产存货珠宝首饰，均以市场价进行了估值，隐含的价值已体现。

4. 评估方法的技术含量逐步提高，方法运用更为合理

各类评估方法的运用需要依靠评估人员的主观判断，尤其是收益法评估，由

于参数选取不当而被市场置疑和诟病的事情时有发生。在严格监管、行业规范和实践活动中，评估方法的技术含量正在逐步提高，要素市场的日趋成熟为各类评估参数的合理选取和技术的完善创造了条件。以收益法最重要的又最容易遭到质疑的参数——折现率为例，目前并购重组评估折现率的选取不少均采用了资本资产定价模型等，其中的重要参数如贝塔系数等能够通过上市公司公开数据便捷地计算，最终的选取结果相对更为客观、合理。

5. 监管制度的完善有效减少了评估方法的不当运用

随着监管制度的完善，评估方法的运用受到约束。例如重组办法特别规定了基于未来收益预期的估值方法对拟购买资产进行评估并作为定价参考依据的有关信息披露、差异审核和补偿的制度安排。在上述 17 个置入资产项目中，有 9 个项目最终采用了收益法定价，相关大股东均对未来几年盈利作了承诺，并同时承诺未来盈利实际数不足时将以现金或股份的形式作出补偿。《中央文化企业国有资产评估管理暂行办法》第十七条规定，报告审核时，要重点关注“是否分析了文化企业的经营特点、赢利模式，是否关注了无形资产的价值贡献等，收益法说明是否分析参数、依据及测算过程”。这就要求评估机构在运用收益法时更为谨慎细致，通过完整资料的把握，努力提高未来预测的准确性，提高评估结果的合理性。

第四节　本章小结

一、内容介绍

本章首先介绍了我国文化企业上市及评估概况，按照《文化及相关产业分类(2012)》，对全部 A 股中属文化产业的上市公司进行了完整的梳理，涉及 9 大类共 105 家企业，并从地域分布、上市日期、上市方式等多维度揭示文化产业上市公司的特点，并对文化企业的上市评估进行了汇总分析；其次，对文化企业改制上市资产评估进行论述。本章从资产评估角度阐述了文化企业重组改制需要关注的如无形资产、收益法适用性等特别关注事项，并介绍了改制重组资产评估操作流程等；再次，对文化企业并购重组中的资产评估问题进行了分析。通过对沪深两市的文化产业上市公司并购重组与资产评估情况进行全景式统计和分类别梳理，以实证论述的方式对并购重组中涉及的资产评估事项进行概要式归纳和系统性分析，解剖现状、展示成果、总结问题、提出建议。

二、研究结论

1. 文化产业上市公司的PB和PE值均高于A股上市公司平均值，从一个方面表明证券市场对于文化企业无形资产价值及成长性的认可。

2. 文化产业上市公司从地域分布来看，文化企业的发展在一定程度上与区域经济水平和人均消费水平呈强相关性。

3. 中小板和创业板的设立，为文化企业上市提供有利的条件，上市家数和规模发展迅速。

4. 文化产业上市公司，在改制阶段评估，成本法结果定价高达八成比例；以增资为目的的评估，成本法和收益法定价几乎各占一半；而以发行上市为目的的评估中，全部都是以成本法定价。

5. 文化企业改制方式主要以整体改制和整体变更为主，部分文化企业由于行业监管政策限制须进行资产剥离，相应同业竞争和关联交易问题相对较多。

6. 文化企业改制时，由于土地来源方式较多，权属完善难度大，需要重点关注、提前布局。

7. 文化企业并购重组目前多以出版业、广播电视传输服务、珠宝首饰等借壳上市居多。

8. 文化企业并购重组中购买资产的评估方法仍以成本法和收益法两种方法结合为主，评估结果定价两种方法各占一半，出售资产以成本法为主，较为单一。

第六章　文化企业资产评估案例分析

第一节　文化企业无形资产评估案例

一、电影作品著作权资产评估案例

（一）案例背景情况

电影《D》首映日安排在2010年9月29日。本案例对该部电影作品在2010年9月29日的国内院线放映权价值进行了评估，评估结果可以作为电影作品著作权人在该部电影进入院线放映之前确定其所拥有的放映权价值的参考。

（二）评估方法及过程

本案例采用收益法，具体使用许可费节省法。

1. 评估模型

使用许可费节省法确定著作权的价值，是指与向第三方支付许可使用费相比，假设拥有该资产将不必支付使用费，由此产生的资本价值。

许可费节省模型如下：

$$V = \sum_{t=1}^{n} \frac{K \times P_t}{(1+r)^t}$$

其中：V——放映权价值；

P_t——票房收入；

K——许可费率；

n——收入期限；

r——折现率。

2. 参数确定

（1）票房收入和收入期限的预测。本案例对电影票房收入的预测，是在价值影响因素分析基础上，以同类电影票房收入和其影响因素作为对象，根据其历史数据构建影响电影票房收入的多因素回归模型，模型检验通过后，将被评估对象特定影响因素量化后代入模型，预测被评估电影作品票房收入。

①回归模型参数的确定。通过分析，本案例判断宏观经济环境、市场消费能力、发行机构实力、放映档期等外部因素，制片人、剧本、导演、演员、其他专业制作人员和制作费用等内部因素会从多个方面共同影响电影票房收入。见图 6.1 和图 6.2。

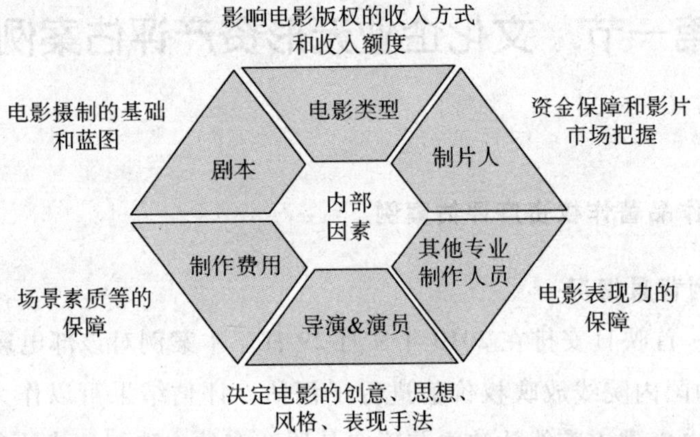

图 6.1　影响电影价值的内部因素

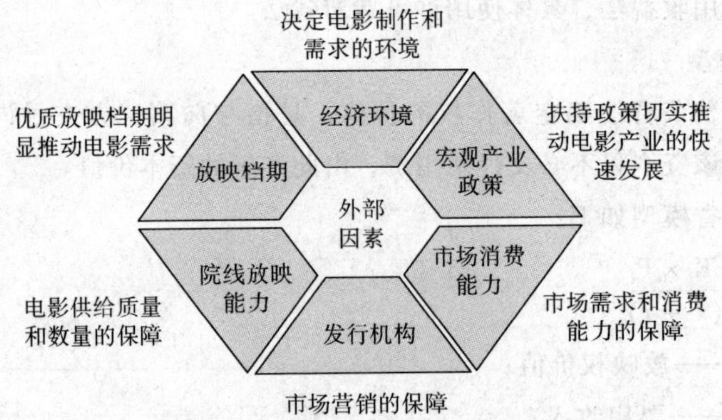

图 6.2　影响电影价值的外部因素

由于选择的变量较多，同时一些变量之间存在着一定的相关性，直接纳入分析不但复杂，而且很可能因为变量间的多重共线性而无法得出正确的结论，因此，进行统计分析前，需要对原始变量指标进行相应的处理。

首先，由于剧本、导演、演员以及制作人员对电影的质量起着非常重要的作用，因此，本案例将上述几项影响因素纳入模型作为自变量。显然，对于上述几项变量，购买成本和劳务费的高低是其主要的衡量。如果剧本优秀，购买成本就高；如果导演优秀，其获得的劳务报酬就高。这是电影界长时间以来形成的规律。然而由于我国电影产业数据尚未完全公开，对于电影作品剧本购买的费用以及导演、演员和其他专业制作人员的劳务费用等细节数据不能够详细获得，因此，本案例将剧本购买费用、导演等制作人员劳务费等多项费用整合为投资额度进行衡量。这样设定一方面解决了数据不可获得的问题；另一方面也解决了指标过多，关系复杂的问题。

其次，放映场次和档期因素是制片方将电影作品推向市场所面对的营销环境。放映场次是制片方能够为市场提供的最大供给量，档期因素是制片方选择的市场需求环境，因此，本案例将两项因素纳入模型作为自变量。

再次，制片人是电影作品整体的支持者和把握者，因此，本案例将其纳入模型作为自变量。

最后，电影收入还受我国整体经济水平和环境的影响，因此，需要将我国宏观经济状况和市场消费能力纳入模型。为了提高多个变量的综合反应能力，本案例将我国经济衡量指标与前面四个自变量进行整合，确定四个综合变量，然后根据所构建的变量指标进行多元统计分析。

A. 定性变量的处理。为了便于进行统计分析，对于定性因素将引入虚拟变量进行处理。对于制片人因素，选择具有强大资金支持、艺术眼光和管理能力的综合型制片人赋值为1（以在2006~2009年四份“票房排名前20名国产影片幕后团队核心制片人才统计表”上出现的次数超过2次为标准），其余制片人赋值为0。见表6.1。

表6.1

综合型制片人	普通制片人
1	0

B. 定量变量的处理。对于宏观经济环境因素，选取2008年人均GDP增长率对其进行量化处理；

对于市场消费能力因素，选取2008年人均可支配收入增长率对其进行量化处理；

对档期因素，选取档期内，电影票房日均收益占全年电影票房收益的份额对其进行量化处理；

对于院线的放映能力和电影的市场供给，选取放映场次对其进行量化处理；

导演、演员和其他专业制作人员三种制作人员因素均使用其劳动报酬进行量化处理，而对于发行公司的实力因素间接地使用发行费用进行衡量。由于电影的投资额度包括制作成本（其中包括剧本成本，导演、演员及其他制作人员的报酬）和发行费用两部分，因此，选择电影的投资额度作为整体衡量，间接地将剧本、导演、演员、其他制作人员以及发行公司实力五个影响因素包含在变量中。

总体上来讲，宏观经济环境直接影响投资者对电影行业的投资预期，间接地影响电影的投资额度，因此，选择构建一个"调整后的投资额度"变量作为经过经济环境影响调整后的因素变量；而市场消费能力直接影响目标观众的观影预期，从而间接地影响各档期票房收入，因此，构建一个"调整后的档期因素"变量作为经过市场消费环境影响调整后的因素变量，为了便于进行有效预测，使用上一年度的档期数据。

调整后的投资额度 = 投资额度 ×2008年人均GDP增长率

调整后的档期因素 = 档期内日均收益比重 ×2008年人均可支配收入增长率

②样本选择与数据来源。选取2009年国产电影新片票房排名前100名的电影作为样本数据，以2009年为主要研究时间段。为了研究的目的，在原有数据的基础上剔除41个数据缺失的样本、1部国外作为主摄制方的合拍影片，1部纪录片，7部动画片，2部军事片，2部2008年贺岁档的影片，最终剩余46部电影作品作为实证分析的研究样本。搜集整理46部电影各项数据，全部数据来自《2010中国电影产业研究报告》[①]；上一年度人均GDP和人均可支配收入数据均来自国家统计局网站。

③多元回归模型。本模型引入4个解释变量——调整后的投资额度、调整后的档期因素、放映场次和制片人因素，以电影票房收入作为因变量。建立了如下模型：

① 刘浩东主编：《2010中国电影产业研究报告》，中国电影出版社2010年版。

$PFSR = C + \beta_1 \times TZED + \beta_2 \times DQ + \beta_3 \times FYCC + \beta_4 \times ZPR + \varepsilon$

其中：PFSR 代表票房收入；

TZED 代表调整后的投资额度；

DQ 代表调整后的档期因素；

FYCC 代表放映场次；

ZPR 代表制片人因素；

C 为常数。

模型的回归结果，经过检验，变量之间的两两相关系数都不大，只有 TZED 和 FYCC 的相关系数为 0.6，因此，模型不存在多重共线性。从样本总体上看，四个解释变量中 FYCC 和 DQ 两个变量均通过了 1% 的显著性水平检验；而 TZED 和 ZPR 均只通过了 50% 的显著性水平检验，但如果将这两个变量剔除，回归的拟合优度会受到较大影响，因此，决定保留这两个变量；方程总体检验的 F 统计值 = 176.797 > > F0.01(4,190) = 3.45，说明上述基本模型在 1% 的显著水平下总体线性关系成立；另外，调整后的拟合优度为 0.945 说明四个解释变量组成的模型对被解释变量的拟合程度很高。

本案例利用 46 部电影的数据，估计回归方程系数，得到以下结果（详见表 6.2）：

表 6.2　　　　最小二乘回归结果

因变量：PFSR			样本量：46	
变量	系数	标准差	t 值	P 值
TZED	0.750133	0.769576	0.97	0.34
DQ	8877.5	4083.384	2.17	0.04
FYCC	1485.495	90.91494	16.34	1.48E-19
ZPR	619.9392	864.7374	0.72	0.48
R^2	0.945	因变量均值		6198.15
Adj. R^2	0.940	因变量的标准方差		9151.714
回归的标准误差	2135.37			

综上所述，回归结果表明票房收入的合理解释变量为：经过经济环境调整的投资额度，与因变量正相关；经过市场消费环境调整后的档期因素，与因变量正相关；放映场次，与因变量正相关；制片人因素，与因变量正相关。

根据预测结果，可以得到预测模型如下：

$$PFSR = -4476.77 + 0.75 \times TZED + 8877.5 \times DQ + 1485.50 \times FYCC + 619.94 \times ZPR$$

④预测结果检验。根据前一部分进行的2009年电影数据实证分析结果，本案例推断我国电影产业的发展已经整体趋于稳定，基本已经能够通过已有的历史数据对未来数据进行预测，因此，可以尝试通过利用已经得到的模型对未来数据进行预测。对于该假设，选择2010年国内电影票房排名前十名的电影作为预测样本，对其票房进行估计，如果与实际的票房收入相吻合，说明假设成立；如果估计值与实际票房偏离较大，说明假设不成立。

将该十部电影的指标数据代入前一部分获得的数据模型中，得到十部电影票房的估计数值，与其真实值进行对比，详见表6.3。

表6.3　2010年电影票房收入预测结果

序号	电影名	预测结果（万元）	真实数据（万元）	误差结果
1	唐山大地震	50321.22	67332	-25.26%
2	让子弹飞	28579.73	48000	-40.46%
3	非诚勿扰2	18669.44	33451	-44.19%
4	狄仁杰之通天帝国	28862.22	29228	-1.25%
5	叶问2：宗师传奇	24277.82	23404	3.73%
6	赵氏孤儿	21940.85	19310	13.62%
7	大兵小将	15083.25	16218	-7.00%
8	大笑江湖	19833.06	15393	28.84%
9	山楂树之恋	20783.06	14662	41.75%
10	锦衣卫	13714.99	14470	-5.22%

调整后的投资额度与票房收入呈正相关关系，原因可以解释为电影的剧本、导演、演员以及各种硬件设施越好，制作出的电影越出色，质量越好，越有票房号召力。虽然变量解释比较具有说服力，但相关关系只通过了50%的显著性检验，说明变量的设定可能还存在一定的缺陷。原因可能是由于目前国内电影方面的数据没有得到有效的公开，导演、演员、剧本等各单位因素无法单独衡量，本书将多个因素规整到一个因素中，并假设每一个因素与投资额度相关系数均为1，而使整体的系数反映不尽人意。对此，有待获取更加详尽的数据进行进一步的研究和考证。

放映场次与票房收入呈正相关关系，并且该相关关系极为显著，可以解释为在拥有足够高的需求水平的市场环境中，放映供给的增加无疑会增加票房收入，这与理论解释完全吻合。

调整后的档期因素与票房收入呈正相关关系，并且该相关关系极为显著，可以解释为好的档期是观众观影需求较为旺盛的时期，可能是观众拥有闲余时间，也可能是闲余资本较多，能够激发观众的观影热情，为电影创造一个较平时更好的、高需求的市场环境。

制片人因素与电影票房收入呈正相关关系，原因可以解释为优秀的制片人能够拥有相对稳定的资金来源，具有独到的艺术见解，能够把握市场的发展趋势，制作出来的影片具有较好的市场适应能力和艺术性，因此，能够吸引更多的观众。但其相关关系也只通过了50%的显著性检验，本书分析原因可能是由于虚拟变量赋值的标准并没有完全体现制片人的价值，从而导致数据结果出现偏颇。

基于上述结论，调整后的投资额度、调整后的档期因素、放映场次和制片人因素均与票房收入呈正相关关系，符合理论分析的结论；另外，虽然其中有两个变量只属于较为显著，但四个变量的组合模型，拟合度 R^2 值达到了0.945，修正后的 R^2 值也达到了0.94，说明四个解释变量整体对票房收入这个因变量具有较高的拟合优度，能够充分解释因变量，是一个比较令人满意的模型。

根据表6.3的结果可知，得到的十组预测数据中有4组的误差在10%以内，最低达到1.25%；1组的误差介于10%~15%之间；2组的误差介于15%~30%之间；其余3组的误差介于30%~50%之间。显然，有50%数据的预测误差能够控制在15%以内，有70%数据的预测误差能够控制在30%以内。虽然预测的结果尚未能够达到完全的契合，但数据的预测结果与实际数值已经非常贴近，比较令人满意，并且我国电影产业整体的发展大趋势已经凸显出来。

根据上文电影票房预测模型得到的预测结果，《D》国内院线放映共可获得×万元的票房收入。

根据国务院对电影票房的管理规定，每部电影均应在电影票房收入实现以后，由县及县以上城市电影院按照电影票房收入5%的标准向省级电影专项资金管理委员会缴纳电影事业发展专项资金（简称电影专项资金）；另外，还要按照未提取国家电影事业发展专项资金的全部电影票房收入计算缴纳营业税；全部电影票房收入扣除国家电影专项管理资金和营业税金及附加后剩余的部分按照协议规定的方式和比例进行分账。因此，电影放映权的计算基础应该确定为制片方与院线进行分账前的全部电影票房收入。按照《国家税务总局关于支持文化企业发展若干税收政策问题的通知》规定，从事电影发行的电影集团取得的电影发行收入可免征营业税，该税收优惠政策执行期限为2009年1月1日至2013年12月31日。因此，本次研究按照规定不进行营业税计算。上述票房收入提取国家电影事业发展专项基金后为×万元。

电影放映期限即为其放映收入期限。《D》2010年9月29日上映，根据发行机构与放映机构对当时市场需求以及竞争影片的分析及签署的合约，放映期限41天，因此，确定收益期n为41天。

为方便计算，本次假设上述收益在41天中平均获得，即日均收益 P_t 为×万元。

（2）许可费率的确定。根据2009年美国知识产权研究协会（IPRA）总结的世界各地关于商标和著作权的版税率，电影的发行主要分为三个部分，对不同的部分按照不同的版税率进行计费。首先是家庭视频，这部分的版税率按照40%进行计算，计算基础是总收入；其次是收费电缆电视和网络电视放映；再次是大屏幕的放映，这部分的版税率具有一定的梯度，总票房收入低于500万美元时版税率为30%，每增加500万美元，版税率提高5%，直到达到50%的上限[①]。

近几年，随着我国电影产业大环境的蓬勃发展，电影作品的放映平台也越来越好，越来越完善，无论从影院的放映设备和放映技术等硬件来讲，还是从市场的消费环境等软件来说，都基本上可以达到国际水平。

从我国电影供给市场来看，新兴影院的不断增加保证了电影的供给数量，而新设备和新技术的投入也保证了高素质电影在我国的放映质量。以2010年初上映的高技术影片《阿凡达》为例，《阿凡达》最为出色的两个创作因素是技术和想象。它大量地使用了电脑生成动画（CG技术），并运用“演员动作捕捉技术”，细致到面部表情动作的追踪，使得虚拟的角色更加逼真。3D数字摄影机、与类似监视器可见实时效果的“虚拟摄影机”等电影器材，帮助导演将其思想中的想象形成现实中的影像，创造了一个完整的世界，构想并设计出了生态奇观美景与神秘的风俗文化。高超的制作技术、绚丽的场景、宏大的场面，都要求使用相应的放映技术予以体现。《阿凡达》影院版共有2D（普通版）、3D（立体

① Russell L. Parr,《*Royalty Rates for Technology*, 4th Edition》.

版）和 3D 立体巨幕三种版本。三种版本的好评度分别为 73.2%、88.1%、90.5%。显然先进的放映技术将影片完整、有效地表达，提高了观众的观影热情，从而保证了票房的实现。IMAX（即 Image Maximum 的缩写）是一种能够放映比传统胶片更大和更高解像度的电影放映系统，IMAX 屏幕在我国的出现标志着我国电影放映技术又上了一个新的台阶。截至 2012 年 12 月 22 日，国内共有 IMAX 屏幕 100 块，出现在全国十几个大中型城市，基本能够满足国内相关电影的放映工作。目前我国电影产业大环境蓬勃发展，其火爆势头吸引了更多的资本流入，为扩大院线和影院提供了充足的资金。据中国电影家协会产业研究中心研究，至 2015 年左右，整个电影市场将会进入一个相对平稳的发展阶段。发展稳定，技术不断进步，为电影市场的供给提供了有效的支持。

随着老百姓收入的不断增加以及“全国性电影市场团购”、“全国周二半价观影”、“农民工半价观影日”等活动的开展，电影已经成为老百姓有能力购买的普通消费品，平常愿意选择的娱乐项目。另一方面，由于电影题材的不断丰富，我国电影观众群体也在不断扩大，有适合小朋友观看的动漫电影，也有适合成人观看的各个类型的电影作品，都给观众提供了可选择的空间。就目前市场的需求状况来看，我国电影观众无论从观念还是经济实力都已经达到比较高的需求水平。

由此可见，我国电影产业供给与需求环境已经在不断地向着国际化水平迈进，因此，本案例决定采取美国知识产权研究协会整理的世界水平的大屏幕放映许可费率（版税率）。

根据前面研究结论，本案例许可费率按照行业平均方法确定，即以电影行业许可费平均值确定 K＝40%。

（3）折现率的确定。关于折现率 r 的确定方法，是将营业收入中电影分账收入分出，同时将总资产中与电影制作相关的投资分出，计算两者之比，作为收益率参考。但实际无法做到，因此，假设该比例与全部收入与投资之比相同。本案例以上市公司华谊兄弟 2007～2010 年近 4 年平均总资产收益率（营业收入/总资产）48% 为基础（代替无风险报酬率、行业风险报酬率），考虑到对单独一部电影的投资额（获得一次收益流）要低于成立一家电影制作公司（持续获得收益流），因此，单部电影的投资收益要高于企业的收益率，或者说投资一部电影的风险会高于投资一个电影制作公司。因此，需要考虑增加一定的个别风险调整。根据前面分析，考虑到本部电影导演、演员、内容、档期等均比较好，投资回收期限较短，风险相对较小，考虑4%的个别风险，折现率为52%，按单位计算，对应的日折现率为52%/365=0.14%。

3. 评估结果

将上述参数代入许可费节省评估模型，计算得出V=×万元。

4. 主要评估参数敏感性分析

为分析不同参数变化对评估结论的影响程度，对折现率、票房收入、分成率分别进行敏感性分析。

（1）折现率选取的敏感性分析。折现率是收益法中一项重要参数，它的变化直接影响着评估结果的大小，本案例对折现率分别按照变动10%~20%进行敏感性分析，结果如表6.4所示。

表6.4　　折现率敏感性分析

折现率变动	折现率	评估结果（万元）	与折现率为80%的评估结果的差异
+20%	62%	10583.36	-0.59%
+10%	57%	10614.67	-0.30%
0%	52%	10646.11	0%
-10%	47%	10677.68	+0.30%
-20%	42%	10709.38	+0.59%

从表6.4可以看出，对应于单部电影作品，由于放映权收益实现期限较短，折现率变化对放映权价值敏感度较低。

（2）票房收入与分成率预测敏感性分析，见表6.5。

表6.5　　票房收入敏感性分析

票房收入变动	票房收入	评估结果（万元）	与预测票房收入的评估结果的差异
+20%	32902.93	12775.33	+20%
+10%	30161.02	11710.72	+10%
0%	27419.11	10646.11	0%
-10%	24677.20	9581.50	-10%
-20%	21935.29	8516.89	-20%

分析结果显示，电影作品放映权价值受票房收入预测影响比较大，基本是同比变化，这也是电影作品放映权价值评估需要关注的重点。由于许可费分成公式

中，收益额是票房收入×分成率，因此，分成率变化对评估结果的影响与票房收入变化具有相同的效果，对评估值影响也较大。

（三）案例分析

本案例评估对象是著作权人对某部电影进入特定院线市场进行放映时的放映权，选用的评估模型是许可费节省模型。本案例结合了电影行业的特点，对收益法模型中相关参数进行了确认，有不少值得借鉴的做法。具体分析如下：

1. 票房收入的预测采用了回归分析的方法。其中，对票房收入影响因素变量的选择和量化，较好地结合了行业特征和评估操作需求，对回归方程的满意度进行了必要的检验。通过对我国电影行业的历史数据进行观测，并采用统计分析的方法预测其未来的发展趋势，进而得到待评估电影的收入数据的估计值，这是一种很好的尝试。

2. 确定许可费率时，在分析了我国电影行业发展状况的基础上，参考了美国知识产权研究协会整理的世界水平的大屏幕放映版税率。这是现阶段较为合理的一种评估途径。为了使国内电影著作权资产评估具有更强的针对性，需要建立中国电影的著作权交易数据库。只有著作权交易市场的数据积累工作做得好，著作权资产评估才具备相应的基础条件。

3. 预测期内票房收入均按天折现至评估基准日，折现率对应选取了日折现率，充分考虑了电影作品放映期限短的特点。

4. 折现率的确定受到了资料的限制，难以计算与放映权直接相关的投资报酬率，而是在分析了单部电影的投资收益率与企业整体的投资收益率之间的关系的基础上，参考了电影企业的平均总资产报酬率。

5. 敏感性分析进一步揭示了对放映权价值具有重要影响力的因素，对相关当事人的经济决策具有一定的参考作用。

二、电视剧作品著作权资产评估案例

（一）案例背景情况

某企业拟改制，评估范围涉及其中的无形资产——动漫电视剧著作权价值。本案例评估对象是企业无形资产明细表列示的多部动漫电视剧著作权。

（二）评估方法及过程

本案例主要针对著作权取得合同、著作权登记证书、相关法律证明文件、许可证等，对待评估的动漫电视剧著作权进行了详细的清查核实。在此基础上，选择了市场法对其进行评估。

1. 市场法简介

本案例根据同类电视剧市场销售价格调整确定被评估对象的价值。评估公式（以电视播映权价值为例）如下：

电视播映权价值 = 销售单价 × 著作权时长 × 授权剩余期限 × 销售区域数 × 收视率调整系数

其中“销售单价”系通过比较同类电视剧销售价格确定。市场比较数据来源主要有两个渠道：一是参考企业自己近期购买价格，二是向用户（电视台）进行咨询。

2. 评估过程

（1）电视剧销售单价确定。

第一，对于企业外购取得的电视剧著作权，核实其账面值构成、购买时间、交易情况，选取距基准日时间较近、且交易情况正常的可比案例，在核对其著作权交易合同的基础上，确定其购置价值的合理性，作为电视剧著作权比较价格基础。

第二，根据各电视剧著作权许可使用合同中约定的许可权类型（主要包括电视播映权、网络播映权等）、授权许可使用期限、授权许可使用地域范围，将购置总价分解为“×元/分钟·年·每区域”的比较单价。

第三，按照电视剧内容、投资等因素将比较单价进行分类。如对主要内容分析（故事情节、画面感观效果等）、对制作形式分析（二维、三维、三维 + 真人、情景剧）、对投资成本分析。并最终根据投资成本划分电视剧类别（比如，根据技术手段、复杂程度及感观效果等技术参数划分 A、B、C 三个等级，制作成本依次降低，视觉效果依次下降）。

第四，对不同类别之间、同一类别之间电视剧销售单价特征进行分析。从市场电视剧销售价格结果统计数据分析，同一级别电视剧销售单价分布情况趋于一致。不同类别电视剧销售单价与投资额正相关。

第五，经过分析，认为同类别电视剧销售单价具有一致性，可以采用相同级别销售单价作为同类作品市场价标准。

第六，为更好体现同一类别中不同作品电视剧市场认可程度，考虑对销售单价进行收视率调整。收视率调整系数，来源于第三方收视率调查机构的数据。

（2）其他参数确定。区域划分，可以按照著作权许可合同约定的区域，分别按照省级、地市级、卫视、地面等覆盖范围大小考虑，评估对象与参照物要采用相同的区域划分标准。

可销售区域，根据著作权购买合同约定的区域，并考虑实际已销售情况分析确定。

销售时长，根据作品基本情况核实数据确定。

3. 具体案例

其他无形资产评估明细表第×项著作权资产《M》。

（1）著作权资产概况。

×集大型系列动画片《M》（每集×分钟，总计×分钟）著作权资产，为企业于×年×月向著作权许可方×××公司购入，该著作权资产的授权许可事项如表6.6：

表6.6

作品名称	合同号	权利范围	许可使用地域范围	许可使用期限	授权播映次数
《M》	××××	电视播映权：有线、无线、卫星电视均为独家；付费、数字电视、IPTV、移动电视均为非独家（含转授权）	中国大陆独家（除×TV、×电视台、×电视台、×电视台）	许可范围内首播之日起3年	不限

根据向企业主管部门沟通确认，《M》的许可权利范围仅为电视播映权，于×年×月×日在授权区域内的×电视台首播，授权使用期限即自×年×月×日至×年×月×日，因此该使用权自评估基准日起的剩余使用期限为2.21年。

（2）评估值的确定。

①著作权资产分类。根据向企业主管部门的调查，企业在购入各项著作权资产时会按照动画制作投资、动画著作权投资、动画采购等分为A、B、C三类。其中：A类动画制作投资一般指企业参与投资制作的动画著作权，企业账面成本一般在×元/分钟以上；B类动画著作权投资一般指具有高视频价值、有品牌化可能的动画片，主要以取得视频权利为核心，取得成本一般在×－×′元/分钟之

间；C类动画采购主要为满足电视业务发展需求而采购的动画片，具有高电视收视价值，取得成本一般在×元/分钟以下。

根据调查，《M》著作权资产的购入主要是考虑其高视频价值及有品牌化可能，其购入成本单价为×元/分钟，据此将《M》分类为B类著作权资产。

②著作权资产销售价格的确定。根据企业主管部门提供的销售行情等统计资料，其动画片可能销售的省份大约在×个左右，根据对每个省份销售价格的市场行情来看，上述×个省份A和B类动画片的平均销售价格大约为×元/分钟（授权年限不一定，一般为1~2年左右）。

本案例对企业历史年度至今对外实际销售的著作权资产进行了统计分类，其对A类动画片的销售价格大概为"×元/分钟·年·省"，即指一部A类动画片授权一个省一年期限的单位价格，B类动画片为"×元/分钟·年·省"，则A和B类动画片统计出的历史实际销售价格为×元/分钟，与企业提供的销售行情基本一致；根据其历史实际在全国范围内的销售情况来看，历史有过销售的省份仅为×个左右。

因此，根据历史实际的B类动画片的销售价格确定《M》为×元/分钟·年·省，谨慎性考虑仅能在×个省份进行销售，扣除其首播电视台×区域和在基准日前已经销售过的×以及授权区域中明确注明除外的3个省份，共×个省份，还剩余×个省份可以销售。

从收视率调查数据看，该电视剧收视率处于该时段收视率的平均水平，故不再进行收视率调整。

③评估结果的确定。据此，根据计算公式：

评估值=销售单价×著作权时长×授权剩余期限×销售区域

（三）案例分析

本案例对著作权批量评估进行了有益的尝试。市场法是一种直接而简单易懂的评估方法。采用市场法评估著作权价值，关键是取得可比交易案例以及对交易价格进行恰当的调整。本案例在以下方面值得关注：

1. 销售价格的确定，结合了企业在采购和销售著作权资产时的分类定价标准，并以此为基准价格进行修正。这种做法开拓了评估师选择交易案例的思路，使市场法的运用范围得以扩大。

2. 修正系数的确定，结合了行业销售定价的特点，将购置总价分解为"元/

分钟·年·每区域”的比较单价，采用著作权时长、授权剩余期限、销售区域数和收视率调整系数进行修正，符合被评估企业的实际情况。

3. 在选取企业历史销售价格作为评估基准日定价依据时，对样本数据的选择标准、数量和质量以及统计分析方法进行了恰当考虑，并结合评估基准日同类著作权资产在国内市场的总体销售水平分析其合理性，使评估依据更加充分。

三、有线电视业务无形资产评估案例

（一）案例背景情况

因W数字电视传媒集团公司拟增资扩股，需对该事项所涉及的W传媒网络公司的股东全部权益在2011年12月31日的市场价值进行评估。W传媒网络公司是一家专业从事数字电视网络运营与新传媒发展的营运企业。

纳入评估范围的W传媒网络公司的无形资产主要包括有线电视业务软件、数字互动电视相关技术、商标、域名等。该部分资产于评估基准日账面原值为×万元，净值为×万元。本案例将介绍该等无形资产的评估方法。

（二）评估方法及过程

1. 无形资产的具体情况

（1）商标、域名、IP地址段。商标、域名、IP地址段是公司通过外购方式取得的。其中，向W数字电视传媒集团公司购买已注册商标63件，域名1个；向H公司购买的注册商标130件，其中内地注册商标125件，香港注册商标5件，5个IP段地址。见表6.7。

表6.7

序号	转入方	香港注册商标	内地注册商标		合计
		核心商标	核心商标	防御商标	
1	W集团		14	49	63
2	H公司	5	15	110	130
合计		5	29	159	193

（2）办公软件。办公软件主要有金碟软件、档案软件、编码打点项目软件、办公室档案管理软件、正版OFFICE2007和AUTOCAD软件等。

(3) 有线电视运营、3G 手机电视、互联电视软件和机顶盒软件。

有线电视运营软件主要有技术运维部数码视讯 QAM 网管软件、HFC 网管系统软件、资源管理系统等。

3G 手机电视软件主要有某移动流媒体 3G 平台 CP 管理系统和 3G 手机流媒体软件等。

互联电视软件为流媒体业务运营管理平台软件和 W 下一代互联网电视终端软件原型开发项目。

机顶盒软件主要有深圳 IPANL 软件使用费等。

(4) 数字互动电视技术。数字互动电视技术由数字电视相关软件、发明专利、软件著作权和专有技术组成。

数字交互电视营运软件包括 OSS 运营支撑系统、某智能型自动编目软件 V1.0、IPCC 系统、IPTV 系统软件部分、TVPortal 系统、统一支付平台等。公司先后与 S 公司等软件公司签订了软件技术开发合同。根据公司签订的相关合同，公司与软件商合作开发产生的技术成果，W 传媒网络公司独立拥有项目软件的知识产权。W 传媒网络公司对相应开发的项目开发的软件系统享有著作权署名、登记、使用、收益、处分的权利。

发明专利名称为基于数字电视广播网络的互动电视系统，系公司向 W 数字电视传媒集团公司购买。

软件著作权合计 21 项，为公司向 H 公司和 W 数字电视传媒集团公司购买。

专有技术主要为公司向 H 公司购入的 2 项专有技术。

2011 年公司主要新增 9 个有线电视、互动电视应用软件。

2. 评估方法

本案例根据待估无形资产的具体情况与评估目的，对无形资产进行合理的分离或者合并。

(1) 数字互动电视业务无形资产组合。通过对数字互动电视业务无形资产组合进行分析，以该无形资产组合为评估对象采用收益法进行评估。

委估无形资产组合的内容涉及 W 传媒网络公司开发的业务运营支撑、收费结算等多个方面。评估中，评估人员对委估无形资产组合的成熟性、先进性、应用范围、应用状况，技术产品的使用性能、应用范围进行了核实了解，得知委估无形资产组合已经在互动电视运营中得到广泛使用。在实际运用中，客户通过网络访问安装在机房中的公司所拥有的各类数字电视应用软件，通过软件模块的调用实现点播数字电视，同时通过时移软件实现节目回放功能，用户在观看电视的同时，各类计费软件同步计费，确定客户所需支付的相关费用。应用委估无形资产组合后，不但可以为公司提供多样产品、降低公司生产运营管理成本，并且新技术的应用增加了产品的技术含量，提高了产品技术附加值，使产品更加具有竞争力。本案例中，该无形资产组合共包含 21 项软件著作权、100 余项外购软件、1 个发明专利、2 个专有技术和 IPV4 地址。经核实了解，该部分资产全部应用于现有产品上的成熟技术，且基本涵盖现有的各类公司业务。

因为委估无形资产组合在各项业务产品运用中存在相互交叉或需要共同使用的情况，单独估算各项无形资产的价值不能科学反映资产的真实状况，考虑到委估无形资产组合全部用于 W 传媒网络公司的各类数字电视业务运营上，各项业务产品运用又必需依赖相关技术和软件的应用和支持，委估无形资产组合的价值和收益也只能通过各类业务的收益来实现的情况，本案例中将所有委估发明专利、专有技术和各类外购经营性软件进行汇总分析，通过剖析全部技术类无形资产对技术产品的作用和贡献，以此来估算委估资产的价值。

无形资产价值反映在其相关产品与服务所带来的经济效益上，如果相关产品或服务不能创造持续经济效益，那么无形资产就没有价值。因此，本案例采用收益法确定上述无形资产的评估价值。

收益法应用的技术思路是把资产在未来特定时间内的预期收益还原为当前的资产额或投资额，是以资产的获利能力为标的进行的评估。本案例通过将无形资产在剩余经济寿命内每年带来的分成收益逐年预测折现累加的方法，计算待估无形资产的市场价值。

收益法的计算公式为：

$$P = \sum_{t=1}^{n} \frac{R_t}{(1+r)^t} = \sum_{t=1}^{n} \frac{I \times R_{分} \times (1-T)}{(1+r)^t}$$

式中：P——评估价值；

r——折现率；

R_t——无形资产第 t 年的收益额；

I——无形资产对应的销售收入；

$R_{分}$——无形资产分成率；

T——所得税税率；

n——剩余经济寿命年限；

t——未来的第 t 年。

（2）有线电视运营、3G 手机电视、互联电视软件和机顶盒软件以及办公运营软件。

有线电视运营、网络综合部资源管理系统、办公运营软件具有通用性，且在市场中均有销售，采用市场法进行评估，即以相同软件的评估基准日市场价为评估值。

3G 手机电视、互联电视软件为公司新近委托软件开发商开发而成，按其合同价格确认评估值。

机顶盒软件费为 W 传媒网络公司使用 SZ 网络股份有限公司 iPanel3.0 软件的著作权费，已在长期待摊的机顶盒价值中考虑，不再重复计算，评估为零值。

（3）商标和域名。公司注册商标较多，从对生产经营的贡献角度来说可以分为两类，对公司经营有实际贡献的商标和为防范他人注册为目的的商标。公司的经营范围为广播、数字电视的信息服务及相关技术服务，有线广播、电视网络工程建设、维护管理服务，计算机、广播电视网络设备、数字音频、视频产品、电子产品、办公自动化设备的安装、销售，设计、制作、代理、发布国内各类广告。公司的核心商标在商标注册中所对应的类别为广告（第 35 类）、电信（第 38 类）、教育、提供培训、娱乐、文体活动（第 41 类）、科学技术服务和与此相关的研究与设计服务；工业分析与研究；计算机硬件与软件的设计与开发；法律服务（第 42 类）。公司在不同类别的商品上注册的“防御商标”，以防被别人在这些商品上注册该商标为目的。本案例采用成本法对公司所有商标进行评估，公式为：

商标重置价 = 受理商标注册费 + 商标设计费 + 商标代理费

域名产生的收益较难衡量，故采用成本法对其进行评估，公式为：

域名重置价 = 受理域名注册费 + 域名代理费等及其他费用

（4）评估案例。数字互动电视业务无形资产组合评估方法及过程。

①经济寿命期的确定。无形资产技术经济年限，是指被评估资产能给其使用人带来持续收益的期限。确定一项无形资产的经济年限，需根据无形资产所对应产品的寿命周期、技术的先进性、垄断性、保密性、实用性、创新程度、法律保护状况等因素综合判断。本案例依据评估对象的实际具体情况和资料分析，确定

评估收益期限。

根据《中华人民共和国专利法》及其实施细则的相关规定，发明专利、实用新型专利、外观设计专利自申请之日起，发明专利的保护期为 20 年，实用新型专利、外观设计专利的保护期为 10 年；而专有技术的收益年限主要依据技术的实用性、先进性和技术保密性综合确定。根据《计算机软件保护条例》中的规定，软件著作权自软件开发完成之日起产生，自然人的软件著作权，保护期为作者终生及其死亡后 50 年，截止于作者死亡后第 50 年的 12 月 31 日；软件是合作开发的，截止于最后死亡的作者死亡后第 50 年的 12 月 31 日。法人或者其他组织的软件著作权，保护期为 50 年，截止于软件首次发表后第 50 年的 12 月 31 日。

本案例委估资产为系列技术、软件、软件著作权的综合，其中既含有公开的发明专利、也含有专有技术。通过现场清查核实，委估无形资产组合中申请日期最早的专利技术时间为×年×月×日，该技术尚未被授权。因为委估无形资产组合、软件都是与 W 传媒网络公司所提供的影视业务相关，内容涉及影视业务的各个方面，随着我国对文化娱乐事业的日益重视和加强，近年来相关技术发展很快，技术产品的更新周期也在逐步缩短，但由于 2011 年公司新增了×万元的数字互动电视业务相关技术无形资产，预计将延长数字互动电视业务无形资产组合的更新寿命。在与企业有关技术工程人员沟通了解后，评估人员认为委估的数字互动电视业务无形资产组合整体在 10 年内可以保持较好的收益性，综合分析并考虑基准日的选择，判断委估无形资产组合的收益年限到×年×月×日止。

②收益额预测。该无形资产组合所对应的收入为增强型业务收入、点播业务收入、视频业务收入和广告收入。该资产组合由网络运营及内容支撑技术两个子系统组成。[各类业务收益额预测表（略）。]

③分成率测算。无形资产分成率是指无形资产本身对未来收益的贡献大小。评估人员通过对委估无形资产的考察和了解，特别考虑了委估无形资产的先进水平、成熟程度、实施条件、保护力度、行业地位、获利能力、占技术的比重等因素，同时参考联合国贸易和发展组织所作的对大多数国家知识产权分成率的统计数据及国内关于技术贡献率的研究成果。

综合评价是对评价对象的多种因素的综合价值进行权衡、比较、优选和决策的活动，又称为多属性效用理论，简称 MAUT（Multiple Attributive Utility Theory）。利用综合评价法确定分成率，主要是通过对分成率的取值有影响的各个因素，即法律因素、技术因素及经济因素，进行评测，确定各因素对分成率取值的影响度，再根据由多位专家确定的各因素权重，最终得到分成率。运用综合评价法确定的分成率，考虑了可能对分成率取值有影响的各种因素，并且参考了国际技术贸易中对无形资产提成率的数值，因而具有明显的科学性及公正性。它的具体步骤为：

第一步，建立评测体系。评价指标体系的确立，是综合评价法的关键，也是体现其科学性的一个重要环节。

①系统分析。由于分成率的影响因素较多，因此，本案例在确定评价指标体系时，首先对分成率及它的各种影响因素进行了系统分析。在对无形资产资产价值影响因素的分析中可以看出，无形资产价值主要受到四方面因素的影响，即法律因素、技术因素、经济因素及风险因素。其中，风险因素对无形资产价值的影响主要在折现率中体现，其余三个因素均可在分成率中得到体现。

②评测指标分解。在系统分析的基础上，对影响因素按照其内在的因果、隶属等逻辑关系进行分解，并形成评测指标的层次结构。

③确定评价指标体系及标值。通过系统分析，初步拟出评价指标体系之后，征求有关专家的意见，对指标体系进行筛选、修改和完善，最终确定评价指标体系见图 6.3。

综合评价表列出的权重以及所作的取值说明，是针对权利主体所获得的全部收益作出的。

在综合评价的基础上，采用加权算术平均和计算分成率调整系数。

计算公式为：

$$r = \sum_{j=1}^{3} W_j \sum_{i=1}^{m} W_{ij} \times Y_{ij}$$

式中：r——分成率调整系数；

Y_{ij}——第 j 个影响因素中第 i 个指标的取值；

W_{ij}——第 j 个影响因素中第 i 个指标的权重；

W_j——第 j 个影响因素的权重。

由上式确定的值是一个百分数，它所代表的意义是待估无形资产的分成率在可能取值的范围内所处的位置。

第二步，利用评测体系确定待估专利的分成率。

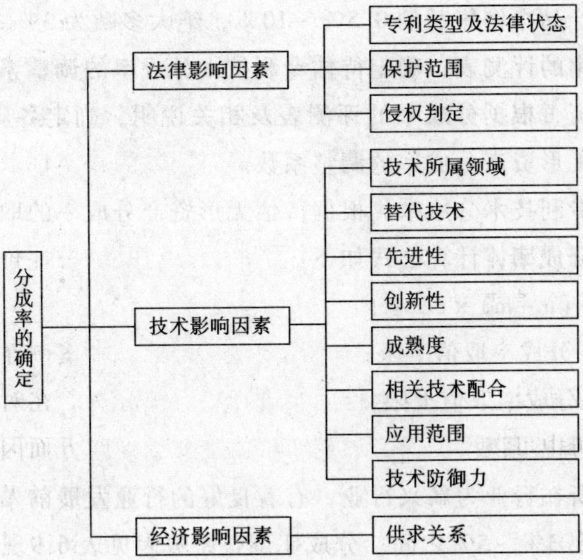

图 6.3　评价指标体系及标值

表 6.8　　**分成率调整系数表**

权重	考虑因素		权重	分值					
				100	80	60	40	20	0
0.3	法律因素	专利类型及法律状态（1）	0.4						
		保护范围（2）	0.3						
		侵权判定（3）	0.3						
0.5	技术因素	技术所属领域（4）	0.1						
		替代技术（5）	0.2						
		先进性（6）	0.2						
		创新性（7）	0.1						
		成熟度（8）	0.2						
		应用范围（9）	0.1						
		技术防御力（10）	0.1						
0.2	经济因素	供求关系（11）	1.0						

①确定待估无形资产分成率的取值范围。分成率的取值范围是可以根据国际技术贸易中已被众多国家认可的无形资产提成比率范围确定的。根据联合国贸易和发展组织的大量材料统计及《知识产权许可费率》[①] 显示，一般情况下无形资

① 《*Royalty Rates for Licensing Intellectual Property*》（《知识产权许可费率》Russell L. Parr 著）。

产的提成率约为产品净销售额的0.5%～10%，绝大多数为3%～5%。

②根据分成率的评测表，确定待估专利技术分成率的调整系数。分析待估无形资产自身的特征，根据分成率的评测表及相关说明，确定各影响因素的取值，再计算得到待估无形资产分成率的调整系数。

③确定待估专利技术分成率。根据待估无形资产分成率的取值范围及调整系数，可最终得到分成率，计算公式如下：

分成率 = m + (n − m) × r

式中：m——分成率取值下限；

n——分成率取值上限；

r——调整系数。

被评估企业所在行业为新兴行业，有着良好的行业发展前景，待估技术分成率取值范围预计在3%～5%之间。分成率调整系数表见表6.9。

表6.9　　分成率调整系数表

权重	考虑因素		权重	得分	得分
0.3	法律因素	专利类型及法律状态（1）	0.4	100	发明专利、著作权
		保护范围（2）	0.3	60	权利要求包含该类技术的大部分技术特征
		侵权判定（3）	0.3	40	通过对某产品的分析，可以判定侵权，取证存在一定困难
0.5	技术因素	技术所属领域（4）	0.1	90	新兴技术领域，发展前景广阔，属国家支持产业
		替代技术（5）	0.2	40	存在若干替代产品
		先进性（6）	0.2	50	不相上下
		创新性（7）	0.1	40	改进型技术
		成熟度（8）	0.2	80	完成研发，进一步改进
		应用范围（9）	0.1	60	专利技术应用IPTV互动电视
		技术防御力（10）	0.1	50	技术复杂程度一般、所需资金数量较大
0.2	经济因素	供求关系（11）	1	50	解决了行业一般技术问题，可以进行推广

计算得到分成率调整系数 $r = \sum_{j=1}^{3} W_j \sum_{i=1}^{m} W_{ij} \times Y_{ij} = 60\%$

分成率计算如下：

$R = 3\% + (5\% - 3\%) \times 60\% = 4.2\%$

④折现率的确定。采用国际通用的社会平均收益率法模型来估测评估中的适用折现率，即：

折现率 = 无风险报酬率 + 风险报酬率

无风险报酬率通常取评估基准日中长期国债的到期收益率作为无风险利率。本案例无风险报酬率为×。

对专利技术投资而言，风险系数由技术风险系数、市场风险系数、资金风险系数及管理风险系数之和确定。根据对本项目的研究及目前评估惯例，各个风险系数的取值范围在0%~5%之间，而具体的数值则根据评测表求得。

a. 技术风险（见表6.10）。

表6.10　技术风险测评表

权重	考虑因素	分值					
		100	80	60	40	20	0
0.3	技术转化风险（1）						
0.3	技术替代风险（2）						
0.2	技术权利风险（3）						
0.2	技术整合风险（4）						

b. 市场风险（见表6.11）。

表6.11　市场风险测评表

权重	考虑因素		分权重	分值					
				100	80	60	40	20	0
0.4	市场容量风险（1）								
0.6	市场竞争风险	市场现有竞争风险（2）	0.7						
		市场潜在竞争风险（3）	0.3						

其中：市场潜在竞争风险评测表见表6.12。

表 6.12　　市场潜在竞争风险测评表

权重	考虑因素	分值					
		100	80	60	40	20	0
0.3	规模经济性（A）						
0.4	投资额及转换费用（B）						
0.3	销售网络（C）						

c. 资金风险（见表 6.13）。

表 6.13　　资金风险测评表

权重	考虑因素	分值					
		100	80	60	40	20	0
0.5	融资风险（1）						
0.5	流动资金风险（2）						

d. 管理风险（见表 6.14）。

表 6.14　　管理风险测评表

权重	考虑因素	分值					
		100	80	60	40	20	0
0.4	销售服务风险（1）						
0.3	质量管理风险（2）						
0.3	技术开发风险（3）						

e. 政策风险（见表 6.15）。

表 6.15　　管理风险测评表

权重	考虑因素	分值					
		100	80	60	40	20	0
0.6	宏观政策导向风险（1）						

f. 风险调整系数。

上述风险对该无形资产的影响程度均不相等，故不能直接相加，需要对计算出来的风险系数进行修正。评估人员采用层次分析法来计算各个风险因素对总风险的影响，即风险权重。风险调整系数的公式为：

$$风险调整系数=\frac{风险权重}{1/总的风险影响因素的数量}$$

g. 计算过程（见表6.16）。

表 6.16　　　　风险报酬率测评表

风险	权重	考虑因素		得分	说明	风险系数
技术风险	0.3	技术转化风险（1）		50.00	研发基本完成，开始下一代产品研发	2.85
	0.3	技术替代风险（2）		60.00	存在若干替代产品	
	0.2	技术权利风险（3）		50.00	公开，较难确定对方的侵权	
	0.2	技术整合风险（4）		70.00	某些相关技术在需要进行开发，目前传输网络与网通合用	
市场风险	0.4	市场容量风险（1）		50.00	三网融合的竞争	2.77
	0.6	市场竞争风险：市场现有竞争风险（2）	0.7	60.00	市场中厂商数量较多，但其中有几个厂商具有较明显的优势	
		市场竞争风险：市场潜在竞争风险（3）	0.3	57.00		
	0.3	规模经济性（A）		50.00	市场存在一定的规模经济	
	0.4	投资额及转换费用（B）		60.00	项目的投资额及转换费用中等	
	0.3	销售网络（C）		60.00	产品的销售在一定程度上依赖固有的销售网络	
资金风险	0.5	融资风险（1）		50.00	技术中网络投资成本较大	2.50
	0.5	流动资金风险（2）		50.00	技术中网络投资成本较大	
管理风险	0.4	销售服务风险（1）		60.00	必须开辟与现有网点数相当的新网点和增加一部分新人力投入	2.70
	0.3	质量管理风险（2）		40.00	质保体系建立基本完善，大部分生产过程实施质量控制	
	0.3	技术开发风险（3）		60.00	技术力量一般，有一定 R&D 投入	
政策风险	1.0	宏观政策导向风险（1）		10.00	列入国家相关计划及政府支持项目	0.50

综合上述各因素的具体分析，以各风险系数的取值范围在0%~5%间，而根据层次分析法求得各因素的风险权重。见表6.17。

表6.17 A-B判断矩阵 B_{ij}

A	技术风险	市场风险	资金风险	管理风险	政策风险
技术风险	1	1	3	3	5
市场风险	1	1	3	3	3
资金风险	1/3	1/3	1	1/3	1/3
管理风险	1/3	1/3	3	1	1
政策风险	1/5	1/3	3	1	1

计算得到A-B判断矩阵权重 W_{ij}。见表6.18。

表6.18 A-B判断矩阵权重 W_{ij}

A	技术风险	市场风险	资金风险	管理风险	政策风险	W_i
技术风险	0.3488	0.3333	0.2308	0.3600	0.4839	0.3514
市场风险	0.3488	0.3333	0.2308	0.3600	0.2903	0.3126
资金风险	0.1163	0.1111	0.0769	0.0400	0.0323	0.0753
管理风险	0.1163	0.1111	0.2308	0.1200	0.0968	0.1350
政策风险	0.0698	0.1111	0.2308	0.1200	0.0968	0.1257

计算得到CR值为0.0633，小于0.1，判断矩阵为可以接受的判断。

故技术风险、市场风险、资金风险、管理风险、政策风险的调整系数分别为1.7570、1.5630、0.3765、0.6750、0.6285，最后确定其风险报酬率为×。

折现率=无风险报酬率+风险报酬率

⑤无形资产评估值的确定。考虑到期后经营状况的预计，并结合本次测算的前提假设，评估人员对预测期间无形资产所带来的收益进行了预测，将无形资产在剩余经济寿命内每年带来的收益逐年预测折现累加。

经评估，公司购买的生产经营性软件、软件著作权、域名、核心商标资产组的市场价值评估评估值为×万元。

（三）案例分析

本案例的评估对象是一组无形资产，比较复杂。评估人员针对项目的特点，采取了一系列办法化繁为简，并通过选用不同方法进行评估，最终形成了评估结论。本案例在以下方面值得关注：

1. 本次无形资产评估对象包括 1 项发明专利、3 项专有技术、21 项软件著作权、193 个商标、1 个域名、5 个 IP 段地址和若干应用软件等，如果要单独评估每一项无形资产，很难划分收益范围或区分其对收益的贡献程度。因此，本案例按照各类资产具体特征和评估条件，将其设定为 3 大类，对具备单独评估条件的，采用市场法或成本法进行评估，对不具备单独评估条件的，设定了资产组合，采用收益法等适宜的方法进行评估。这样不仅可以提高工作效率，也可以提高评估结果的准确度。

2. 在采用收益法评估过程中，采用综合评价法确定无形资产分成率，比较全面地考虑了委估资产的先进水平、成熟程度、实施条件、保护力度、行业地位、获利能力、占技术的比重等因素，同时参考了联合国贸易和发展组织所作的对大多数国家知识产权分成率统计数据及国内关于技术贡献率的研究成果。

3. 在采用收益法评估过程中，采用层次分析法求得各因素的风险权重，在一定程度上弥补了以往采用风险累加法计算折现率时定性分析过多，定量分析不足的问题，也在一定程度上增强了评估结论的说服力。

4. 本案例对无形资产能够创造超额收益的具体途径分析仍可再深入。如果能够通过横向对比，或深入阐述被评估企业的赢利模式等说明无形资产的作用方式，则能进一步说明评估结论的可靠性。

第二节　文化企业价值评估案例

一、出版企业资产基础法评估案例

（一）案例背景情况

因企业增资事宜，需要对所涉及的 K 公司的股东全部权益于评估基准日的市场价值进行评估。评估基准日为2011年×月×日。

K公司是一家以出版自然科学、与自然科学交叉的社会科学、技术科学、医学、生命科学、经济管理、法律、教育和外语图书为主的出版企业。公司创建于×年，×年转制成为非上市股份有限公司，是全国著名的综合性科技出版机构。

K公司评估基准日账面资产包括货币资金、应收账款、预付账款、其他应收款、存货、长期股权投资、在建工程、固定资产、无形资产、其他非流动资产、流动负债和非流动负债。

（二）评估方法及过程

本案例采用资产基础法对企业股东全部权益价值进行评估，即在合理评估企业各项资产价值和负债的基础上确定评估对象价值。

1. 流动资产评估方法

采用重置成本法进行评估，具体包括：对货币资金及流通性强的资产，按经核实后的账面价值确定评估值；对应收、预付类债权资产，以核对无误账面值为基础，根据实际收回的可能性确定评估值；对应收利息，在对存款等核实无误的基础上以存款的本金乘以对应的存款期的利率确定为评估值；对于应收股利，根据被投资企业的股东会或董事会对股利分配的方案或决议，按持股比例确定为评估值；对于存货，在核实评估基准日实际库存数量的基础上，以实际库存量乘以实际成本或可变现价格得出评估值。以下介绍存货评估方法的具体运用过程。

存货账面合计×元，存货跌价准备×元，存货净值为×元。其中：原材料账面值×元，在库周转材料账面值×元，产成品账面值×元，在产品账面值×元，发出商品账面值×元。

（1）原材料。原材料主要为印刷用的相关纸张等。原材料账面值由购买价和合理费用构成。对于近期购买的原材料，由于周转相对较快，账面单价接近基准日市场价格，以实际数量乘以账面单价确定评估值。

（2）在库周转材料。在库周转材料主要为信封、计算器、光盘、色带芯等。在库周转材料均为近期购买且能正常使用，市场价值变动极小，以账面价值确定为评估值。

（3）库存商品。库存商品主要为已生产待售的各种书籍。除小部分积压外均为正常销售图书。评估人员依据调查情况和企业提供的资料，对库存商品确定采用如下方法进行评估：

评估价值 = 正常销售部分价值 + 滞销部分价值

其中：正常销售部分价值 = [码洋 × 正常销售比例 × 平均销售折扣率 ÷ (1 + 增值税率)] × [1 - 产品销售税金及附加费率 - 销售费用率 - 营业利润率 × 所得税率 - 营业利润率 × (1 - 所得税率) × r]

滞销部分价值 = 码洋 × (1 - 正常销售比例) × 变现率

①正常销售比例：指企业按照历史期图书的销售情况统计的能够正常销售图书与总发行图书的比例。

②平均销售折扣率：指企业按照历史期图书的销售情况统计销售图书的平均折扣。

③产品销售税金及附加费率主要包括以增值税为税基计算缴纳的城市建设税与教育附加与销售收入的比例。

④销售费用率是销售费用与销售收入的平均比例。

⑤营业利润率 = 主营业务利润 ÷ 营业收入。

⑥所得税率按企业现实执行的税率。

⑦r 为根据销售市场情况确定的利润扣减比率。由于产成品未来的销售存在一定的市场风险，具有一定的不确定性，根据基准日调查情况及基准日后实现销售的情况确定其风险。其中 r 对于畅销产品为 0，一般销售产品为 50%，勉强可销售的产品为 100%。

⑧变现率：指企业统计的滞销书籍变现价值与书籍定价的比例。

产成品评估值为 × 元，评估减值 × 元，减值率 × %。产成品评估减值的原因是企业 1 年以上的书籍较多，而该部分书籍适销能力较差，因此导致评估减值。

(4) 在产品。在产品为正在生产的书籍等。对于在产品，因其正在生产且生产周期较短，以账面值确定为评估值。

(5) 发出商品。发出商品为企业已发出的书籍、经销商退货的书籍等。对于发出商品，评估人员查阅了合同、发货单、出库记录等资产，检查了记账凭证、入账凭证等资料，经核实发出商品账表单相符。

对于发出商品中的已发出的书籍，其评估方法同库存商品。对于退货的书籍，按账面值考虑。

(6) 存货的评估值。存货评估增值的原因主要是企业生产的书籍市场售价高于账面单价，评估时按不含税售价考虑可实现销售因素来确定评估值。

2. 长期投资评估方法

纳入本案例评估范围的长期股权投资共有19项。具体账面价值情况表和长期投资总体情况表从略。

评估人员首先对长期投资形成的原因、账面值和实际状况进行了取证核实，并查阅了投资协议、股东会决议、章程和有关会计记录等，以确定长期投资的真实性和完整性，并在此基础上对被投资单位进行评估。根据各项长期投资的具体情况，分别采取适当的评估方法进行评估。

（1）对全资及控股子公司拥有控制权且被投资单位正常经营的长期股权投资，采用同一评估基准日对被投资单位进行整体评估，以被投资单位整体评估后的净资产乘以持股比例确定长期股权投资的评估值。评估人员首先对长期投资形成的原因、账面值和实际状况进行了取证核实，并查阅了投资协议、股东会决议、章程和有关会计记录等，以确定长期投资的真实性和完整性。根据评估目的，评估范围内的全资及控股子公司需打开进行整体评估，通过对被投资方的整体资产采用资产基础法进行评估。即在单项资产评估的基础上，确定被投资方评估后的净资产，按持股比例计算应享有的份额确定该长期投资的评估值：

长期投资评估值=被投资单位评估后净资产×持股比例

（2）对参股的长期股权投资，由于持股比例较小并对被投资单位不具有控制关系和重大影响，按被投资单位评估基准日未经审计后的会计报表净资产数乘以持股比例确定评估值。

长期投资评估值=被投资单位会计报表净资产×持股比例

（3）对于全资子公司K杂志社，因该公司当时正在注销，评估基准日该公司尚使用的会计科目为货币资金、其他应收款。按被投资单位评估基准日经审计后的会计报表净资产数乘以持股比例确定评估值。

评估值=被投资单位经审计后会计报表净资产×持股比例

（4）对于企业的纽约公司，因该公司规模较小，没有聘用专业财务人员，其财务报告系聘请当地会计师事务所依照美国要求的报税口径编制并提供，无法填列资产评估的相关明细表，因在境外，未实地进行勘察，该公司资产评估按照基准日报表净资产乘以持股比例确定评估值。

(5) 对于该企业的东京分社，因在境外未实地进行勘察，该公司资产评估按照审定的账面值确定为评估值。

(6) 在确定长期股权投资评估值时，评估师没有考虑控股权和少数股权等因素产生的溢价和折价，也未考虑股权流动性对评估结果的影响。

长期股权投资评估增值的主要原因是被投资单位资产整体评估增值，长期投资按股权比例计算后总体增值。

3. 房屋建（构）筑物评估方法

纳入评估范围的房屋建（构）筑物为企业×发行站占用并使用的房屋建筑物。

根据企业纳入本案例评估范围的房屋建筑物的结构特点、建筑结构、使用性质，本案例采用市场比较法进行评估。

市场比较法是将待估价房地产与在较近时期内已经发生类似房地产交易实例，就交易条件、价格形成的时间、区域因素（房地产的外部条件）及个别因素（房地产自身条件）加以比较对照，以已经发生的类似房地产的已知价格为基础，做必要的修正后，得出待估房地产最可能实现的合理市场价格。

运用市场比较法按下列基本步骤进行：

◇搜集交易实例的有关资料；

◇选取有效的可比市场交易实例；

◇建立价格可比基础；

◇进行交易情况修正；

◇进行交易日期修正；

◇进行区域因素修正；

◇进行个别因素修正；

◇求得比准价格，调整确定被评估房地产的评估值。

(1) 评估对象概况。

①房地产权属状况。该房屋房产证编号为×号，房屋所有权人为企业×发行站，对应的土地证编号为×号，土地使用权面积为×平方米。

②W 市楼市背景分析（略）。

(2) 评估方法及评估过程。

①评估方法。由于本案例评估范围内的房屋建筑物属房地产性质的商品房，账面价值中包含了土地使用权价值，故本案例采用市场法将其作为一宗房地产进

行评估，计算出房屋建筑物（含地价）的评估价值。评估工作主要分以下三个阶段进行：

第一阶段：考察评估对象特征。评估人员根据委托方提供的房屋建筑物评估申报表，在资产占有单位资产管理人员的配合下，对资产评估申报表中所列之房屋建筑物进行核实、勘察、鉴定，了解房屋建筑物的表体、内部结构、装修标准、功能性能、数量质量、地理位置等现状，并作详细的鉴定记录。

第二阶段：搜集资料。评估人员根据资产评估的一般准则，搜集评估所需的资料，包括房地产交易管理部门的房地产交易资料，各种报刊、杂志、年鉴上有关的信息资料，同时直接向房地产销售商收集租售房地产实例资料。另外根据委托方提供的评估申报表，搜集房屋建筑物所有权证明及有关资料。

第三阶段：评估分析计算。评估人员根据现场勘察结果及房地产交易市场的调查情况，选定三个以上与委估房屋建筑物相类似的交易案例，分析委托评估的主要房屋建筑物与房地产市场交易案例在房地产的位置、面积、用途、成交时间、使用年限、环境条件、房屋状况、交易条件和购买动机等方面的差异，将委估房地产与房地产市场交易案例进行区域因素和个别因素修正，以修正值量化，从而计算出房屋建筑物的评估价值。

②评估过程。

A. 确定可比交易实例。评估人员通过市场调查并查询有关W市D新技术开发区L路附近房地产出售信息，经比较选择建筑规模、结构、用途、地理位置相近的三个比较实例。见表6.19。

表6.19　　可比实例情况表

因　素	待估房地产	案例1	案例2	案例3
名称	××× 7-1-24-02	××× 16/22	××× 16/18	××× 13/26
位置	W市D新技术开发区L路×号7栋1单元24层02号	W市D新技术开发区L路×号	W市D新技术开发区L路×号	W市D新技术开发区L路×号
交易价格		7500	7500	7700
交易时间	2011/5/31	2011/5/31	2011/5/31	2011/5/31

续表

因素			待估房地产	案例1	案例2	案例3
交易情况			正常	正常	正常	正常
房地产用途			住宅	住宅	住宅	住宅
区域因素	土地级别		三级	三级	三级	三级
区域因素	基础设施	电力、供热、供水、排水、通讯系统及保证率	七通一平	七通一平	七通一平	七通一平
区域因素	公共配套设施	商场、医院、学校等	（略）	（略）	（略）	（略）
区域因素	交通便捷程度	交通主（次）干道数量、级别	（略）	（略）	（略）	（略）
区域因素	交通便捷程度	与主干道通达程度	约100米	约100米	约100米	约100米
区域因素	交通便捷程度	离火车站、汽车站距离	距离火车站40分钟	距离火车站40分钟	距离火车站40分钟	距离火车站40分钟
区域因素	商业繁华程度		周边生活配套完善，人流量大，多条公交线通行，交通便捷，周围中小学林立，商业繁华程度较好	周边生活配套完善，人流量大，多条公交线通行，交通便捷，周围中小学林立，商业繁华程度较好	周边生活配套完善，人流量大，多条公交线通行，交通便捷，周围中小学林立，商业繁华程度较好	周边生活配套完善，人流量大，多条公交线通行，交通便捷，周围中小学林立，商业繁华程度较好
区域因素	环境质量		周边无污染，空气质量较好	周边无污染，空气质量较好	周边无污染，空气质量较好	周边无污染，空气质量较好
个别因素	宗地条件	临街状况	临L路	临L路	临L路	临L路
个别因素	宗地条件	道路类型、级别	双向6车道	双向6车道	双向6车道	双向6车道
个别因素	房屋状况	建筑物使用状况	较新房	较新房	较新房	较新房
个别因素	房屋状况	层高	3米	3米	3米	3米
个别因素	房屋状况	面积	93.13	93	92	93
个别因素	房屋状况	设施、设备	水，电，天然气，有线电视，电话，宽带，暖气	水，电，天然气，有线电视，电话，宽带	水，电，天然气，有线电视，电话，宽带	水，电，天然气，有线电视，电话，宽带

续表

因素			待估房地产	案例1	案例2	案例3
个别因素	房屋状况	装修情况	内墙为200mm厚加气砼砌块，白色石膏漆面；地面为木地板（厅及厨房为地板砖）；深灰色铝合金推拉窗；分户门为防火防盗门，内部为木门；厨房及卫生间为90mm厚轻质环保复合墙板墙	毛坯房	毛坯房	毛坯房
		朝向	南北	南北	南北	南北
		建筑结构	框架	框架	框架	框架
		楼层	24/26	16/22	16/18	13/26
		建筑外形	矩型	矩型	矩型	矩型

B. 因素比较。根据比较因素条件确定比较因素条件指数，以待估房地产条件为100，将可比实例条件与之比较，根据表6.19所述情况，指数增加或减少。见表6.20。

表6.20　　比较因素条件指数表

因素			待估房地产	案例1	案例2	案例3
交易价格				7500	7500	7700
交易时间			100	100	100	100
交易情况			100	100	100	100
区域因素	土地级别		100	100	100	100
	基础设施	电力、供水、排水、煤气、通讯系统及保证率	100	100	100	100
	公共配套设施	医院、学校、娱乐	100	100	100	100
	交通便捷程度	交通主（次）干道数量、级别	100	100	100	100
		与主干道通达程度	100	100	100	100
		离火车站、汽车站距离	100	100	100	100
	商业繁华程度		100	100	100	100
	环境质量		100	100	100	100

续表

因素			待估房地产	案例1	案例2	案例3
个别因素	宗地条件	临街状况	100	100	100	100
		道路类型、级别	100	100	100	100
	房屋状况	建筑物使用状况	100	100	100	100
		层高	100	100	100	100
		面积	100	100	100	100
		设施、设备	100	100	100	100
		装修情况	100	96	96	96
		朝向	100	100	100	100
		建筑结构	100	100	100	100
		楼层	100	98	98	99
		建筑外形	100	100	100	100

C. 根据比较因素指数计算比较因素修整系数，见表6.21：

比较系数 = 待估房地产条件指数 ÷ 可比实例条件指数

表6.21　　比较因素修正系数表

因素			待估房地产	案例1	案例2	案例3
交易价格				7500	7500	7700
交易时间			1.00	1.00	1.00	1.00
交易情况			1.00	1.00	1.00	1.00
区域因素	土地级别		1.00	1.00	1.00	1.00
	基础设施	电力、供水、排水、通讯系统	1.00	1.00	1.00	1.00
	公共配套设施	医院、学校、娱乐	1.00	1.00	1.00	1.00
	交通便捷程度	交通主（次）干道数量、级别	1.00	1.00	1.00	1.00
		与主干道通达程度	1.00	1.00	1.00	1.00
		离火车站、汽车站距离	1.00	1.00	1.00	1.00
	商业繁华程度		1.00	1.00	1.00	1.00
	环境质量		1.00	1.00	1.00	1.00

续表

<table>
<tr><th colspan="3">因　素</th><th>待估房地产</th><th>案例1</th><th>案例2</th><th>案例3</th></tr>
<tr><td rowspan="12">个别因素</td><td>宗地条件</td><td>临街状况</td><td>1.00</td><td>1.00</td><td>1.00</td><td>1.00</td></tr>
<tr><td>临街道路评价</td><td>道路类型、级别</td><td>1.00</td><td>1.00</td><td>1.00</td><td>1.00</td></tr>
<tr><td rowspan="10">房屋状况</td><td>建筑物使用状况</td><td>1.00</td><td>1.00</td><td>1.00</td><td>1.00</td></tr>
<tr><td>层高</td><td>1.00</td><td>1.00</td><td>1.00</td><td>1.00</td></tr>
<tr><td>面积</td><td>1.00</td><td>1</td><td>1</td><td>1</td></tr>
<tr><td>设施、设备</td><td>1.00</td><td>1.00</td><td>1.00</td><td>1.00</td></tr>
<tr><td>装修情况</td><td>1.00</td><td>1.0417</td><td>1.0417</td><td>1.0417</td></tr>
<tr><td>朝向</td><td>1.00</td><td>1.00</td><td>1.00</td><td>1.00</td></tr>
<tr><td>建筑结构</td><td>1.00</td><td>1.00</td><td>1.00</td><td>1.00</td></tr>
<tr><td>楼层</td><td>1.00</td><td>1.0204</td><td>1.0204</td><td>1.0101</td></tr>
<tr><td>建筑外形</td><td>1.00</td><td>1.00</td><td>1.00</td><td>1.00</td></tr>
<tr><td colspan="4">比准单价</td><td>7972.00</td><td>7972.00</td><td>8102.00</td></tr>
</table>

D. 确定比准价格。

比准价格的确定 =（案例 1 比准价 + 案例 2 比准价 + 案例 3 比准价）÷3

③评估结果。

待估房地产评估值 = 评估单价 × 建筑面积

房屋建筑物类固定资产评估增值主要是因为企业购置并占有的住宅用房因市场价格上涨而导致增值。

4. 设备类资产评估方法

（1）评估范围。纳入评估范围的设备类资产包括车辆、电子设备。

（2）设备类资产概况。

①车辆。车辆主要为轿车、小型普通客车、小型越野客车，主要分布在企业本部、上海分公司、武汉发行站及武汉分公司。截至评估基准日，除一辆车牌号码为 × 的车辆即将报废外，其余车辆均能正常使用。

②电子设备。委估的电子设备以办公用电子设备为主，包括电脑、复印机、打印机、空调以及局域网设备等，截至评估基准日，绝大多数使用正常。

（3）评估过程。

①清查核实。为保证评估结果的准确性，根据企业设备资产的构成特点，指导被评估企业根据实际情况填写资产评估明细表，并以此作为评估的基础。

针对资产评估明细表中不同的设备资产性质及特点，采取不同的清查核实方法进行现场勘察。做到不重不漏，并对设备的实际运行状况进行认真观察和记录。

根据现场实地勘察结果，进一步完善评估明细表，要求做到“表”、“实”相符。

关注评估范围内设备、车辆的产权问题，如：抽查重大设备的购置合同、逐一核对车辆行驶证；查阅固定资产明细账及相关财务凭证，了解设备账面原值构成情况。

②评定估算。根据设备资产类型、通用性、购置时间等因素选择评估方法，开展市场询价工作，进行评定估算。

③评估汇总。对设备类资产评估的初步结果进行分析汇总，对评估结果进行必要的调整、修改和完善。

（4）评估方法。根据本案例评估目的，按照持续使用原则，以市场价格为依据，结合委估设备的特点和收集资料情况，主要采用重置成本法进行评估。

评估值 = 重置全价 × 成新率

①重置全价的确定。设备的重置全价，在设备购置价的基础上，考虑该设备达到正常使用状态下的各种费用（包括购置价、运杂费、安装调试费、工程建设其他费用和资金成本等），综合确定：

重置全价 = 设备购置价（不含税）+ 运杂费（不含税）+ 安装调试费 + 工程建设其他费用 + 资金成本

A. 运输车辆重置全价。根据当地汽车市场销售信息等近期车辆市场价格资料，确定运输车辆的现行含税购价，在此基础上根据《中华人民共和国车辆购置税暂行条例》规定计入车辆购置税、新车上户牌照手续费等，确定其重置全价。计算公式如下：

重置全价 = 现行含税购价 + 车辆购置税 + 新车上户手续费

对于已停产或无替代产品市场销售价格的车辆参照二手市场价格确定其重置

全价。

B. 电子设备重置全价。根据当地市场信息及《慧聪商情》等近期市场价格资料，并结合具体情况综合确定电子设备价格，同时，按最新增值税政策，扣除可抵扣增值税额。一般生产厂家或销售商提供免费运输及安装，即：

重置全价 = 购置价（不含税）

对于购置时间较早，现市场上无相关型号但能使用的电子设备，参照二手设备市场价格确定其重置全价。

②成新率的确定。本案例按照设备的经济使用寿命、现场勘察情况预计设备尚可使用年限，进而计算其成新率。其公式如下：

成新率 = 尚可使用年限 ÷（实际已使用年限 + 尚可使用年限）×100%

对价值量较小的一般设备和电子设备则采用年限法确定其成新率。

③评估值的确定。

评估值 = 重置全价 × 成新率

5. 在建工程评估方法

截至评估基准日，在建工程为公司购置的正在装修的 × 办公楼。房屋面积为 × 平方米。经调查附近楼盘的价格走势及 × 办公用楼交易情况，× 楼盘价格变动较小。考虑到企业办公楼多为自用，故按核实后账面值确定评估值。

6. 无形资产——土地使用权评估方法

本案例无形资产为 K 公司所使用的 1 宗土地使用权。

(1) 估价对象描述。估价对象的土地所有权属于国家所有，土地使用证办理完毕。待估宗地的使用权类型为出让，土地使用权截止日期为 × 年 × 月 × 日。评估基准日至终止日期止，宗地的剩余使用年限按 37.27 年进行设定。

根据资产方提供的权属资料，全部估价对象来源合法，产权清楚，无抵押、担保等他项权利。

估价对象所占用土地的总面积为 × 平方米。地上附属设施仅有约 × 米的围墙。

(2) 地价定义。根据估价目的及估价依据，结合委托方提供的资料及现场勘查情况，确定本案例评估的地价定义，估价对象的具体价格定义见表 6.22。

表 6.22　　估价对象地价定义一览表

序号	宗地名称	估价期日土地使用权类型	估价设定土地使用权类型	估价期日的登记用途	估价设定用途	估价设定使用年限（年）	估价期日实际开发程度	估价设定开发程度	备注
1	×	出让	出让	工业	工业	50.00	红线外“五通”，红线内“五通一平”	红线外“五通”，红线内“场地平整”	红线外“五通”指通路、通电、供水、排水、通讯

综上，本案例评估价格是指在现状利用条件下，满足上述用途、使用年期、开发程度等各项评估设定条件，于评估基准日 2011 年 5 月 31 日的正常市场条件下的国有出让土地使用权价格。

（3）地价影响因素分析（略）。

（4）估价原则（略）。

（5）估价方法与估价过程。

①方法选择。估价人员根据现场勘查情况，按照《城镇土地估价规程》的要求，结合估价对象的区位、用地性质、利用条件及当地土地市场状况，本案例主要选用以下方法：

委估宗地位于《B 市基准地价表》覆盖范围内，因此，适宜选用基准地价系数修正法进行评估；估价对象所在区域有近年来的征地案例和征地标准可参考，故可运用成本逼近法进行评估。

综上所述，本次估价采用基准地价系数修正法、成本逼近法进行评估。

②估价过程。

■ 基准地价系数修正法。基准地价系数修正法是利用城镇基准地价和基准地价修正系数表等评估成果，按照替代原则，对估价对象的区域条件和个别条件等与其所处区域的平均条件相比较，并对照修正系数表选取相应的修正系数对基准地价进行修正，进而求取估价对象在估价基准日价格的方法。

基准地价成果介绍及内涵。根据《B 市人民政府〈关于调整本市出让国有土地使用权基准地价的通知〉》（B 政发〔2002〕32 号），B 市区基准地价分商业、住宅、工业和综合等几种用途。基准地价内涵为：

A. 估价期日为 2002 年 1 月 1 日。

B. 设定土地开发程度：商业、综合、居住用地：一至六级的开发程度为“七通一平”，七至十级的开发程度为“五通一平”。工业用地：一至五级的开发程度为“七通一平”，六至九级的开发程度为“五通一平”。

C. 设定土地容积率。

设定土地容积率：商业、综合、居住用地：一至六级的平均容积率为 2；七至十级的平均容积率为 1。工业用地的平均容积率为 1。

D. 设定土地使用权年限：各用途法定最高年限，即商业用地四十年、居住用地七十年、工业用地五十年、综合用地五十年。

各种用途基准地价见表 6.23。

表 6.23　　B 市工业用地基准地价表　　单位：元/平方米

土地用途	价格类型	土地级别								
		一级	二级	三级	四级	五级	六级	七级	八级	九级
工业	基准地价（楼面熟地价）	1200－1800	1000－1220	850－1050	600－900	420－680	310－510	220－330	150－240	100－170
	楼面毛地价	420－850	430－530	340－440	270－360	195－300	135－225	100－160	60－100	20－60

根据《城镇土地估价规程》，其基准地价系数修正法评估宗地地价的计算公式为：

宗地地价＝[基准地价（楼面熟地价）$\times K_1 \times (1+\sum K) \times K_i$ ＋开发程度修正值] $\times K_2$

式中：K_1——期日修正系数；

$\sum K$——影响地价区域因素及个别因素修正系数之和；

K_i——其他修正系数；

K_2——土地使用年期修正系数。

E. 确定估价对象土地级别及基准地价。根据估价对象的具体位置及《B 市市区土地级别图》，确定估价对象所在土地级别为工业八级，基准地价 150－240 元/平方米，取中值为 195 元/平方米。

F. 确定期日修正系数（K_1）。本案例的评估基准日为 2011 年 5 月 31 日，考虑基准地价所对应的基准日与本案例评估基准日不一致，需根据当地的地价指数水平，确定估价对象期日修正系数。根据中国城市地价动态监测网的数据，B 市从 2002 年至评估基准日地价增长情况如表 6.24 所示。

表 6.24　　B 市地价增长率情况一览表

年度	工业（%）
2011	-0.20
2010	16.61
2009	0.93
2008	12.60
2007	20.71
2006	7.60
2005	6.51
2004	2.20
2003	2.36
2002	1.52

根据中国城市地价动态监测网显示 B 市的数据，确定期日修正系数 K_1 = 1.9341。

G. 区域因素及个别因素修正。根据基准地价修正体系，对照估价对象的区域因素及个别因素条件，确定区域因素和个别因素修正系数。见表 6.25。

表 6.25　　估价对象地价影响因素说明、修正系数表

影响因素	修正系数
产业集聚程度	-2.6
交通便捷度	-4.16
区域土地利用方向	0
临路状况	0
宗地形状及可利用程度	0
基础设施状况	0
环境状况	0
合计	-6.76

H. 确定其他因素修正系数。由于本案例为一般工业用地，并无其他特殊因素，故无需进行其他因素修正，则其他因素修正系数为 1.0。

I. 确定开发程度修正值。估价对象设定开发程度与基准地价设定开发程度一致，不需要进行开发程度的修正，则开发程度修正值为0。

J. 确定土地使用权年期修正系数（K_2）。估价对象设定年期为36.60年，与基准地价所对应的年期不一致，故需进行年期修正，修正公式为：

$$K_2=\frac{1-1/(1+r)^m}{1-1/(1+r)^n}$$

公式中：K_2——估价对象的土地使用年期修正系数；

r——土地还原率［土地还原率按评估基准日时中国人民银行公布的一年期（含一年）存款利率3.25%，再加上一定的风险因素调整值，按6%计］；

m——估价对象设定使用年限36.60年；

n——基准地价设定土地使用年期50年。

根据上述公式，估价对象的土地使用权年期修正系数为×。

K. 确定对基准地价修正后的结果。

根据公式：

宗地地价＝［基准地价×K_1×（1+∑K）×K_3＋开发程度修正值］×K_2

■ 成本逼近法。成本逼近法是以开发土地所耗费的各项费用之和为主要依据，再加上一定的利息、利润、应缴纳的税金和土地增值收益来确定土地价格的估价方法。其基本计算公式为：

土地价格＝土地取得费＋相关税费＋土地开发费＋投资利息＋投资利润＋土地增值收益

A. 土地取得费及相关税费。

a. 土地取得费。根据《中华人民共和国土地管理法》中第四十七条规定，征用土地的补偿费用包括土地补偿费、劳动力安置补助费以及地上附着物和青苗补偿费。

调查待估宗地周边区域的土地利用情况，农用土地大部分为耕地，视待估宗地在征用时为耕地。调查待估宗地所处区域的土地取得费用，目前获得类似待估宗地土地，根据《关于实施〈B市征地补偿费最低保护标准〉的通知》，当地实行统一包干征地。土地取得费主要包括统一征地费（含土地补偿费、青苗补偿费、劳动力安置补助费、失地农民保障金及地上物补偿费等）。该村征地补偿最低标准为6万元/亩，合90元/平方米。根据对待估宗地所在区域近年来征地费用进行分析，调查待估宗地周边实际土地利用状况，根据待估宗地的实际情况确定为90元/平方米。

b. 相关税费。

（a）征地管理费。根据B地发（1992）47号、B财房（1992）1214号文规定，结合实际情况，征地管理费取征地费用总额的3%，即2.70（元/平方米）。

（b）耕地占用税。根据《B市实施〈中华人民共和国耕地占用税暂行条例〉办法》（B政办发〔2009〕210号），该区耕地占用税为40元/平方米，故耕地占用税取40元/平方米。

（c）耕地开垦费。根据《B市耕地开垦费收缴和使用管理办法》（B政办发〔2002〕51号）规定，该区耕地开垦费为27万元/公顷，故耕地开垦费取27元/平方米。

综上，土地取得费及相关税费合计为：

土地取得费+征地管理费+耕地占用税+耕地开垦费

B. 土地开发费。根据估价人员掌握的资料及周边区域实际开发土地费用，估价对象区域内通路约为20元/平方米、通电约为15元/平方米、通上水约为20元/平方米、通下水约为20元/平方米、通讯约为12元/平方米、通暖约为20元/平方米、通气约为25元/平方米、场地平整约为20元/平方米，则可确定估价对象达到红线外五通（通路、通电、通上水、通下水、通讯）、红线内场地不平整的土地开发费为87元/平方米。

C. 投资利息。根据待估宗地的开发程度和开发规模，确定土地开发周期为1年，投资利息率按估价基准日中国人民银行公布的短期贷款（1年以内含1年）贷款利息率6.31%计，按复利计算。假设土地取得费及相关税费在征地时一次投入，开发费用在开发期内均匀投入，故投资利息×元/平方米。

D. 投资利润。按照当地实际情况，综合考虑我国经济增长因素及工业土地开发的实际情况，取土地开发的年投资利润率为10%，则投资利润为：

投资利润=（土地取得费+相关税费+土地开发费）×10%

E. 土地增值收益。根据估价人员掌握的资料，土地增值收益按成本价格的20%计算：

土地增值收益=（土地取得费+土地开发费+相关税费+投资利息+投资利

润）×20%

F. 无限年期土地使用权价格。依据成本逼近法计算公式得到无限年期土地价格。

G. 宗地个别条件修正。根据 B 市工业用地宗地地价修正系数表，对照待估宗地的实际情况，对影响待估宗地地价各项因素进行评估，确定待估宗地综合修正系数为 -6.76%（参见基准地价系数修正法中综合因素修正系数确定过程表）。

宗地个别条件修正后地价 = 区位修正前的地价 ×（1 + 宗地个别条件修正系数）

H. 有限年期土地使用权价格。根据有限年期地价测算公式：

$$V_n = V_N \times [1 - \frac{1}{(1+r)^n}]$$

式中：V_n——待估宗地设定年期土地使用权价格（元/平方米）；

V_N——无限年期土地使用权价格（元/平方米）；

r——土地还原率［土地还原率按估价基准日时中国人民银行公布的一年期（含一年）存款利率 3.25%，再加上一定的风险因素调整值，按 6% 计］；

n——待估宗地设定年期（36.60 年）。

由此得到有限年期土地价格。

③地价的确定。考虑到待估宗地两种方法求得地价都比较符合当地的实际地价水平，且相差幅度不大，故采用简单算术平均值作为待估宗地的出让土地使用权价格。

（6）评估增减值分析。无形资产——土地使用权评估值 × 元，评估值较账面价值增值 × 元，增值率为 ×。土地使用权评估增值主要是因为该地块购置较早，由于土地是一种稀缺资源，对于一个城市的发展来说，土地的供给是有限的。随着城市经济的快速发展，对土地的需求不断增加，导致征地成本及土地开发成本增加，从而使地价上涨。

7. 无形资产——其他无形资产评估方法

其他无形资产为正在使用的 ERP 软件、发行管理系统等。

评估人员查阅相关的证明资料，了解原始入账价值的构成，摊销的方法和期限，查阅了原始凭证，了解了现行市场销售价值。经核实表明账、表金额相符，以市场销售价值确定为评估值。

其他无形资产评估增值是因为企业使用的大部分软件均已升级到目前最新或较新版本，而企业财务人员对其计提了摊销导致。

8. 开发支出评估方法

开发支出为 ORE 数字资源管理系统项目及数字开发项目。

对于开发支出，评估人员查阅了相关合同、付款凭证等资料。经核实，开发支出账表单相符。开发支出时间均较短，按照账面值确定为评估值。

9. 长期待摊费用评估方法

长期待摊费用为 1 号楼装修改造、4 号楼装修、烟感探测器。

评估人员首先核对明细账与总账、报表余额是否相符，核对与委估明细表是否相符；其次查阅了相关的合同、付款凭证等资料。对于 1 号楼装修改造，评估人员查阅了施工合同、预结算资料及工程造价资料。经核实，长期待摊费用账表单相符。

对于 1 号楼装修改造、4 号楼装修，评估人员根据决算书及工程造价报告进行重置其价值，然后按照规定使用年限确定成新率，进而确定其评估值。

对于烟感探测器，因其为更换设备，按照设备类资产的评估方法确定其评估值。

长期待摊费用评估增值是因为 1 号楼装修改造、4 号楼装修、烟感探测器等项目目前市场行情与企业购置构建时价格差异导致。

10. 递延所得税资产评估方法

递延所得税资产核算的是根据税法企业已经缴纳，而根据企业会计制度核算需在以后期间转回记入所得税科目的时间性差异的所得税影响金额。

对递延所得税资产的评估，核对明细账与总账、报表余额是否相符，核对与委估明细表是否相符，查阅款项金额、发生时间、业务内容等账务记录，以证实递延所得税资产的真实性、完整性。经核实递延所得税资产账表单相符，以核实后账面值确定为评估值。

11. 其他非流动资产评估方法

其他非流动资产为《×××》编研项目及《×××》项目。

对于其他非流动资产，评估人员核实了账簿记录、抽查了部分原始凭证及合同等相关资料，核实交易事项的真实性、业务内容和金额等，以核实后的账面值作为评估值。

12. 负债评估方法

评估范围内的负债为流动负债和非流动负债。流动负债包括应付票据、应付账款、预收账款、应付职工薪酬、应交税费、其他应付款；非流动负债为专项应付款。本案例在经清查核实的账面值基础上进行。

其中，应付职工薪酬为应付职工工资和按规定比例提取的工会经费节余以及应付的职工社会统筹费用等。评估人员核实了应付职工薪酬的提取及使用情况。经核实应付职工薪酬账表单相符，根据《关于〈企业公司制改建有关国有资本管理与财务处理的暂行规定〉有关问题的补充通知》（财企〔2005〕12号），对于改建企业账面原有的应付福利费、职工教育经费余额，应当转增资本公积金，不再作为负债管理，也不得转为个人投资。本案例按零值确定职工教育经费，其余应付职工薪酬以账面值确定为评估值。

（三）案例分析

本案例选用了企业价值评估领域三种基本方法之一的成本法，又称资产基础法对出版企业的价值进行了评估。本案例在以下方面值得关注：

1. 本案例评估目的是反映被评估企业股东全部权益于评估基准日的市场价值，为企业拟增资提供价值参考依据。选择成本法评估的主要原因是：由于企业未来经营战略的实施存在一定的不确定性，影响该企业收入、成本预测的因素较多，收益法评估结果具有较大的不确定性；收益法和成本法评估结果的差距主要体现在被评估企业所拥有的部分经营权利上，但该部分权利的取得具有很强的政策性和不确定性；根据此次增资合作方案的约定，各投资方更为关注的是企业纳入资产负债表范围的资产和负债的价值。因此，最终的评估方法选择了资产基础法，评估范围以企业经审计的资产负债表为准。

2. 出版企业的存货评估，首先区分了正常销售和滞销两种情况。对正常销售的商品，在码洋的基础上考虑了正常销售比例和平均销售折扣率。对滞销商品，在码洋的基础上考虑了正常销售比例和变现率。这种处理方式符合出版行业的实际销售情况，也是出版行业库存商品评估的特点。

3. 对于企业在公司制改建时账面原有的应付福利费、职工教育经费余额，本案例考虑了企业公司制改建国有资本管理与财务处理的有关规定，即对于改建企业账面原有的应付福利费、职工教育经费余额，应当转增资本公积金，不再作为负债管理，也不得转为个人投资，评估时按照零值确定。

二、出版企业收益法评估案例

（一）案例背景情况

因企业改制，需要对所涉及的被投资企业S公司的股东全部权益价值进行评估。评估基准日为2011年×月×日。

S公司经营范围包括翻译出版外国社会学著作和编纂出版语文工具书，适当出版高等学校、中等专业学校教学用书和外国社会科学普及读物；出版地图出版物。经过百年的发展历程，S公司已成为风格突出、特色鲜明、底蕴深厚、发展稳健的著名出版机构，在中国近现代出版史上拥有独特地位，在海内外具有广泛影响。×年，S公司改制为有限责任公司。

S公司的资产及负债具体包括流动资产、可供出售金融资产、长期股权投资、固定资产（房屋建筑物、机器设备、车辆、电子设备等）、在建工程、无形资产及流动负债、非流动负债等。

（二）评估方法及过程

本案例采用收益法对企业股东全部权益价值进行评估，即以未来若干年度内的自由现金流量作为依据，采用适当折现率折现后加总计算得出企业自由现金流量折现值，然后再加上溢余资产价值、非经营性资产价值、长期股权投资价值，减去有息债务得出股东全部权益价值。

1. 评估方法简介

本次收益法评估模型选用企业自由现金流。计算公式如下：

企业整体价值＝企业自由现金流量折现值＋溢余资产价值＋非经营性资产价值＋长期投资价值

股东全部权益价值＝企业整体价值－有息债务

（1）预测期的确定。S公司近年主要翻译出版外国社会学著作和编纂出版语文工具书，适当出版高等学校、中等专业学校教学用书和外国社会科学普及读物，预测期确定到稳定期×年。

（2）收益期的确定。由于S公司经营的产品主要是翻译出版外国社会学著作、工具书、高等学校和中等专科学校教材、外国社会科学普及读物等。图书是人们生活、学习的必需品，随着人们的生活不断提高，对图书的需求也就越高。S公司成立百余年，历年的运行状况、人力状况、客户资源等均比较稳定，可保持长时间的经营，故收益期按永续确定。

（3）自由现金流量的确定。

企业自由现金流量的计算公式如下：

（预测期内每年）自由现金流量＝息税前利润×（1－所得税率）＋折旧及摊销－资本性支出－营运资金追加额

（4）终值的确定。终值计算公式为：

$$P_n = \frac{R_{n+1}}{i}$$

R_{n+1}按预测期末年现金流调整确定。

（5）折现率的确定。按照收益额与折现率口径一致的原则，折现率选取加权平均资本成本（WACC）。公式如下：

$$WACC = K_e \times E/(D+E) + K_d \times D/(D+E) \times (1-T)$$

式中：K_e——权益资本成本；

K_d——债务资本成本；

D/E——根据市场价值估计的被估企业的目标债务与股权比率。

其中：$K_e = R_f + \beta \times RP_m + R_c$

R_f——无风险报酬率；

β——企业风险系数；

RP_m——市场风险溢价；

R_c——企业特定风险调整系数。

（6）溢余资产价值的确定。溢余资产是指与企业收益无直接关系的，超过企业经营所需的多余资产，本次主要采用成本法评估。

（7）非经营性资产价值的确定。非经营性资产是指与企业收益无直接关系的，不产生效益的资产，本次主要采用成本法评估。

（8）长期股权投资价值的确定。对外长期股权投资是指S公司评估基准日时已形成的对外股权投资。本案例均按企业价值评估准则的要求分别确定其评估值。

2. 出版企业商业模式

随着我国社会主义市场经济建设的不断发展，图书出版企业的市场化改革进程逐渐加快，传统的图书出版企业商业模式也在不断完善。出版发行行业产业链包括“编—印—发—供”四个环节，出版业则主要指选题、组稿、编辑这一出版的前端环节。出版企业的商业模式主要是指企业整合读者、作者、投资者和上下游伙伴等资源优势，以获取利润的运营体系。一般图书出版企业商业模式表现如下：

采购模式：出版业务的采购范围主要包括稿件内容、纸张等原辅材料。稿件内容主要委托撰稿人撰写或翻译人翻译已取得著作权授权的原著；纸张等主要原辅料一般由公司按照相关要求统一对外招标采购。

生产模式：出版物生产主要包括选题策划、组稿、审稿、编辑加工、校对排版、印刷装订。对于各生产环节，出版企业可以自行组织生产，也可委托外部独立厂家生产。

销售及退货管理模式：一般图书主要采取出版社自办发行的方式，即由各出版社与特定企事业单位、出版物经销商及零售书店签订协议，并由出版社将成品书运送至目标对象。通常双方会约定退货期和退货率，只有在约定的退货期和退货率内才可以退货。如果是按照客户的特殊要求定制的产品，则通常不允许退货。

存货管理：原材料和产成品入库后，由财务部门、销售部门、仓库人员等组成的清查小组会定期进行盘点清查。库存商品的账务一般分实物卡片账和电脑账，卡片账通常在每次发生增减变动时计算结存数量。库存在保管期间，由于各种原因发生存货毁损、变质、霉烂造成损失时，会逐级报损，并依据税法有关规定向公司及主管税务部门申报，经批准同意后进行实物出库、账务销账处理。

3. 企业所处行业发展状况及竞争力分析（略）

4. 评估假设和限定条件

本案例采用收益法进行评估，其中的假设前提条件是按照以下设定的：

（1）本案例评估测算各项参数取值未考虑通货膨胀因素；

（2）影响企业经营的国家现行的有关法律、法规及企业所属行业的基本政策无重大变化，宏观经济形势不会出现重大变化；企业所处地区的政治、经济和社会环境无重大变化；

（3）国家现行的银行利率、汇率、税收政策等无重大改变；

（4）企业会计政策与核算方法无重大变化；

（5）企业经营所消耗的主要原材料、辅料、燃料等的供应无重大变化；

(6) 企业管理团队无重大变化，并尽职尽责按照目前的经营方式和经营计划持续经营；

(7) 除评估报告中已有揭示以外，假定企业已完全遵守现行的国家及地方性有关土地规划、使用、占有、环境及其他相关的法律、法规；

(8) 无其他不可预测和不可抗力因素造成的重大不利影响。

5. 企业自由现金流量的预测过程

对S公司的未来财务数据预测是以其2008年度至2011年9月的经营业绩为基础，遵循我国现行的有关法律、法规，根据国家宏观政策，企业的发展规划和经营计划、优势、劣势、机遇、风险等，尤其是企业所面临的市场环境和未来的发展前景及潜力，并依据企业编制的《2011年度财务预算》和“十二五”规划等，经过综合分析编制的。其中主要数据预测说明如下：

(1) 营业收入的预测。

①以前年度营业收入情况。S公司属于图书出版发行企业，主营业务收入主要为工具类图书的出版发行，其核心工具书为《×字典》、《×词典》和×词典类语言文字类图书。其他业务收入主要是材料销售收入、著作权使用费、职工房租、出版资助以及其他零星收入。历年收入及变动情况（略）。

S公司的《×字典》、《×词典》等×词典类为公司支柱图书，其收入占全公司收入的60%以上，在全国语言文字类市场的覆盖面也较广，具有很强的竞争优势，在语言文字类出版社中的市场地位稳固。近三年，S公司的销售收入均比较稳定并呈上涨趋势。

②未来年度营业收入的预测。此次评估在对国内语言文字类图书出版市场进行整体分析的基础上，结合目前的实际出版情况，另一方面也考虑了其收入来源及图书种类的影响，在此基础上进行出版发行业务收入的预测。未来年度营业收入预测表（略）。

(2) 营业成本的预测。

①以前年度营业成本及毛利率。S公司在出版、发行图书的过程中主要成本包括纸张、油墨、稿费、装帧、制版、印刷、装订、编录经费等费用。通过对历史年度营业成本的分析，S公司的图书，由于每个书目的印刷版次、每次印刷的数量、支付的稿费、装帧水平不同，导致每个书目成本、利润水平也高低不同。除了以上列举的成本项目外，部分图书生产材料还包括了丝绸、木板、PVC料、

亚麻布、丝带、封套板等，且各种成本项目占总成本的比例也高低不同，故图书如按成本项目分类则既不符合成本效益原则，也无实质性意义。基于此，对收入、成本按图书大类、分年度进行对比分析。历年成本及变动情况（略）。

由历史数据可以看出，S公司图书毛利率水平比较稳定，基本保持在45%左右，变化不大。

②未来年度营业成本的预测。近年来企业图书生产所用的纸张、油墨价格都有所上涨，而企业生产的图书销售价格也作了相应的上调，因此，销售成本与销售价格基本保持在了一个比较稳定的比例水平。在此基础上对营业成本进行预测。未来年度其主营业务成本预测表（略）。

（3）营业税金及附加的预测。营业税金及附加包括营业税、城建税与教育费附加。其他收入项计缴增值税（13%），其他业务收入中境内著作权使用费用收入缴纳营业税（5%）。城建税按照流转税额的7%缴纳，教育费附加按照流转税额的3%缴纳，地方教育费附加按流转税的2%缴纳。未来年度营业税金及附加预测表（略）。

（4）营业费用的预测。

①以前年度营业费用情况。营业费用主要包括为进行图书销售所发生的销售人员工资、福利及保险费、业务宣传费、运杂费、广告费、宣传推广费、仓储费、展览费、图书报废损失，销售部门的差旅费、办公费等费用支出。历史年度营业费用金额如××表（略）。

②未来年度营业费用的预测。营业费用的预测原则及方法如下：

A. 对于职工工资，先预测未来年度销售部门的职工人数和人均工资，将职工人数和人均工资相乘，得到预测期的工资费用总额。对于福利费、保险费和住房公积金等，按2010年度该类费用占工资总额的比例进行测算。

B. 广告宣传费、差旅费、业务招待费、运杂费等各项费用根据企业历年费用情况，分析其形成原因，结合未来年度企业业务发展的趋势来进行测算。

未来年度营业费用预测表（略）。

（5）管理费用的预测。

①以前年度管理费用情况（含资产减值损失）。管理费用指管理人员的工资、福利及保险费、水电费、折旧、无形资产摊销、差旅费、办公通讯费、业务招待费、资产减值损失等各项费用支出。

历史年度管理费用金额如××表（略）。

②未来年度管理费用的预测。评估人员对被评估单位各管理费用项目的构成内容、各项成本费用控制措施等相关情况进行了了解，在此基础上与被评估单位财务部等相关部门就相关因素进行了讨论分析，在此基础上进行管理费用各项目的预测。管理费用的预测原则及方法如下：

A. 对于职工工资，先预测未来年度管理部门的职工人数和人均工资，将职工人数和人均工资相乘，得到预测期的工资费用总额。对于福利费、保险费等工资附加费，根据工资附加费占职工工资的历史平均比率进行预测。

B. 折旧费、摊销费，根据相应预测确定，详见非付现成本预测部分。

C. 差旅费、业务招待费、办公费、保险费等各项费用根据历年费用发生情况，分析其形成原因，结合未来年度企业业务发展的趋势来进行测算。

经测算，未来年度管理费用预测如××表（略）。

（6）营业外收支的预测。以前年度的营业外收支净额主要是处理固定资产收益、捐赠支出、补贴收入、社团会费等所形成的收支差额。

对其中的社团会费，参照历史年度水平进行预测。随着设备更新、资产的完善，未来年度固定资产报废支出额将很少，对于其他项目由于不是经常性发生支出，故不作预测。

根据《财政部、国家税务总局关于继续实行宣传文化增值税和营业税优惠政策的通知》（财税［2009］147号）文件，自2009年1月1日起至2010年12月31日止，对图书、期刊、音像制品类出版物在出版环节实行增值税先征后退50%的优惠政策。因此，考虑到审批时间等因素，2011年以2010年实际应退增值税金额进行预测。2012年以后不再预测。

未来年度营业外收支预测表（略）。

（7）资本性支出的预测。企业的资本性支出主要由两部分组成：存量固定资产的正常更新支出（重置支出）、增量固定资产和办公管理软件类资产的资本性支出（扩大性支出）。

未来年度资本性支出预测（略）。

（8）非付现成本的预测。

①折旧。计算折旧的固定资产基数为评估基准日企业固定资产账面原值，在预测期内需将未来投资形成的固定资产分别计提折旧，计提的固定资产折旧按直

线法计算。折旧全部计入管理费用。

年折旧额 = 固定资产原值 × 年折旧率

②摊销。摊销是指信息管理系统等无形资产的摊销，均根据其原始发生额和平均摊销期限计算预测期的摊销费用。

(9) 所得税。按照《财政部　国家税务总局　中宣部　关于公布学习出版社等中央所属转制文化企业名单的通知》(财税［2010］29 号) 的规定，S 公司被认定为转制文化企业，依照《财政部　国家税务总局关于文化体制改革中经营性文化事业单位转制为企业若干税收政策问题的通知》(财税［2009］34 号) 之规定，企业从 2009 年至 2013 年享受所得税免税政策。2014 年及以后年度，按照《企业所得税法》规定，企业仍执行 25% 的所得税税率。

未来年度所得税的预测如 × × 表 (略)。

(10) 营运资金的预测。结合企业经营情况以及行业的经营特点并和企业财务人员现场沟通后，未来各年度营运资金按收入的百分比法确定。未来各年度营运资金按销售收入的 60% 预测。

①基准日营运资金的确定。企业基准日营运资金根据资产基础法评估结果，剔除溢余资产、有息债务、非经营性资产及负债后确定。

②未来年度营运资金的预测。

未来年度正常需要的营运资金 = 年销售收入 × 60%

③以后年度需要追加的营运资金。

以后年度需要追加的营运资金 = 本年度需要的营运资金 - 上一年度需要的营运资金

(11) 自由现金流量的预测。

①预测期内企业自由现金流。

企业自由现金流 = 息前税前利润 × (1 - 所得税率) + 非付现成本 - 资本性支出 - 营运资金增加额

②永续期企业自由现金流的计算。收益期按永续确定的，终值公式为：

$$P_n = \frac{R_{n+1}}{i}$$

R_{n+1} 按预测末年现金流调整确定。其中，预测期后稳定年度的资本性支出主要是确保企业能够持续运营下去，资本性支出与折旧摊销额保持一致。

6. 折现率的确定

折现率采用国际上通常使用 WACC 模型进行计算。

(1) 权益资本成本 K_e 的确定。

①无风险报酬率 R_f 的确定。根据 Wind 资讯查评估基准日 10 年期国债的平均收益率为×，本次无风险报酬率 R_f 取×。

②企业风险系数 β。根据 Wind 资讯查询的沪深 A 股股票 100 周出版类上市公司的贝塔参数估计值计算确定，具体确定过程如下：

首先在沪深 A 股出版类上市公司中选择若干规模相近的公司计算出公司无财务杠杆的 Beta，然后得出同类上市公司无财务杠杆的平均 Beta 为×。

由于企业短期借款较小，企业预期近期偿还，所以取企业的目标资本结构 D/E 为×。

企业风险系数 Beta 根据企业的目标资本结构 D/E 进行计算，计算公式如下：

$$\beta_L = (1 + (1 - T) \times D/E) \times \beta_U$$

式中：β_L——有财务杠杆的 Beta；

β_U——无财务杠杆的 Beta，取同类上市公司平均数×；

T——所得税率，2011 年至 2013 年按 0% 计，2014 年起按 25% 计。

③市场风险溢价 RP_m 的确定。市场风险溢价是对于一个充分风险分散的市场投资组合，投资者所要求的高于无风险利率的回报率，根据评估公司的研究成果，2011 年度市场风险溢价取×。

④企业特定风险调整系数。S 公司主要业务为工具类图书的出版发行，其经营历史近百年，积累了丰富的出版资源，拥有专业化的编辑出版人才队伍，在语言文字类出版社中一直保持领先的市场地位。但与可比公司相比规模较小、未来抵御市场系统风险的能力相对较低。企业特定风险调整系数 R_c 取×。

⑤权益资本报酬率 K_e 的确定。根据上述确定的参数，则权益资本成本计算如下：

$$K_e = R_f + \beta \times RP_m + R_c$$

(2) 加权平均资本成本（WACC）的确定。由于企业未来年度无有息负债，目标资本结构为 0，故加权平均资本成本与权益资本报酬率 K_e 相同。

7. 评估值的计算过程及评估结果

（1）自由现金流量折现值的确定。各年企业自由现金流量按年中流出考虑，从而得出企业的自由现金流量折现值。计算公式如下：

自由现金流量折现值＝预测期期间的自由现金流量现值＋预测期之后的自由现金流量（终值）现值

（2）溢余资产价值的确定。评估基准日货币资金为×元，考虑到货币资金能够赢得无风险投资的公正报酬，不同于存货、应收账款，同时在未来年度的营运资金变动中已考虑所需的现金周转量，因此将企业基准日的货币资金扣除企业维持生产经营的最低现金保有量后作为溢余资产。经和企业财务人员现场沟通，企业日常运营最低现金保有量为×元。

基准日溢余现金＝基准日货币资金－最低现金保有量

综上所述，评估基准日企业溢余资产价值为×元。

（3）非经营性资产价值的确定。非经营性资产是指企业办政府、企业办社会以及与企业主营业务收益无直接关系的资产。该类资产基本不产生收益，会增大资产规模，降低企业利润率。

S公司所拥有的非经营性资产及负债具体包括（略）。经评估，非经营性资产及负债价值为×元。

（4）长期投资价值的确定。对外长期股权投资是指被评估单位评估基准日时已形成的对外股权投资，评估基准日账面值为×元，评估值×元。

（5）评估基准日的有息负债。

无。

（6）股东全部权益价值的确定。

股东全部权益价值＝企业自由现金流量折现值＋溢余资产价值＋非经营性资产价值＋长期投资价值－有息债务

（三）案例分析

本案例选用了企业价值评估领域三种基本方法之一的收益法对出版企业的价值进行了评估。本案例在以下方面值得关注：

1. 采用收益法评估股权，充分体现了品牌、著作权等无形资产对文化企业价值的贡献。作为中国历史悠久的近代出版企业之一，S公司在中国现代文化思想史上占有重要地位，百年积淀的品牌影响力是其核心竞争力之一。另外，S公司出版发行的工具类图书的著作权收入也是其主营业务收入的主要组成部分。但是，S公司的品牌和部分著作权无法体现在资产负债表上。采用收益法对S公司的价值进行评估，评估范围涵盖了企业所有资产的贡献，评估结果更能合理反应企业的真实价值。

2. 盈利预测考虑了文化企业的行业特点。S公司属于图书出版发行企业，主营业务收入主要为工具类图书的出版发行。评估时，重点关注了S公司支柱图书的竞争优势及其在语言文字类出版物市场中的稳固地位，结合历史发展趋势，对未来的盈利水平进行了预测。在营业成本的预测方式上，考虑了图书成本的构成特点，没有采用常规的按成本项目类别进行预测的方式，而是按图书大类、分年度进行对比分析的方式进行预测。同时，在税收预测方面，也充分考虑了国家对文化企业转制过程中所实施的相关优惠政策，凸显了文化企业在评估基准日的宏观经济和政策环境下的价值。

3. 对文化企业改制后尚存的非经营性资产进行了单独评估。S公司的非经营性资产主要是由于企业在历史上承担了部分办政府、社会等职能，而形成了与企业主营业务收益无直接关系的资产。该类资产一般不与经营性资产一起纳入盈利预测范围，所以单独对其价值进行了评估。

三、电影院线企业收益法评估案例

（一）案例背景情况

因股权转让事宜，需对Z院线的股东部分权益价值进行评估。评估基准日为2010年12月31日。

Z院线成立于×年×月，经营范围是数字影片发行。Z院线系某集团公司独资建立的有限责任公司。截至评估基准日，员工×人，共发行数字影片×部，票房收入×万元。

（二）评估方法及过程

本案例采用收益法进行评估。Z院线所属的电影发行行业属于国家大力扶持发展的文化创意产业，Z院线自成立以来，有自己固定的发行市场并占据了一定的市场份额。评估人员经过和Z院线管理层访谈以及调研分析认为具备收益法评估的条件。

1. 收益法简介

收益法的基本原理是资产的价值等于其未来收益以一定贴现因子贴现的现值。企业价值评估中的收益法，是指通过将被评估企业预期收益资本化或折现以确定评估对象价值的评估思路。收益法中常用的两种具体方法是收益资本化法和未来收益折现法。

本次收益法评估模型选用企业自由现金流量模型，通过对企业整体价值的评估来间接获得股东全部权益价值，据此乘以股东所持有的股权比例计算得出拟评估股权的价值。具体公式如下：

企业价值 = 营业性资产价值 + 溢余资产价值 + 非经营性资产价值 + 对外长期投资价值

股东全部权益价值 = 企业价值 − 有息债务

其中：营业性资产价值按以下公式确定：

$$A = \sum_{t=1}^{5} \frac{FCFF_t}{(1+r)^{t-0.5}} + \frac{FCFF_5(1+g)}{(r-g)(1+r)^{4.5}}$$

式中：A——企业现金流量折现值；

$FCFF_5$——预测期最后一年 2015 年的企业现金流量，假定期中产生；

$FCFF_t$——2011 年至 2015 年中第 t 年企业现金流量，假定期中产生；

r——加权平均资本成本，即折现率；

g——预测期后企业现金流量增长率。

收益期取决于企业现金流量的持续年数。Z 院线从事文化产业，在可预见的时间范围内，该行业不会消失，无特殊原因，Z 院线不会终止经营。因此，本案例采用持续经营假设，将收益期限确定为无限期。预测期为评估基准日至达到稳定经营状态的 2015 年年底，从 2016 年开始在 2015 年基础上永续经营，得到连续价值。

2. 电影企业商业模式

随着我国经济的迅速发展，电影产业已成为文化产业中重要的组成部分。从电影产业的含义上来看，它主要是指以盈利为目的进行电影制作、发行、放映（或销售）、推广、衍生相关市场产品等活动，其本质的特点就是以营利为目的的商业运作。其中，电影制作及电影发行与推广是电影产业的核心环节。电影制作主要包括制作提供影片及为电影制作提供服务的以影视城为主的辅助产品；电影发行与推广主要是以影院为依托，通过一系列的中间环节，建立电影制作企业与消费者连接的桥梁，进而实现电影产业的市场化运作，获得盈利。其中，院线承担了与片方洽谈影片放映合同，并为加盟影院排档，提供咨询服务的任务。

中国电影市场尚处于发展初期。国有电影制片厂每年累计生产的近百部影片大都以特定题材为主题。中小型民营电影公司在资金、技术、人才等方面的运用上均受其规模大小和外部环境的影响。电影企业均面临着如何更好地适应商业化运作环境，提升自己的竞争力的问题。华谊兄弟、保利博纳等作为中国较为领先的民营影视机构，已经实现了从编剧、导演、制作到市场推广、院线发行等完整的生产体。

电影产业链是由电影制作、电影发行、电影院线和影院所构成的整体链条，它反映的是电影产业单位公司之间的经济生态系统。与西方发达国家的电影产业价值链条相比，中国目前的电影产业链过于松散、分裂。随着中国电影产业市场化步伐程度的迅速加快、加深，影视机构业务范围的日益拓展以及专业分工程度的不断提高，中国电影产业的商业模式将日渐成熟。

3. 我国宏观经济发展状况（略）

4. 电影放映市场概况（略）

5. 企业经营状况和竞争能力分析（略）

6. 评估假设

本案例预测建立在下述假设之上：

（1）评估基准日后 Z 院线持续经营；

（2）委托方及 Z 院线提供的资料真实、有效；

（3）评估基准日 Z 院线股权市场为公开、平等、自愿的交易市场；

（4）本评估没有考虑特殊的交易方式可能对评估结果的影响；

（5）本评估没有考虑将来可能承担的抵押、担保事宜；

（6）本评估没有考虑国家宏观经济政策发生重大变化以及遇有自然力和其他不可抗力等对评估结果的影响；

（7）Z 院线在现有管理方式和管理水平的基础上，经营范围、方式与目前方向保持一致；

（8）Z 院线保持现有投资规模，且现有各项目能顺利实施，营运资金能够得到充分保证；

（9）未来年度的信贷利率、税率及汇率无重大不可预见的变动；

（10）Z 院线所处的行业大环境、大政策无重大不可预见的变化，即市场销售不会因大环境的变化而急剧下降，或因政策干预而大幅萎缩；

（11）Z 院线会计政策与核算方法无重大变化；

（12）Z 院线现有和未来的管理层是负责的，并能稳步推进公司的发展计划，保持良好的经营态势；

（13）在未来可预见的时间内，Z 院线按提供给评估师的发展规划进行发展，生产经营政策不作重大调整；

（14）假定 2014 年以后，继续享有免征增值税和营业税的税收优惠。

7. 现金流量预测

（1）营业收入。Z 院线的营业收入主要为数字电影票房分成收入。

Z 院线的数字电影的票房分成收入包括国产影片的分成收入和进口其他影片的分成收入等。由于 Z 院线成立时间不长，暂无其他业务，因此未来不预测其他业务收入。

①国产影片发行收入。电影票房收入是院线进行收益分成的基础。2010 年中国全年故事影片产量达到 526 部，全国城市影院总票房达到 101.72 亿元人民币。全年累计有 17 部国产影片超亿元票房，有力地验证了国产影片具有较强的市场竞争力和抗衡能力。在众人期待中，中国电影如愿破百亿，较上年 62.06 亿元增长 63.9%。同时国产电影的海外销售收入 35.17 亿元，全国各电影频道播放电影的收入为 20.32 亿元，全年电影综合效益 157.21 亿元，均比上年有较大增幅。

影响电影票房收入的因素主要有宏观经济环境、居民可支配收入水平和娱乐消费偏好、电影本身的吸引力、放映档期、影院舒适程度等。特定院线旗下影院的票房收入，还与该院线加盟影院的数量和质量、加盟影院的稳定性、与片方的关系以及自身经营管理能力等密切相关。考虑到今年电影市场已经很火爆，是电影行业发展的一个大年，电影票房收入未来增长速度预计将很难维持今年的高增长行情。近年数字影厅建设加快，新建影厅逐渐进入成熟期。此次预测未来年度发行片数在 2010 年国产片发行数量的基础上，每年以一定的比例小幅增长。另外，国产片票房分成率按评估基准日的水平 × 计算。

②代发行国外影片的发行收入。2010 年代发行国外进口影片 48 部。由于今年进口影片重新占据了国内影片市场的大部分份额，电影市场已经很火爆，2011

年很难再有像《阿凡达》那样高票房的片子出现，因此预计未来票房增长速度逐渐趋于缓和。本次预测，未来年度发行片数在2010年代发行国外进口影片数量的基础上，每年以一定的比例增长。另外，进口片票房分成率按评估基准日的水平×计算。

预测结果如××表（略）。

（2）营业成本预测。

①国产影片发行成本。根据2010年实际情况，发行成本大约占到发行收入的×%，此次预测是在考虑2010年发行成本的基础上进行的。

②国外合发影片的发行成本。根据2010年实际情况，发行成本大约占到发行收入的×%，此次预测是在考虑2010年发行成本的基础上进行的。

③其他业务成本。其他业务成本是设备使用费，主要是支付20台数字放映机的设备使用费，目前每个月每台5000元。以后年度随着设备维修成本的加大，有所增加。

预测期各年营业成本预测如××表（略）。

（3）营业税金及附加预测。

根据《关于支持文化企业发展若干税收政策问题的通知》财税〔2009〕31号规定，免征营业税。此次评估未予预测。

（4）管理费用预测。

①人员工资和附加。Z院线目前工资水平为×元。考虑不断增长的国民经济，结合Z院线未来的发展，经与Z院线的人力资源部、财务部共同分析确定未来人员数量和年平均工资水平的变化，工资以每年5%递增幅度预测。遵照有关规定并结合企业自身实际情况，相关费用的提取比例为：工会经费为2%、职工教育经费为1.5%；养老保险为20%、失业保险2%、住房公积金12%、医疗保险和补充医疗保险13%，预测时按上述比例计算。

②折旧费。根据企业提供的固定资产明细表和折旧政策，对固定资产折旧费进行测算。

③办公类费用。办公类费用包括办公费、会议费、通讯费、差旅费等，评估人员在对历史数据进行分析的基础上，结合未来的发展，分析确定。

（5）营业外收支预测。营业外收支主要是营业以外发生的各种偶然性收入支出，为不可预知收支，并且被评估企业历史年度此项费用规模不大，本次预测不予考虑。

(6) 所得税。依据企业所得税法的规定和企业纳税的实际情况，预测期内的所得税率按照25%预测。

(7) 折旧预测。

①预测期折旧。目前企业资产已经能够基本满足未来经营的需要，未来只需少许固定资产投入即可满足生产经营的需要。折旧的预测按照固定资产原值规模和折旧率进行测算。

根据Z院线的目前会计核算处理方法，计提的折旧额分摊计入管理费用科目中。

②预测期后折旧。考虑企业预测期末存量资产的折旧以及各类资产经济年限到期后的更新以及日常零星支出的新增折旧，对预测期后的折旧进行调整并年金化确定。

(8) 资本性支出预测。

①预测期内资本性支出。企业的资本性支出主要为通用办公设备及正常经营中资产的正常更新投资。根据Z院线目前的投资规划，预测期内拟无大规模支出计划。本案例资本性支出主要是存量资产的正常更新支出。

Z院线生产设备的日常维护修理费用已在管理费用中充分考虑。根据Z院线现有资产的性能和资产状况，并经向Z院线了解，预计预测期内Z院线会在固定资产使用年限到期进行更新以满足生产经营需要，本案例根据现有设备的预计使用年限对预测期内的资本性支出进行考虑，并假设固定资产按基准日价格水平进行重置。

②预测期后资本性支出。假定某项资产经济寿命年限为n年，在预测期满即2015年后尚余t年经济寿命期。首先计算（2015+t）年后的年平均支出额，即将一个更新周期n年内的资本性投入按照有限期的年金现值公式分摊到每一年，再按照无限期的年金现值公式折现到（2015+t）年，并继续折现到2015年，最后再按照无限期的年金现值公式将其分摊到稳定期的各个年份。其计算公式为：

$$A_{永续}=\frac{A\times(1+i)^n\times i}{(1+i)^n-1}\times\frac{1}{(1+i)^t}$$

其中：A——更新价值；

n——资产的正常更新周期（经济寿命）；

t——该资产2015年后尚余的经济寿命；

i——折现率。

（9）营运资金预测。企业基准日营运资金根据成本法评估结果，剔除溢余资产、有息债务、非经营性资产、未列入营运的流动资产及负债后确定。

当年末营运资金＝当年末流动资产－当年末无息流动负债

以后年度需要追加的营运资金＝当年末营运资金－上一年度末营运资金

（10）预测期内现金流的计算。

企业自由现金流量＝息前税后利润＋折旧＋摊销－资本性支出－营运资金追加额

（11）预测期后自由现金流的计算。本案例预测期为2011～2015年，假设预测期后，Z院线现金流将达到稳定状态（即g＝0），同时对资本性支出和折旧与摊销进行了年金化调整，据此得出稳定期的自由现金流量为×万元。

8. 折现率的确定

（1）无风险报酬率R_f。国债收益率通常被认为是无风险的，因为持有该债权到期不能兑付的风险很小，可以忽略不计。根据WIND资讯系统所披露的信息，10年期国债在评估基准日的到期年收益率为×，本案例以×作为无风险收益率。

（2）市场风险溢价RP_m。市场风险溢价是对于一个充分风险分散的市场投资组合，投资者所要求的高于无风险利率的回报率。由于目前国内A股市场是一个新兴而且相对封闭的市场，一方面，历史数据较短，并且在市场建立的前几年中投机气氛较浓，投资者结构、投资理念在不断发生变化，市场波动幅度很大；另一方面，目前国内对资本项目下的外汇流动仍实行较严格的管制，直接通过历史数据得出的股权风险溢价包含有较多的异常因素，可信度较低；国际上新兴市场的风险溢价通常采用成熟市场的风险溢价进行调整确定，因此，本案例采用公认的成熟市场（美国市场）的风险溢价进行调整，具体计算过程如下：

市场风险溢价＝成熟股票市场的基本补偿额＋国家补偿额

＝成熟股票市场的基本补偿额＋国家风险

式中：

成熟股票市场的基本补偿额取美国1928～2009年股票与国债的算术平均收益差×；国家风险：中国的国家违约风险补偿额为×；故本次市场风险溢价

取×。

(3) 企业风险系数 β_L。根据Z院线的业务构成，评估人员通过WIND咨询系统查询了13家文化传媒行业上市公司一定期间的β值，然后根据可比公司的资本结构换算成无财务杠杆β值，之后根据公式：

β_u(平均) = AVERAGEA($\beta_{u1} + \beta_{u2} + \cdots \beta_{un}$)

将上式计算得出的 β_u（平均）×确认为目标企业的无财务杠杆β值。

计算得出目标企业的无财务杠杆β值后，根据以下公式计算得出企业的β值。目前企业没有有息负债，即D/E为0，未来企业也无长期借款的计划，因此本案例取资本结构为0。

$\beta = \beta_u \times [1 + D/E \times (1 - T)]$

(4) 企业特定风险调整系数 R_c。企业特有风险调整系数为根据待评估企业与所选择的可比上市公司在企业经营环境、企业规模、经营管理、抗风险能力、特殊因素等所形成的优劣势方面的差异进行的调整。由于待评估企业规模较小，在筹融资、抵抗行业风险等方面不及可比上市公司，且企业的片源以及销售网络均由他人控制，营利能力受上下游影响较大，因此，待估企业特有风险系数取×%。

(5) 权益资本报酬率 K_e。

$K_e = R_f + \beta \times RP_m + R_c$

(6) 加权资本成本WACC的确定。

$WACC = K_e \times E/(D + E) + K_d \times D/(D + E) \times (1 - T)$

9. 股权价值的计算过程和评估结果

(1) 营业性资产价值的确定。将上述企业现金流量预测数据和折现率计算结果代入企业价值评估基本公式，计算得出营业性资产价值×万元。

(2) 溢余资产的确定。

企业溢余资产为×万元。

(3) 股东全部权益价值的计算。

股东全部权益价值 = 营业性资产价值 + 溢余资产 + 非经营性资产价值 + 长期股权投资价值 - 有息负债

(4) 股东部分权益价值的计算。

股东部分权益价值 = 股东全部权益价值 × 委估股权所享有的权益比例

本案例没有考虑由于缺乏控制权可能造成的折价。

（三）案例分析

本案采用收益法对电影院线公司的价值进行了评估，在以下方面值得关注：

1. 在电影产业的价值链中，院线处于中间环节。作为影院与发行方沟通的桥梁，其营利能力主要来源于旗下影院的票房收入。加盟影院的数量和质量、加盟影院的稳定性、与片方的关系以及自身经营管理能力对该类企业的营利能力有很大影响。本案例评估院线企业的价值，充分关注了上下游产业的发展情况，调查分析比较全面，对确定院线的价值驱动因素，进而合理评估院线的企业价值具有重要意义。

2. 院线企业资产简单，但是被评估企业依托于其股东在电影行业的强大实力，在获取优质片源、整合影院方面具有较强的竞争力。如果采用成本法评估，难以反映该院线的真实价值。如果采用市场法，又受到缺乏可比企业或交易案例的限制，难以实施。因此，采用收益法评估院线公司的价值是恰当的选择。

3. 预测稳定期现金流量时考虑了院线设备投资的特点。稳定期自由现金流量的预测，结合了数字院线设备经济寿命年限、重置全价水平、投资周期和投资规模等，对预测期最后一年的现金流量水平进行了资本性支出和折旧与摊销的年金化调整，并以调整后金额作为达到稳定状态的现金流量水平，使评估结果更加贴近企业的实际情况。

4. 评估数字院线的 β 值时，参考了 13 家文化传媒行业上市公司的风险水平。随着资本市场上电影企业上市公司数量的逐步增加，可以按照细化的行业分类标准对参考企业进行进一步筛选和优化，以增强其可比度。

四、文艺演出企业收益法评估案例

（一）案例背景情况

因某股份公司拟通过定向增发的方式收购 B 公司部分股权，该股份公司委托评估机构对 B 公司的股东全部权益价值进行评估。评估基准日为 2010 年 9 月 30 日。

B 公司成立于 2005 年 6 月，主要进行某著名导演及其创作团队创作的原生态大型实景演出。经营范围：文艺演出；音像制品；餐饮；图书零售；旅游文化产品开发；制作和销售；茶叶、茶具、纪念品、工艺品、小商品销售。

（二）评估方法及过程

本案例采用收益法进行评估。B 公司主营的《YXLJ》之“雪山篇”大型实景演出经过著名创作团队的精心编排，目前已经取得良好的市场效应及经济效益。《YXLJ》门票收入占公司业务收入的99%。根据B公司与C公司于2005年5月签订的《委托创作合同书》，《YXLJ》著作权为C公司所有。该演出项目在×景地内公演的表演权为B公司享有。经分析，评估人员认为具备收益法评估条件。

1. 收益法简介

本案例采用的基本模型为折现现金流量模型，即通过估算企业未来预期现金流并采用适宜的折现率，将预期现金流折算成现时价值得到企业价值。具体公式如下：

$$B = P + I + \sum Ci + D$$

评估对象的股东全部权益价值B＝评估对象的股权现金流量评估值P＋评估对象基准日存在的非经营性或溢余性资产的价值 $\sum Ci$ ＋收益期满后的终值D

其中，评估对象的股权现金流量评估值P计算如下：

$$P = \sum_{i=1}^{n} \frac{R_i}{(1+r)^i}$$

式中：R_i——评估对象未来第i年的预期收益（股权现金流量）；

r——折现率；

n——评估对象的未来经营期。

2. 旅游演艺市场分析（略）

3. 《YXLJ》的演出及委估企业的经营情况（略）

4. 股权自由现金流量的预测

（1）收益期的确定。B公司拥有《YXLJ》演出项目的表演权。表演权的经济寿命取决于演出的市场需求。我国旅游演出事业正处于不断成熟和多元的发展过程中，观众媒体消费习惯的变化和消费选择的增多使其对单一节目的选择度和耐受度降低，演出生命周期正在逐步缩短，任何节目都不可能在一成不变中常居强势。委托创作合同中虽然没对演出期限作明确约定，评估中通过分析B公司现有主营业务结构、收益情况及《YXLJ》演出的市场需求情况，并根据2006年C公司关于《YXLJ》演出项目表演权存续期限的说明："双方约定在每年由C公司进行维护性排练以使演出水准不降低的前提下，上述表演权的存续期为20年"。评估中综合考虑以上因素，将收益期限定为从评估基准日起15年，即到2025

年止。

（2）营业收入与成本预测。经分析调查，B公司的主营业务就是运作《YX-LJ》大型实景文艺演出，并销售、制作音像制品，图书零售等。公司的营业收入的99%来自于演出门票的销售。

B公司于2008年开始扭亏为盈，2009年公司再上一个台阶，取得了较好的收益。2010年公司改变对销售奖励款的会计处理，2010年1~9月演出票销售×万张，与2009年同期基本持平，实现销售收入×万元，实现净利润×万元。本次根据2010年已实现月份的销售收入及2010年的市场情况，并参考2009年同期剔除非正常因素影响后的收入情况，预测2010年10~12月公司可实现主营业务收入×万元，演出门票销售量约为×万张，与2009年同期基本持平。根据历史平均水平，预测2010年10~12月实现其他业务收入×万元，包括音像收入、画册收入及出租收入等。根据公司2009年和对2010年销售收入情况的预测，预计2011年实现营业收入×万元，比2010年全年收入略有小幅增长。

根据世界旅游组织《1995~2020年世界旅游预测》的预测，今后20年世界旅游行业将长期保持较高的增长趋势。2010年和2020年国际旅游人数将分别达到10亿人次和15.61亿人次，1995~2020年的平均增长速度将达到4.3%，其中2000~2010年的年平均增长率为4.2%，2010~2020年的年平均增长率为4.4%。根据公司2009年的实际销售情况和对2010年、2011年销售收入的预测，并结合对旅游市场的宏观政策及环境的预期，预计公司在现有经营模式及销售战略的指引下，2012年至2015年可保持×的平均增长率，2016年、2017年将保持×的水平增长，2018年至2019年收入将保持2017年的收入水平。2019年以后，根据对演出市场生命周期的预测以及其他演出节目档期的影响，预计2020年收入开始呈下降趋势直到2025年。

公司的主营业务成本主要包括演员及剧场人员工资、各项保险和折旧、节目创作及维护费，剧场的维护费、水电费等各项能源费用等。2009年主营业务成本率为×，2010年1~9月主营业务成本率为×。由于2010年1~9月部分成本费用支付并不完整，故成本率略低于2009年。

预测中，人工成本根据每年公司的演员人数及剧场人数以及工资水平、2010年9月×省社会保险费缴纳表中缴费基数及费率进行预计。经综合分析企业以前年度的工资增长情况，年人均工资水平每年上涨幅度较为稳定，预测未来年度工资上涨幅度继续保持稳定增长。演员人数和剧场工作人员人数会随着演出情况的发展有一定的增减变化。演员生活区租赁费根据B公司与某企业签订的《租房协议》进行预计。演出用牛马饲养费根据B公司与某村签订的《临时聘用合同》中规定的临时劳务人员人数及每人每天工资水平进行预计。折旧费根据公司现有的房屋建筑物及设备、生物性资产并考虑基准日刚转固的固定资产转固后的折旧金额，并乘以计入主营业务成本中的比率进行预计。节目创作费根据B公司与C公司2008年底签订的《委托创作合同书》之补充协议（二）的规定进行预测。补充协议规定，将票房实际演出收入（即普通票110元、VIP票160元）的×作为对C公司的收益回报。节目维护费根据B公司与C公司签订的《维护性排练协议之备忘录》中规定的内容并考虑适当的价格增长率对合同约定日期到期后公司为保持正常演出续约后合同价款的金额进行预测。无形资产摊销费和音乐制作费根据B公司现有的《YXLJ·雪山篇》著作表演权及×剧场土地使用权、舞台音乐制作费的原始发生额及摊销年限进行逐期摊销预测。其他费用如剧场电费、音控室耗费、服装道具费等，发生金额不固定，根据以前发生额历史数据考虑一定的增长率及其支出占营业收入的比例确定。

其他业务成本根据以前年度各项目的成本率进行预测。

（3）营业税金及附加的预测。营业税金及附加主要是营业税、城建税、教育费附加，随主营业务收入的变动而变化。评估中营业税根据公司主营业务收入中的门票销售收入和其他业务收入中的租金收入分别按3%和5%进行预测。增值税根据其他业务收入中的音像制品、画册等的销售收入并乘以历史的已交增值税率进行预测。城建税、教育费附加根据应交营业税及增值税金额的7%、3%进行预计。

（4）期间费用的预测。营业费用主要包括营销人员工资及各项保险、给旅行社的门票销售奖励款、广告宣传费等费用。2009年公司营业费用占收入的比例为×，2010年1~9月，营业费用占收入的比例为×。随着各种奖励、提成费用结算方式的变化，预计未来年度的营业费用会有小幅提高。

预测中，人工成本根据销售部门人员的人数及工资水平、2010年9月×省社会保险费缴纳表中缴费基数及费率进行预计。经综合分析企业以前年度的工资增长情况，年人均工资水平每年上涨幅度较为稳定，预测未来年度工资上涨幅度继续保持稳定增长。人员人数会随着演出情况的发展有一定的增减变化。广告宣传费中节目宣传制作费根据节目宣传制作费的原始发生额及摊销期限进行每年摊销金额的预计，广告费根据公司正在投入的灯杆广告费及×大路沿线横跨渡槽户外广告费用，并预计公司为进一步扩大演出节目的影响力，增加销售收入所花费的广告费用进行预测。给旅行社的销售奖励款根据B公司与某旅游结算有限公司签订的《门票销售合作协议书》、景区投资管理公司与旅行社签订的《旅游景区整合经营权协议》、《旅游景区门票二〇一〇年度促销佣金及奖励协议》中规定的销售考核及奖励办法并估算组团社、地接社的平台刷卡数、现付人数、签单的人数进行综合预测。画册、光碟的销售提成费用根据一定分成比率，并按照销售数量乘以单价减去销售成本后的利润金额再减去公司负担的销售奖励款额度计算提成费用。其他如客服用品、一卡通手续费用、运杂费等，发生额与收入水平有一定的比例关系，根据以前年度占收入的比例进行预测。

管理费用主要包括管理人员、行政人员工资及各项保险、市场调研费、导演组费用、地方教育费附加、办公费、租赁费等。2009年公司管理费用×万元，占收入比为×，2010年1~9月公司管理费用为×万元，占收入比为×。管理费用比例提高的原因有：公司2010年比2009年增加了×的租赁费、发放的政府奖励金、防火器材款、市场调研费等项目。

预测中人工成本根据管理人员及行政人员人数和工资水平、2010年9月×省社会保险费缴纳表中缴费基数及费率进行预测。经综合分析企业以前年度的工资增长情况，年人均工资水平每年上涨幅度较为稳定，预测未来年度工资上涨幅度继续保持稳定增长。人员数会随着演出情况的发展有一定的增减变化。办公费中的新办公区装修摊销费用根据原始发生额及摊销年限进行逐年预测，其他费用根据占收入的平均比例进行预测。租赁费根据B公司与×签订的《租赁合同》及与×签订的《房屋租赁合同》中规定的租金金额及递增比例进行预测。地方教育费附加根据预测的应交营业税及增值税金额的1%进行预测。折旧费根据公司现有的房屋建筑物及设备、生物性资产并考虑基准日刚转固的固定资产转固后的折旧金额，并以计入管理费用中的比率进行预计。其他如导演组费用、市场调研费、通讯交通费、差旅费、修理费发生金额不固定，且与收入水平有一定的比例关系，故按照以前年度占收入的比例进行预测。

财务费用主要包括利息支出、利息收入及其他的手续费支出等。财务费用中的利息支出金额按照评估基准日的借款余额、预计还款日期和付息债务合同约定的利率水平进行预测，并预计基准日借款余额偿还后，公司不再发生借款，通过公司正常的经营周转即可满足公司日常运营的需要。利息收入和手续费用等根据2009年和2010年1~9月的平均发生额额进行预测。

资产减值损失是公司按照坏账政策计提的应收款项的坏账准备。2010年9月公司变更了计提坏账准备的比例，造成资产减值损失金额增加。评估中按照2010年资产减值损失占收入的比例进行以后年度该项费用的预测。

（5）营业外收支的预测。营业外收支主要是固定资产清理净损益及捐赠支出等。营业外收入发生金额较小，评估中不予预测。营业外支出按照以前年度发生的金额进行预测。

（6）所得税费用的预测。根据×省国家税务局×国税函［2007］49号《×省国家税务局关于B公司免征企业所得税问题的通知》，同意免征B公司2007~2009年度的企业所得税。免税期至2009年年底结束，故公司从2010年开始按照25%的税率缴纳企业所得税。

（7）折旧与摊销预测。

①折旧预测。固定资产和生物性资产按取得时的实际成本计价，以年限平均法计提折旧。B公司的固定资产主要包括房屋建筑物、机器设备、运输设备和电子设备等。本案例按照企业执行的固定资产折旧政策，以基准日经审计的固定资产账面原值及基准日刚转固固定资产的原值、预计使用期限、残值率等估算未来经营期的折旧额。

②摊销预测。本案例假定企业基准日后不再产生新增的无形资产和长期待摊费用，无形资产和长期待摊费用在经营期内维持现有规模。故按照无形资产和长期待摊费用的原始发生额及摊销年限对每年的摊销金额进行预测。

（8）追加资本预测。追加资本指企业在不改变当前经营业务条件下，为保持持续经营所需增加的营运资金和超过一年期的长期资本性投入。如产能扩大所需的资本性投资（购置固定资产或其他长期资产）；持续经营所必须的资产更新以及经营规模变化所需的新增营运资金等。本报告所定义的追加资本为：

追加资本＝资本性支出＋资产更新投资＋营运资金增加额

①资本性支出。根据基准日暂估转固的设备及房产的合同金额，将基准日尚未支付的工程款作为2010年10~12月的资本性支出投资。该投资主要用作对剧场音控设备和电子门票系统的更新改造及剧场的修缮。

②资产更新投资估算。按照收益预测的前提和基础，在维持现有资产规模和资产状况的前提下，资产更新只考虑为满足维持现有生产经营能力所必需的更新性投资支出。根据评估假设，综合考虑企业现有固定资产折旧，主要指设备的折旧，包括基准日刚转固的设备转固后的折旧金额及长期待摊费用中的节目宣传制作费、舞台音乐制造费及新办公区装修等相关因素，以固定资产的折旧和上述长期待摊费用的摊销金额作为资产更新的投资金额，以满足公司现有的经营规模。由于房屋建筑物本身的特性及演出项目对剧场及周边建筑物设施的需求程度，预计在维持现有规模情况下，房屋建筑物不需要再进行更新改造，而是开始逐步收回折旧金额。

③营运资金增加额估算。营运资金增加额系指企业在不改变当前主营业务条件下，为保持企业持续经营能力所需的新增营运资金，如正常经营所需保持的现金、产品存货购置、代客户垫付购货款（应收账款）等所需的资金以及应付的款项等。营运资金的追加是指随着企业经营活动的变化，获取他人的商业信用而占用的现金，正常经营所需保持的现金、存货等；同时，在经济活动中，提供商业信用，相应可以减少现金的即时支付。因此，估算营运资金的增加原则上只需考虑正常经营所需保持的现金、应收款项、存货和应付款项等主要因素。本报告所定义的营运资金增加额为：

营运资金增加额 = 当期营运资金 - 上期营运资金

其中，营运资金 = 最低现金保有量 + 应收款项 + 存货 - 应付款项

最低现金保有量 = 付现成本/现金周转率

应收款项 = 营业收入总额/应收款项周转率

其中，应收款项主要包括应收账款、应收票据、预付账款以及与经营业务相关的其他应收账款等诸项。

存货 = 营业成本总额/存货周转率

应付款项 = 营业成本总额/应付账款周转率

其中，应付款项主要包括应付账款、应付票据、预收账款以及与经营业务相关的其他应付账款等诸项。

根据对 B 公司的调查了解、历史资产与业务经营收入和成本费用的统计分析以及未来经营期内各年度收入与成本估算的情况，对公司的付现成本、最低现金保有量、存货、应收款项、应付款项进行预计，预测得到的未来经营期各年度的

营运资金增加额。

（9）偿还借款本金。根据评估基准日 B 公司与中国工商银行股份有限公司 ×分行的借款余额以及合同约定的预计还款日期对公司 2010 年 10～12 月和 2011 年的偿还本金情况进行预测。

（10）股权现金流量的预测结果。对未来收益的估算，主要是在评估对象报表揭示的历史营业收入、成本和财务数据的核实以及对行业的市场调研、分析的基础上，根据其经营历史、市场未来的发展等综合情况作出的一种专业判断。股权现金流量预测表（略）。

5. 折现率的确定

折现率采用权益资本成本。

（1）无风险收益率 r_f。考虑到受全球金融危机影响，中国人民银行已多次下调人民币贷款基准利率，其他期限档次存贷款基准利率作相应调整。本案例参照国家当前已发行的 10 年期以上的中长期国债利率的平均水平，按照 10 年期以上的中长期国债利率的平均值的 1.65 倍的标准差，即 4.24% 进行确定。

（2）本案例借助 Wind 资讯的数据系统，参照沪市上市公司近五年平均净资产收益率进行选取，取近五年沪市上市公司（剔除异常值后）平均净资产收益率 × 作为市场期望报酬率。

（3）β_e 值，鉴于评估对象的主营业务属于旅游产业类，参照沪深两市 12 家同类上市公司的风险水平确定。首先，取沪深两市 12 家旅游产业类上市公司股票以 2007 年 9 月至 2010 年 9 月 150 周的市场价格估算得到历史资产 β_x，β_x 并依次计算得到调整资产 β_t 和 β_u，最后得到评估对象的权益资本市场风险系数的估计值 β_e。

（4）权益资本成本 r_e，考虑到评估对象在公司的融资条件、资本流动性以及公司的治理结构和公司资本债务结果等方面因素，并对 B 公司所处的竞争环境进行分析，包括外部行业因素和内部企业因素，以揭示被评估单位的行业地位以及具有的优势和劣势。假设公司特性风险调整系数为 ε；最终得到评估对象的权益资本成本 $r_e = r_f + \beta_e \times (r_m - r_f) + \varepsilon$。

6. 股权现金流量评估值

将预期股权现金流量按照上述折现率进行折现，得到 B 公司的股权现金流量现值。

7. 非经营性资产、溢余资产价值

经核实，在评估基准日B公司账面有如下资产（负债）在本次估算的股权现金流量中未予考虑，应单独估算其价值。

（1）通过营运资金的测算，将评估基准日货币资金余额大于评估基准日最低现金保有量后的余额×万元作为溢余资产。

（2）根据审计后报表披露，在评估基准日账面其他应收款中应收景区投资管理有限公司借款余额×万元，应收×公司借款×万元。经评估师核实无误，确认该等应收款项存在。

（3）根据审计后报表披露，在评估基准日应付中国工商银行×营业部借款利息×万元。经评估师核实无误，确认该应付款项存在。

（4）根据审计后报表披露，在评估基准日其他应付款中应付景区投资管理有限公司项目解散款×万元，应付C公司创作组收益×万元，应付景区事物管理中心套票款×万元，应付账款中应付工程款×万元。经评估师核实无误，确认该应付款项存在。

（5）根据审计后报表披露，在评估基准日由于应纳税暂时性差异引起的递延所得税资产为×万元。经评估师核实无误，确认该款项存在。

经评估，基准日非经营性、溢余资产的价值为×万元。

8. 收益期满后的变现价值

收益期满后的变现价值主要考虑收益期期满时固定资产中的设备、土地及生物性资产的变现价值。由于公司所用房屋建筑物比较专用，是配合演出节目需要建设的，不属于通用性的建筑，故在资本更新中没有考虑进行更新维护的费用，在预测期期满时对其按照变现残值进行测算。

（1）收益期期满时固定资产中的设备以及生物性资产的价值根据评估目的及委估资产情况，在假设设备持续更新的前提下，采用"重置成本法"进行评估，计算公式如下：

评估值=重置价值×成新率

（2）土地的变现价值预测。首先计算委估宗地于评估基准日的价格，然后确定自评估基准日至预测期满的各项修正系数，最后计算委估宗地收益期满的价格。

运用成本逼近法测算出土地价格×万元，市场比较法测算出土地价格×万元。从目前×省×市发展现状及评估人员所掌握的资料来看，以上两种方法各有特点，它们分别从不同的角度反映出地价水平的高低，计算结果差异不大，故本案例采用算术平均数计算最终确定评估对象评估结果。

①期日修正系数。根据×省×市近年地价指数变化趋势及评估人员掌握的市场信息，确定×市地价水平平均每年环比增长×。

期日修正系数 = $(1+R)^n$

②年期修正系数。上述地价为待估宗地的2010年9月30日剩余23.17年的单位面积地价，至2025年，土地剩余使用年限为7.92年，需要修正到待估宗地剩余7.92年使用年期条件下的地价水平。

土地使用年期修正系数 = $[1-1/(1+R)^m]/[1-1/(1+R)^n]$

R——土地还原利率（按一年期贷款利率5.31%，加一定的风险值取7%）；

n——宗地尚可使用年期，委估宗地设定土地使用年期自评估基准日起为7.92年，故尚可使用年限为7.92年；

m——土地使用年限。

总地价 = 评估基准日总地价×期日修正系数×年期修正系数

（3）房屋的变现价值预测。B公司委估房屋建筑物类资产主要为“YXLJ”演出配套投资建设项目，由于其设计的特殊性，演出一旦终止，房屋建筑物类资产难以改变用途或继续使用，故本案例以预测期满的净残值确定评估价值。

首先利用重置成本法计算出委估房屋建筑物类资产在评估基准日2010年9月30日的重置价值；然后根据评估人员掌握的市场信息，并查阅相关资料，求得残值率；最终确定委估房屋建筑物类资产的净残值。

评估值 = 重置价值×残值率

（4）收益期满营运资金的测算。收益期满公司可收回或需支付的营运资金如下：

营运资金 = 最低现金保有量 + 应收款项 + 存货 - 应付款项

应收款项 = 营业收入总额/应收款项周转率

其中，应收款项主要包括应收账款、预付账款以及与经营业务相关的其他应收账款等诸项。

存货 = 营业成本总额/存货周转率

应付款项 = 营业成本总额/应付账款周转率

其中，应付款项主要包括应付账款、预收账款以及与经营业务相关的其他应付账款等诸项。

9. 股东全部权益价值

经评估，股东全部权益价值为×元。

（三）案例分析

本案例采用收益法对文艺演出企业的股权价值进行了评估，具有如下特点：

1. 本项目结合文化企业的特点，选用了收益法结果作为最终的评估结论，评估增值率达到352%，比较完整地体现了文化企业的价值，为交易双方提供了较为合理的定价基础。

2. 评估报告从法律角度和市场需求角度，综合分析了被评估企业演出节目的特点，确定其收益期限为从评估基准日起15年，相应地采用了有限期的评估模型进行评估，比较切合实际。

3. 本项目对收益期满后的主要资产的变现价值进行了详细测算，比较合理地确定了企业终值。

4. 在确定市场风险溢价时，本项目只是取近五年沪市上市公司（剔除异常值后）平均净资产收益率作为市场期望报酬率。如果净资产是账面价值，可能无法真实反映市场价值水平，不宜用来计算市场期望报酬率。

第三节　本章小结

本章介绍了7个典型的文化企业资产评估案例。针对文化企业资产评估的特点，结合文化企业无形资产的构成、企业改制和股权交易等关注热点，选取了3个典型的无形资产评估案例和4个具有代表性的文化企业整体价值评估案例进行分析介绍。案例1采用收益法对某电影在国内院线首映日的放映权价值进行了评估。本案例在评估方法实践上有所创新，一是运用了国际通行的许可费节省模型，二是对电影票房收入的预测采用了多因素回归模型。案例2采用市场法对某动漫电视剧著作权价值进行了评估。其中，销售价格的确定方式开拓了评估师选择交易案例的思路，使市场法的运用范围得以扩大。案例 3 对有线电视运营商的无形资产包进行了评估，集合了商标、专利、专有技术、软件著作权、域名等常见无形资产的评估方法。案例 4 采用了资产基础法评估了因企业改制所涉及的某大型出版企业的股东全部权益价值，为企业拟增资提供了价值参考依据。案例 5 采用收益法评估了因企业改制所涉及的某出版企业的股东全部权益价值。运用企业自由现金流量折现模型对其进行评估，充分体现了品牌等无形资产对文化企业价值的贡献。案例 6 采用收益法对股权转让所涉及的某数字院线公司的股东部分权益价值进行了评估。在电影产业的价值链中，院线处于中间环节。案例分析了院线的商业模式，充分关注了上下游产业的发展情况，进而确定了院线的价值驱动因素，为合理评估院线的价值奠定了基础。案例 7 采用收益法评估了某上市公司因定向增发所涉及的某文艺演出企业的股东权益价值。该项目从法律角度和市场需求角度，综合分析了被评估企业演出节目的特点，采用有限期的评估模型进行评估，并对企业终值进行了合理测算。项目评估增值率达到 352%，比较完整地体现了文化企业的价值，为交易双方提供了较为合理的定价基础。

第七章 结论及政策建议

第一节 主要研究结论及未来研究方向

一、主要研究结论

（一）关于文化企业价值评估的主要结论

1. 做好文化企业价值评估，评估人员需要将宏观、中观和微观相结合，从宏观上要了解经济发展和政策环境，从中观上要分析文化产业发展阶段、规律和趋势，从微观上要把握文化企业资产和运营的特点。

2. 文化资产有自身的价值属性，可以借助信息论和效用论进行分析。

3. 评估人员进行文化企业的价值评估时需要了解企业的赢利模式，发现文化企业的利润区，分析企业的经营能力和未来的获利水平。

4. 不同类型的文化企业价值影响因素差异较大，因此评估人员对于不同类型、不同评估目的的文化企业价值评估工作，需要关注评估方法的适用性，考虑不同的评估风险。

5. 从资产构成看，著作权等无形资产是文化企业盈利贡献的主要来源。

（二）关于文化企业著作权资产评估的主要结论

1. 文化企业核心资产是著作权等无形资产，文化企业发展壮大的过程也是著作权资产与商标、专利、品牌等无形资产相互融合、共同发挥作用的过程。

2. 对著作权资产进行评估，需要按照不同作品类型和著作权财产权利类型两个维度。构建评估对象基本矩阵，清晰界定评估对象。

3. 准确评估著作权价值，需要对不同类型作品特点及其市场的准确把握和对著作权价值影响因素的深入理解。

4. 根据不同评估方法的特点，结合确定参数所需要的资料、数据，分析和选择合理的评估方法，是著作权价值评估的基础。

5. 文化企业著作权资产评估实务中，评估人员需要熟悉行业监管政策，关注权利证书和著作权合同，全面清查账外著作权资产，理解企业运营模式，充分披露相关信息。

（三）关于文化企业抵（质）押评估的研究结论

1. 文化企业抵（质）押融资难是由文化企业、文化资产、银行多方面的原因造成的。

2. 文化企业抵（质）押贷款可供参考的运作模式有政府推动型、政府创造外部环境型、政府出资分担风险型、政府补贴融资成本型几种，每种类型都有其各自的特点及适用条件。

3. 文化资产抵（质）押贷款的风险主要包括估值风险、法律风险、处置风险，可以通过风险识别、风险分析与评估、风险应对几个步骤有效地对文化资产抵（质）押贷款中的风险进行控制。

4. 文化资产抵（质）押贷款应该实行贷款全流程的评估监管，其中，贷前适用市场价值进行评估，贷后进行动态跟踪评估，清算时适用清算价值进行评估。

5. 不同类型的文化资产有其各自的价值特性，对影视作品、动漫产品、图书著作权、艺术品等不同的文化资产进行评估时应重点关注各文化资产的特性。

6. 提出了银行与资产评估机构相结合的运作模式，并建议合理发挥政府作用，建立风险补偿机制；抵（质）押贷款与风险投资相结合，实现投贷联动；挖掘核心资产价值，发挥资产评估等中介机构的作用。

（四）关于文化企业上市、并购重组资产评估的主要结论

1. 文化产业上市公司的 PB 和 PE 值平均值高于 A 股上市公司平均值，表明证券市场对于文化企业无形资产价值和成长性的认可。

2. 文化产业上市公司从地域分布看，文化企业的发展程度在一定程度与区域经济水平和人均消费水平呈强相关性。

3. 中小板和创业板的设立，为文化企业上市提供了便利条件，上市家数和规模发展迅速。

4. 文化产业上市公司，在改制阶段评估，成本法定价高达八成比例；以增资为目的的评估，成本法和收益法定价几乎各占一半；而以发行上市为目的的评估，全部以成本法定价。

5. 文化企业并购重组目前多以出版业、广播电视传输服务、珠宝首饰等借壳上市居多。

6. 文化企业并购重组中购买资产的评估方法以成本法和收益法两种方法结合为主，评估定价两种方法各占一半，出售资产以成本法为主。

二、未来研究方向

本书是针对文化企业资产评估理论进行研究的有益尝试，文化企业资产评估包含极其丰富的内容，存在许多难点与重点问题，值得研究与探讨。

首先，文化企业包含着不同类型、多种业态的文化产品。如影视、图书、电游、演艺等。每种文化产品都具有自身所独有的特点，因此，未来可以针对不同的文化产品进行深入的评估理论研究，分析不同文化产品的资产特点，价值影响因素，适用的评估方法等，对评估实务具有重要指导作用。

其次，有效融资是文化企业最想解决的问题。因此，未来可以关注如何进行有效的制度设计，使文化企业能够以自有资产获得较为充足的资金。例如分析不同文化资产进行抵（质）押贷款的可行性与产品定价问题，分析文化企业如何通过合理的资产定价吸引风险投资等问题。

最后，文化企业大部分属于中小企业，对于市场的冲击及风险的抵抗能力较弱，促进文化企业的并购重组，打造具有一定规模效应的大型文化企业是必然趋势。因此，不同类型、不同赢利模式的文化企业在并购重组中合理定价问题也需要进一步研究。

第二节　完善文化企业资产评估的建议

一、探索文化企业资产价值管理

（一）把著作权等无形资产纳入文化企业资产管理范畴

要建立国有文化企业著作权资产监管体系，研究制定加强国有文化企业著作权资产管理的指导意见。在大型骨干国有文化企业中开展著作权资产管理试点，并将成果加以推广。建立国有文化企业著作权资产管理责任制度、评估制度等，对大宗著作权资产交易加强监管，要求进行价值评估并进场交易，促进对国有文化企业无形资产的保值增值。

（二）推动文化企业无形资产公允价值计量的管理

不断完善文化资产评估理论，协调会计准则制定部门，加强对文化资产进行公允价值评估和计量的研究，适时出台相关政策，科学反映文化资产的价值，促进文化企业健康快速发展。

（三）发挥资产评估作用，构建多层次投融资服务平台

文化企业从创业阶段到高速成长阶段需要大量的资金支持，应发挥资产评估的独立第三方作用，发现文化企业资产价值，促进文化企业直接融资和间接融资，同时结合财政支持和投融资平台，在文化企业价值评估和绩效评价的基础上，加大对文化产业的投入，实行贷款贴息、财政补助和税费减免等优惠政策，建立财政持续动态的科学投入机制；通过运用投资价值分析，拓宽投融资渠道，正确引导企业的投资趋向，避免重复投资和无效投资。

（四）结合文化资产特点，完善文化企业国有资产评估管理制度

进一步建立健全文化企业国有资产评估管理制度，在评估项目的核准和备案管理中，突出文化企业无形资产评估的监管，关注文化企业的赢利模式，提高评估项目监管水平，探索推动国有文化企业做大做强中的价值管理，促进产权在有序流转中保值增值，防止国有资产流失。

二、提高文化企业内部资产管理水平

（一）通过内外部价值评估的结合，有效地进行资产管理与运营

文化企业应当高度重视著作权等核心文化资产的有效运营，不断提高经济效益。要加强管理和保护，对企业著作权资源进行认真梳理和价值核算，实现著作权资产的全面利用与开发。同时，做好著作权资产管理的基础性工作，掌握企业著作权资产数量、种类、权属和使用等情况，探索著作权资产管理的方法、工具，建立和完善符合企业经营特点的内部价值评估制度和流程，配合外部独立评估机构作好相关价值评估，完成价值发现工作。

（二）加强专业人才队伍建设，培养专业化的文化企业资产管理人才

目前，我国既懂得文化生产又懂得资本运营的复合型文化人才十分稀缺。今后，应抓好激活和培养两个环节：一方面，加快推进文化企业人事制度改革，建立灵活的用人机制，完善人才引进、培养、选拔机制，健全市场经济条件下的激励机制，营造良好的用人环境。另一方面，加强对文化企业管理人员关于文化资产管理的相关培训，掌握金融工程学、统计学、计量经济学、财务管理等方面的专业理论，逐步提高文化企业管理人员对文化资产进行有效运营与价值管理的能力与水平。

三、促进资产评估行业开展文化企业评估工作

（一）加强理论成果转化，提升文化企业资产评估的服务水平

为了提高资产评估行业的公信力，提高资产评估师的职业水平，应加强文化资产评估理论成果的应用与推广，并定期对资产评估师就文化资产评估的最新理论成果进行有针对性的培训，提高资产评估师对文化资产评估理论的理解与应用水平，指导评估实践。

（二）加紧完善文化资产评估准则，规范文化企业资产评估行为

评估准则是评估师执业过程中最重要的工作指南及操作规范，在原有无形资产评估相关准则的基础上，应加紧制定针对文化企业资产特点的相关评估准则和操作指引，特别是涉及抵（质）押融资、并购重组方面的准则规范，以进一步引导和规范执业行为。

（三）开拓文化企业的资产评估服务，发挥资产评估行业在文化企业改制与发展中应有的作用

在党的十八大明确提出加快文化产业发展的背景下，文化企业的做大做强趋势势不可挡。在这个过程中，必然伴随着大量文化企业的并购重组、改制上市，融资发展等经济行为。如何在文化企业改制中实现国有文化资产的保值增值？如何促进文化企业并购重组的顺利开展？如何协助文化企业有效融资？都离不开资产评估行业对文化企业及文化资产专业评估的帮助。因而，现阶段是资产评估行业大力开拓文化产业市场的机遇期，资产评估机构应主动服务，以自身的专业水准及专业化的服务水平，对文化资产及文化企业合理评估，协助文化企业完成相关经济行为，有力地助推文化企业的跨越式发展，同时，为评估行业赢得社会的公信力与美誉度。

参考文献

1. 张晓明、王家新、章建刚：《中国文化产业发展报告（2012－2013）》，社会科学文献出版社2013年版。

2. 王家新："完善文化企业国有资产监管与资产评估"，《国有资产管理》，2012年第2期。

3. 赵立新、刘萍等：《中国上市公司并购重组企业价值评估和定价研究》，中国金融出版社2011年版。

4. 霍步刚："国外文化产业发展比较研究"，2009年东北财经大学博士论文。

5. "2013国际文化产业发展报告及资讯发布"，中国经济网，2013年9月10日。

6. 郑雄伟：《全球文化产业发展报告》，2012。

7. 章淑君："我国电影产业链问题与对策研究"，2007年厦门大学硕士论文。

8. 谢晋洋："德国出版业概况"，《科技与出版》1994年版。

9. 万丽慧："德国出版产业概况"，《出版参考》，2006年上旬刊。

10. 韩晗："经验借鉴、共同问题与危机处理——比较视野下的中德出版业考察"，《出版广角》，2012年第4期。

11. 文资办：《国有文化企业发展报告》，经济科学出版社2012年版。

12. 叶朗：《中国文化产业年度发展报告》，北大出版社2012年版。

13. 高凌霁："文化产业投融资模式研究"，2010年中南大学硕士论文（部分引用）。

14. 初明雪："美国电影产业融资模式分析及对我国的启示"，《电影评介》，2011年第15期。

15. 张彬、晏丹："中日文化产业投融资模式比较"，《商业时代》，2012年第4期。

16. 薛辉："文化企业资产特性对融资方式选择的影响研究"，2010年天津工业大学硕士论文。

17. 盛大文学全版权运营模式研究 http：//www. xwcbj. gd. gov. cn/news/html/xyjj/article/1331556940870. htm。

18. 凤凰网：http：//tech. ifeng. com/it/detail_2011_03/24/5346424_0. shtml。

19. 中国电影家协会产业研究中心：《中国电影产业研究报告》，中国电影出版社 2012 年版。

20. 中国新闻传播学评论：http：//www. zjol. com. cn/05cjr/system/ 2008/03 / 17/00 93 10774. shtml。

21. 《2008 – 2010 年中国动漫行业市场调查及投资咨询报告》 http：//www. askci. com /reports/2008 – 12/20081226145350. html。

22. 国家动漫产业网：http：//www. dongman. gov. cn/publish/totalWebSite/news/news_14601. html。

23. 新媒体行业投资分析报告 http：//wenku. baidu. com /view/3c477f936bec0975f465e209. html。

24. 刘公勤、袁煌："企业价值评估参数预测中几种常用模型的分析与比较"，《中国资产评估》，2009 年第 10 期。

25. 刘浩东主编，中国电影家协会产业研究中心（编）：《2010 中国电影产业研究报告》，中国电影出版社 2010 年版。

26. 魏龙泉："美国出版社的邻接权贸易"，《出版经济》，2002 年。

27. 罗杰·莫林、谢丽·杰瑞尔：《公司价值》，企业管理出版社 2002 年版。

28. Damodaran 著，林谦译：《投资估价（第二版）》，清华大学出版社 2004 年版。

29. 罗伯特等：《商业价值评估与知识产权手册》，中国人民大学出版社 2006 年版。

30. 孙晓霞、刘萍：《资产评估与金融风险防范》，经济科学出版社 2009 年版。

31. 戴维·佛里克曼、雅各布·托勒瑞德：《公司价值评估》，中国人民大学出版社 2006 年版。

32. 布瑞德福特·康纳尔：《公司价值评估——有效评估与决策的工具》，华夏出版社 2001 年版。

33. 吴青：《信用风险的度量与控制》，对外经济与贸易大学出版社 2010 年版。

34. 阿沃斯·达莫达让：《深入价值评估》，北京大学出版社 2005 年版。

35. 中国资产评估协会：《资产评估》，经济科学出版社 2011 年版。

36. 余伟萍、谭娟、余园明："文化产业企业赢利模式探析"，《产业观察》，2008 年第 8 期。

37. 李康："版权产业融资中的版权价值评估问题探析"，《编辑之友》，2011 年第 9 期。

38. 中国证券业协会：《证券市场基础知识》，中国财政经济出版社 2011 年版。

39. 刘星："文化创意产业的融资困境与出路"，《语文学刊》，2012 年第 9 期。

40. 刘淼：《价值相关性与市场有效性研究》，中国金融出版社 2010 年版。

41. 李春梅："中国电视剧产业竞争力研究"，2008 年上海交通大学硕士论文。

42. 岳公侠、李挺伟、韩立英："上市公司并购重组企业价值评估方法选择研究"，《中国资产评估》，2011 年第 6 期。

43. 蒋伟："文化产业：国际贸易竞争的新领域"，《商业研究》，2003 年第 16 期。

44. 戴璐、余明震："企业估值方法的比较与应用"，《财务与会计》，2011 年第 1 期。

45. 安铁雷、邹先德："企业价值评估方法的比较及其选择"，《科技创业》，2007 年第 1 期。

46. 李杰、陈剑平、秦菲："企业价值评估方法的比较研究"，《科技广场》，2008 年第 11 期。

47. 张丽雅、李一红："浅谈企业价值评估方法的比较及收益法的应用"，《才智》，2009 年第 10 期。

48. 尉然："资产价值类型与评估方法的选择"，《产权导刊》，2011 年第 2 期。

49. 余莉、汪俊："资产评估方法的比较及在我国的应用"，《科协论坛》，2007 年第 3 期。

50. 闫晶："资产评估方法的比较与选择"，《财经纵横》，2011 年第 2 期。

51. 张鼎祖："企业价值评估的市场法研究"，中南大学硕士论文。

52. 孙晓丽："目标企业的价值评估方法研究"，东北财经大学硕士论文。

53. 杨学亮："企业估值方法比较研究"，对外经济贸易大学硕士论文。

54. 闫晓慧："资产评估中的价值类型运用"，《中国经贸导刊》，2010 年第 4 期。

55. Eugene F. Fama, Efficient Capital Markets: *A Review of Theory and Empirical Work. Journal of Finance*, 1970, 25 (2): 383 – 417.

56. Banerjee Abhijil, *A Simple Model of Herd Behavior. Quarterly Journal of Economics*, 1992, 107: 797 – 817.

57. Shiller Robert J, *Conversation, Information, and Herd Behavior. The American Economic Review*, 1995, 85: 181 – 185.

58. Kaplan S N, R Ruback. *The valuation of cash flow forecasts an empirical analysts* [J]. *Journal of Finance*, 1995, 50 (4): 1059 – 1093.

59. Aswath Damodaran, *Investment Valuation: Tools and Techniques for Determination the Value of Any Asset* [M], John Wiley & Sons, Inc, 2001, 453 – 468.

60. Alford A, *The effect of the set of comparable firms on the accuracy of the price – earnings valuation method* [J]. *Journal of Accounting Research*, 1992, 30 (1): 94 – 108.

61. Volkert S. Whitbeck, Manown Kisor Jr., *A New Tool in Investment Decision – Making* [J]. *Financial Analysts Journal*, 1963, 19 (3): 55 – 62.

62. J. G. Cragg, Burton G. Malkiel, *The Consensus and Accuracy of Some Predictions of the Growth of Corporate Earnings* [J]. *The Journal of Finance*, 1968, 23 (1): 67 – 84.

63. Lex C. Huberts, Russell J. Fuller, *Predictability Bias in the U. S. Equity Market* [J]. *Financial Analysts Journal*, 1995, 51 (2): 12 – 28.

64. Jarrod W. Wilcox, *The P/B – ROE Valuation Model* [J]. *Financial Analysts Journal*, 1984, 40 (1): 58 – 66.

65. Louis K. C. Chan, Yasushi Hamao, Josef Lakonishock, *Fundamental and Stock Returns in Japan* [J]. *The Journal of Finance*, 1991, 46 (5): 1739 – 1764.

66. Larry H. P. Lang, Rene M. Stulz, *Tobin's* q, *Corporate Diversification and*

Firm Performance [J]. *Journal of Political Economy*, 1994, 102 (6): 1248 – 1280.

67. Bruce I. Jacobs, Kenneth N. Levy, *On the Value of 'Value'* [J] . *Financial Analysts Journal*, 1988, 44 (4): 47 – 62.

68. William L. Silber, *Discounts on Restricted Stock. The Impact of liquidity on Stock Prices* [J]. *Financial Analysts Journal*, 1999, 47 (4): 60 – 64.

69. Shannon P. Pratt, *The Market Approach to Valuing Businesses* (*Second Edition*). *US*: *Wiley*, 2006 (1).

70. Shannon P. Pratt , *Valuing A Business* (*Fifth Edition*) —*The Analysis and Appraisal of Closely Held Companies. US*: *McGraw – Hill*, 2007 (12).

71. Shannon P. Pratt, *Business Valuation Discounts and Premiums* (*Second Edition*). *US*: *Wiley*, 2009 (4).

72. Jay E. Fishman, *American Society of Appraisers. Intangible Asset Valuation and Discount for Lack of Marketability.* , *the 25th*, Pan Pacific Congress.

73. Jeff Litvak & Ken Mathieu, *FTI Consulting*, *Pitfalls to Avoid when Assessing Damages in M&A Disputes.* 2010 (6).

后　记

本书由财政部中央文化企业国有资产监督管理领导小组办公室、中国资产评估协会组织部分资产评估机构、高校等单位的相关专家组成的《文化企业资产评估研究》课题组负责编写。课题组在研究过程中付出了巨大的努力，共同召开了五次专题座谈会和若干次小组讨论会。在此基础上，本书结合理论和实践分析，对文化企业资产评估的相关问题进行了全面的梳理和分析，对其中的重点问题进行了系统研究。

本书的出版，是汇聚集体智慧、心血的成果，离不开高校与专业机构的积极参与。感谢所有在百忙之中积极参加专题会议的各位专家们，没有他们分享的宝贵经验和中肯建议，本书的价值会大打折扣。

感谢连城资产评估有限公司、北京中企华资产评估有限责任公司、中联资产评估集团有限公司、中通诚资产评估有限公司、中国传媒大学等单位的大力支持，感谢其派出了具有深厚造诣的专家执笔阵容。本书成稿过程中，还得到了中国资产评估协会李春满顾问、中央财经大学魏鹏举教授等评审专家，中国出版集团公司等中央文化企业的支持，在此一并给予感谢。

我们殷切希望，本书能够为制度设计者、监管者、相关从业人员、理论工作者、关心文化企业发展的人士提供关于文化企业资产评估工作全面、系统的参考，对促进我国文化产业发展，推动文化企业资产评估工作产生积极的影响。